纳扎尔巴耶夫

哈萨克斯坦的缔造者

[英] 乔纳森·艾特肯 著

鄂云龙 倪耀礼 江承宗 张志明 译

王志宏 校

人民出版社

纳扎尔巴耶夫在全苏联人民代表大会上

2006 年，纳扎尔巴耶夫第三次连任哈萨克斯坦共和国总统

2007 年 9 月 24 日，纳扎尔巴耶夫在联合国大会第 62 届会议上讲话

草原骑士

纳扎尔巴耶夫在读书思考中

纳扎尔巴耶夫与夫人在一起

序　言

（著名作家、文化部原部长）

由英国作家乔纳森·艾特肯撰写的《纳扎尔巴耶夫：哈萨克斯坦的缔造者》（中译者鄂云龙、倪耀礼等）即将出版。读罢全卷，正如书名所言，让我们看到了友邦近邻哈萨克斯坦，是怎样渡过苏联解体历史难关，成为版图最大的内陆国家，平稳地站立在世界舞台上。

纳扎尔巴耶夫的名字，对于我来说，早已有所闻知，苏联时期，他已经在苏共中央担任要职，而且西方观察家认为他有进一步擢升的可能。

2004 年我在莫斯科接受名誉学位后曾顺访哈萨克斯坦的阿拉木图，对这个著名城市的清洁整齐印象深刻。回国时我是乘汽车从新疆伊犁地区的霍尔果斯口岸入境的。他们说纳扎尔巴耶夫此前才访问过伊犁，为此阿拉木图到伊宁市的公路作了新的整修。在伊犁，我也有幸获得了类似伊犁人赠送给纳扎尔巴耶夫总统的民族服装样品。

我感到了中国人民、中国新疆人民对于纳扎尔巴耶夫的友好心态。不可否认，正是能干的努尔苏丹·纳扎尔巴耶夫，被历史推向前台，在这样一个历史关头，力挽狂澜，驾驭着哈萨克斯坦这艘航船冲过激流险滩，平稳行驶在世界潮头。从某种意义上说,由他促生的新首都阿斯塔纳的繁荣发展,便是新的历史进程的一个缩影。

我们看到,纳扎尔巴耶夫领导哈萨克斯坦实现了新宪法,摆脱经济困难推出自己的货币体系。在接受前苏联军事遗产时,突然降临的世界第四大核武库的拥有者地位,令世界不安。由于他坚定睿智地推进无核国地位和积极参与全球核不扩散进程,受到国际社会普遍好评。与我国顺利实现边界勘定,推进两国建设性新的国家关系,也是一段佳话。坚决反对极端势力和恐怖主义,促进族际间团结和宗教间和谐,缔造了一个社会稳定的新型国家。这一切印证纳扎尔巴耶夫总统是一位意在合作的国家领导人。

同时,由于作者深入细致地掌握了大量第一手材料,又加以深入浅出的缕析,让我们看到了在谜团般的历史中,那些既令人惊讶,又令人释然,生动有趣的真实历史细节。许多真实内幕的披露,对我国读者来说,或许是第一次接触,提升了这部作品的可读性。

中国有一句俗话:远亲不如近邻。进一步深入了解我们的友邦近邻哈萨克斯坦,这本书的出版很有意义。

2016 年 10 月

致　　谢

　　我衷心感谢无以数计的哈萨克斯坦人给予我的帮助,还要感谢那些拥有丰富的哈萨克斯坦知识的人在我写作本书期间接受我的采访,给予我各种帮助、盛情款待和无私指导。他们大部分人的名字我都记录在出处注释部分。有的人更愿意在匿名的条件下和我做私下交流,我也感激他们的帮助。

　　我要向理查德·伊文思男爵表示特别感谢,不仅因为他睿智的建议和在接受采访时,让我感受到的他对于纳扎尔巴耶夫总统和这个国家的渊博而深入的了解,而且因为他好几次邀请我搭乘他的专机去哈萨克斯坦,并和我一道周游这个国家。

　　我要感谢哈萨克斯坦外交部在阿斯塔纳和阿拉木图为我提供的宾馆,感谢阿特劳的阿基姆对我的盛情款待并在他的城市里为我提供住宿。

　　我尤其要感谢叶尔兰·伊德里索夫(哈萨克斯坦前外长,前驻伦敦大使,现驻华盛顿大使)。我之所以对他特别心存感激,是因为他数次接受我的采访,频频鼓励我写作本书,并为我提供灵感。

　　本书的大部分文字录入工作是由普鲁尔·福克斯完成的,为此提供帮助的还有海伦·柯克帕特里克,罗思玛丽·古丁和苏珊娜·詹纳斯。对于她们,尤其是普鲁尔·福克斯,我致以最诚挚的感谢。

最后,感谢 Continuum 出版社的出版商,尤其是鲁宾·贝尔德斯米斯、本·海耶斯和尼克·伊文思。

最后,我要表达对我妻子伊丽莎白的爱和感激之情,她默默忍受我一次又一次的离家出走,踏上去哈萨克斯坦的长途旅行,然后背回来一堆又一堆的文件、档案,投身于磁带转录工作,撰写著作和研究论文,而这些正是两年来写作这本传记的主要资料。

乔纳森·艾特肯
2009 年 4 月于伦敦

纳扎尔巴耶夫：哈萨克斯坦的缔造者

目
录

前言：理解纳扎尔巴耶夫

作为一个现代国家，哈萨克斯坦幅员辽阔，文化绚烂多彩，而且有着不为多数世人所知但却引人入胜的故事。这个故事的绝大部分内容是围绕着这个国家的第一任总统努尔苏丹·纳扎尔巴耶夫而展开的，他的生涯在他出生、成长、并成为领袖的这片土地的语境中得到了充分的理解。

从地理上讲，哈萨克斯坦比整个西欧还要大。它与俄国接壤的北部边界，比美国和加拿大的边界还要长。它的国土面积是世界上第九大国家。其国界西起亚欧交界的里海之滨，东接中国的西部边陲。这片神奇的土地上既有只比珠穆朗玛峰稍逊一筹的皑皑雪山，又有广阔程度超过美国中西部的茫茫大草原。它的空间和灵魂是如此广大而厚重，以至于它超越了民族、政治和时间的束缚。

直到 1991 年，哈萨克斯坦还不是一个国家。它和它的任何一个区域的邻国之间都没有法定边界，有些邻国声称对它的边界和资源拥有领土主权。这些争端的历史常常令人沮丧。数百年来，哈萨克斯坦的游牧部落多次被外来侵略者掠夺和征服。

纳扎尔巴耶夫的人生历程始于大草原山区牧场之上的一个牧羊人家的圆顶毡房里。他在一个极端贫困的游牧家庭长大，这个家庭精明地为他们的儿子谋得了良好的俄国教育。纳扎尔巴耶夫的第一份工作是在一家钢铁厂里做一名鼓风炉工人，钢铁厂把他训练为一名冶金专家。作为一个年轻的共产党官员，他的早期从政生涯跨越了从尼基塔·赫鲁晓夫、米哈伊尔·苏斯洛夫，列昂尼德·勃列日涅夫，一直到尤里·安德罗波夫的时代。44 岁时，纳扎尔巴耶夫被年老体衰的康斯坦丁·契尔年科任命为哈萨克斯坦苏维埃共和国的总理。1991 年底，苏联解体。纳扎尔巴耶夫又作为哈萨克斯坦的第一任总统从废墟中闪亮登场。

独立之后的最初几年，纳扎尔巴耶夫绞尽脑汁应对层出不穷的各种危机。这些危机包括恶性通货膨胀、货币崩盘、食品短缺以及两百万人移居国外，其中大部分是经验丰富的工人和管理人员。在战略方面，他的最大挑战是发现自己继承并拥有了全世界第四大核武库。有些国家声称拥有这些核武器，纳扎尔巴耶夫拒绝了他们的要求，并选择了核裁军。他用微妙的外交手段应对华盛顿，主动采取新姿态与北京打交道，并坚忍不拔地和莫斯科经历了一段如过山车般动荡不安的两国关系。他依靠和老朋友俄罗斯总统叶利钦的直接谈判，乘风破浪，渡过了最剧烈的动荡时期，而叶利钦的合作在很多问题上，特别是在里海的石油开采权上，起了至关重要的作用。

炼钢工人的顽强毅力与改革者的远见卓识结合在一起，使纳扎尔巴耶夫渡过了哈萨克斯坦发生诸种戏剧般事件的那段最为黑暗的岁月。他从来没有动摇过大草原上的人世代秉承的信念，即哈萨克人民将会战胜任何暴风骤雨。但是，作为一个现代政治家，他在说服老一辈的哈萨克人接受自由市场的力量时遇上了困难。1991 年纳扎尔巴耶夫还是哈萨克斯坦苏维埃共和国领导人时，与玛格丽特·撒切尔夫人有过一次会晤，这次会晤对于他信奉市场经济起了极为重要的作用。他潜心研究这些思想,努力争取新一代顾问和部长的帮助使它们得以实施。有个阶段,他的政策造成了混乱,犯了很多错误。但纳扎尔巴耶夫毫不动摇地执行了他的改革议程,使哈萨克斯坦在世纪之交基本上建成了自由市场经济体制,经济以每年百分之十以上的速度增长。这种增长势头受到了1998年亚洲金融危机的不利影响,并由于2008—2009年的全球经济危机而受到毁灭性打击。但此时哈萨克斯坦已从收入的盈余中积累了超过500亿美元的资金储备,其中大部分都是原油收入,放在一个国家基金里。2008年底,纳扎尔巴耶夫利用这笔基金以及其他资源,向银行、建筑公司、退休基金以及基础建设项目注资250亿美元以上。有了来自公共财政的紧急资助,再加上石油和天然气等经济板块本身的基础优势,如今的哈萨克斯坦,被认为比同一地区任何国家都能更好地安全渡过世界经济衰退。

但是15年以前的哈萨克斯坦前景一片黯淡。20世纪90年代初期,国际舆论一致认为,哈萨克斯坦不可能作为一个民族国家存在下去,作为国家领导人的纳扎尔巴耶夫也只会昙花一现。今天,无论是纳扎尔巴耶夫总统还是他的国家,看起来都已经岿然不动。纳扎尔巴耶夫的领导才能所获得的成功举世公认,长远的经济前景看起来也一片光明。尽管如此,国际媒体还在批评哈萨克斯坦的治理情况。

司法系统没有独立性。最近的大选没有达到充分而公平的民主程序的标准。哈萨克斯坦的许多社会层面充斥着贪污腐败行为。总统的心腹朋友和家庭成员所组成的核心集团不时因受到各种指控而蒙受耻辱,这些指控涉及存入瑞士银行账户的石油收入,政府合同上收受的佣金,对人权的侵犯,甚至还有对主要反对派政治家的谋杀。纳扎尔巴耶夫一直设法置身事外,与这些丑闻保持距离。即便如此，由于他与这些因为他们自己行为不当而判处流放的老友和亲戚多少有些关系，他的声誉还是间接受到损害。

从后面章节中涉及的内容，我们将会看到，纳扎尔巴耶夫并没有漠视他的批评者的抱怨。对于来自哈萨克斯坦从 2010 年起将担任轮值主席国的欧安组织（欧洲安全与合作组织）方面的压力，他的反应特别灵敏。在宗教自由、新闻自由、人权以及公正选举等方面，哈萨克斯坦已经取得了很多的进步。因此，公正地说，尽管道路还很漫长，但纳扎尔巴耶夫正在慢慢地从专制政体走向民主体制。他的主要观点（在后面的章节中我们将就这一点进行考察）是，鉴于无论是民主政治还是市场经济，哈萨克历史上从来没有过任何相关经验，新近独立的国家不应过快地推出一套选举改革的方案。"经济第一，政治重建第二"，纳扎尔巴耶夫如是说，他还补充认为，"哈萨克斯坦的民主制不是它的历程之起点，而是它的最终目标"。有些国际评论家一直对这条道路持批评态度，但国内的公众舆论看起来广泛支持总统在走向民主政体道路上的决策。

哈萨克斯坦没有任何捷径可走。但在纳扎尔巴耶夫成为总统以来的 20 年时间里，哈萨克斯坦已经跨越了多个重要的里程碑。这是一个从苏联解体中脱颖而出的经济上最为成功的国家，能够开采的石油、天然气和其他自然资源，远比计算机的预测更为富足。它的宪法创建了一个稳定的政府体系。但它和莫斯科、北京与华盛顿都保持着良好的——虽然不乏某种难以察觉的令人焦虑的——关系。它的 1550 万人口中，中产阶级人数不断增加，由于新一代受过良好教育的年轻人崭露头角，这个新的阶级变得越来越富裕和富有经验。繁华的新首都阿斯塔纳是哈萨克斯坦进步的象征，那里的高楼大厦奇特新潮，赋予这座新城一种 21 世纪世界中最为奇异、并具备多民族色彩的政府所在地形象。然而，当代哈萨克斯坦的这些特征几乎不为多少人所知，以至于世界上千百万电影观众，竟然以为"波拉特"①就是哈萨克斯坦。

如果没有努尔苏丹·纳扎尔巴耶夫，哈萨克斯坦不可能取得这么大的成就。他的故事是当代最为扣人心弦并富有影响的冒险故事之一，却从来不见有人在西方国家提起。因而，只有从茫茫大草原的深处，从他来自的那片广袤土地开始，我们才能理解纳扎尔巴耶夫。

---

① 这是 2006 年在美国上映的一部搞笑喜剧电影，讲述了哈萨克斯坦记者"波拉特"像一个土里土气的乡巴佬一样，在美国旅行并闹出大量笑话的故事。

第一章 家世和童年

　　他的生命历程开始于乌什克尼尔一家牧羊人的小屋里,这间小屋子位于中亚阿拉套山脉茫茫草原上一个偏僻遥远、原始壮丽的高原牧场。对于这个命中注定会成为哈萨克斯坦国第一任总统的牧羊人之子来说,我们很难设想还有比这更有象征意义的出生地。

　　乌什克尼尔风景优美,原野宽广,山峰上终年积雪,岩石嶙峋,悬崖陡峭,溪流成河,野马奔腾,牛羊成群,正因为这样,迄今为止,它才可以被确认为这个国家的遗产的一部分。遗产的另一个更为重要的部分是从他们的祖辈那里承继而来的部落家族的品格,他们深为他们的祖先而自豪,因为他们征服了这片广袤的荒野。

　　有时候,游牧精神征服了这片土地,而在他们历史上的另一些时刻,哈萨克人被外来的残暴统治者所征服和奴役。1940年7月6日,一个名叫努尔苏丹·纳扎尔巴耶夫的婴儿诞生了。他悄无声息地来到这个世界,几乎没有比这更默默无闻的事件了。但在熟悉当地沙帕拉希德部落传统和迷信的人看来,这个孩子的出生似乎和天命与神秘的充满希望的征兆有着某种联系。

　　天命来自勇士和部落首领,在这个婴儿的直系家族中,祖祖辈辈都有英雄和部落首领。神秘来自许愿者的如愿以偿,因为九个月前无儿无女的努尔苏丹的父母曾在一个当地圣者的陵园祈祷许愿。

祖先对于哈萨克人很重要。在游牧时代,祖先是血亲和陌生人,朋友和敌人,土地所有者和土地掠夺者之间的基本分界线。直到今天,他们仍然期望,在一个有地位的哈萨克家庭里,儿子理应知道在他之前所有七代男性祖先的名字和经历。所以努尔苏丹还不到五岁的时候,他就被教导要尊敬祖先中的男性长辈。这些家长中最为声名卓著的当属他的祖辈——卡拉沙依·巴图尔(1703—1753),一位在 18 世纪保卫家园不受准噶尔侵犯的传奇勇士。一位较近的有名的祖先是他的祖父,他的姓氏被他现代的子孙所继承。他名叫纳扎尔巴依,是村里一个水磨坊的建造者和所有者,靠卖水而发家致富,并因此于 1900 年前后变成了当地的一位法官。他是在经过了一次由 58 位部落长老秘密投票之后,而被擢拔到这个职位上的,其中 30 位长老投了他的赞成票。① 纳扎尔巴依担任法官一职直到 20 世纪 30 年代去世为止,他的授权印封在一家阿斯塔纳的博物馆里保存了下来。

他的遗孀莫扎巴拉·纳扎尔巴依成了这个家庭的教导者,她喜欢讲述传说中这位法官当年如何在选举中微弱胜出的故事。作为祖母,莫扎巴拉对这个孙子宠爱——如果不说是专横跋扈的话——到了无以复加的地步,以至于她可以称得上是一个现代人所说的控制狂。她在家中的支配地位的一个表现是,努尔苏丹刚一出生,就坚持把他带在身边,只在喂奶时才不情不

---

① 2007 年因为这部传记而接受采访时,总统努尔苏丹·纳扎尔巴耶夫讲起了他祖父参加选举的故事,他开玩笑说:"这说明了一百多年前我们是多么民主!谁说哈萨克斯坦不懂民主!"

愿地把孩子交给他母亲。莫扎巴拉的支配欲的另一个表现,是努尔苏丹开始蹒跚学步时,她织了一个袋子把他的下半身放在里面,以防止孩子从她身边走开。"祖母担心我会遭到恶毒眼光的攻击",纳扎尔巴耶夫回忆说,"因此,为了保护我,祖母从早到晚把我放在她身边的这个口袋里,还装模作样地告诉邻居,我不会走路"。

为了努力成为小孙子生活中的中心人物,祖母所做的第三件、也许是最稀奇古怪的事,是让努尔苏丹称她为"母亲"。这令小努尔苏丹感觉莫名其妙。他回忆说:

> 我祖母是一个十分威严专断的人。她爱操持事务,因为她是家里最年长的成员,我们有义务遵从她的意见。她经常告诉我说:"我是你母亲。"她还说:"你的母亲不是你母亲,她是你阿姨。你父亲不是你父亲,他是你哥哥。"出于对我祖母的服从,我只能照做不误,在五岁前一直称呼母亲为"阿姨",而称父亲为"哥哥",尽管我父亲对此很不高兴。

努尔苏丹的父亲叫阿比什,从本性上说他是一位和事佬,但也能够表现得比在上面这件轶事中显示出的更为强硬。阿比什和他的妻子阿尔简在婚后的最初六年中一直没有生儿育女,祖母莫扎巴拉和他的许多亲戚就认为,阿尔简患有不孕症,并催促他和阿尔简离婚,在这出家庭戏剧中,阿比什公然反抗了祖母和那些亲戚。虽然在哈萨克的乡村社区,一对夫妇没有孩子是一种耻辱,但是阿比什爱他的妻子阿尔简,所以拒绝离婚。相反,他们前往当地一位圣者"阿塔·拉依姆别克"的陵园,做了一次朝圣之旅。他们按照关于拉依姆别克神奇法力的迷信说法，把一只绵羊和一只山羊作为祭品献给了圣者。然后，阿尔简和阿比什共同牵着一根绳子绕着陵园走了七圈，祈求神明赐给他们孩子。在这个数度虔敬漫步的晚上，阿尔简梦见一只盲犬跟着她并威胁要攻击她。突然，一位白衣女子出现了，她用嘘声赶走了那只狗。第二天早晨，他们请求拉依姆别克陵园的主持诠释阿尔简的梦。他说："一个邪恶的精灵过去一直纠缠着你，但白衣女子已把它永远地赶跑了。现在神明将会赐给你们子女。"

9个月后，1940年7月6日，阿尔简生下了她的第一个孩子，努尔苏丹。当时正是盛夏，几乎所有切莫尔甘村——纳扎尔巴依一家居住的小山村——的人都跑到乌什克尼尔的夏季高原牧场加劳去了。

乌什克尼尔这个地名的意思是三个褐色小山丘，但这种描述必须按照偎依在阿拉套山山脚下的哈萨克辽阔牧场的规模进行比例放大。阿拉套山白雪冠顶的山峰从3000米到7900米不等，像一条伸长了的钻石项链闪闪发光，由哈萨克斯坦东部绵亘上千英里，一直伸展到中国的西部。自洪荒之世以来，当地的游牧部落成员，就把山下乌什克尼尔的高原牧场视为喂养牲畜的肥沃草地。1940年夏天，超过50万只的牛羊在乌什克尼尔放养，只是它们不再属于牧民，而是苏联集体农庄的财产。这个集体农庄由政府官员进行管理。官员的基地设在离高原草场大约20英里之外的城镇卡斯克连。

集体农庄的农业工人主要是牧民和牧工，他们及其家人夏天住在乌什克尼尔地区周围的圆顶毡房里。这是哈萨克斯坦牧民的传统小屋，其外形很像是因纽特人的拱形圆顶小冰屋和北美印第安人的圆锥形帐篷的混合体。在1940年7月的第一个星期,在乌什克尼尔高原牧场纳扎尔巴依家的小毡房中,阿比什的妻子阿尔简开始了她的产前阵痛。

关于这个 51 年后将成为独立的哈萨克斯坦共和国第一任总统的婴儿的确切出生地,至今还存在一些疑问。本书作者 2007 年访问乌什克尼尔及其周边地区时,当地的见证者对于努尔苏丹·纳扎尔巴耶夫的出生地点和出生时间问题,产生了巨大争论。

当地一些年长的居民确信,这位总统就出生在乌什克尼尔的山丘上的一个毡房里,其中一位目击者指着位于岩石悬崖和山涧小溪之间的一个小草丘,自信满满地声称:"我知道,纳扎尔巴耶夫就生在那儿。"其他年龄相仿的人则回忆了一些传闻,说阿尔简遭受了剧烈的产前阵痛,当地的接生婆不得不用驴车把这位怀孕的母亲,送到山下 9 英里以外的村庄切莫尔甘。这个故事的另一版本则说,是产妇并发症实在太严重了,阿尔简不得不再次被移送到邻近小城卡斯克连,在那儿,依靠该地区特供的温热的自来水和医疗设备,一位资深的助产士安全地接生了婴儿。

无论出生地到底在哪儿,阿比什·纳扎尔巴耶夫都不在现场,当时他正在几英里外的乌什克尼尔的旷野上照看他的牛羊。在他终于从山上下来时,他从一位来自切莫尔甘的年长女士托盖巴耶娃夫人那里得知消息说,现在他是一个小男孩的父亲了。阿比什高兴得忘乎所以,毫不犹豫地将家中最珍贵的物品,一台歌唱家牌的缝纫机,送给了托盖巴耶娃,并引用一句古老的哈萨克谚语说:"带来好消息的人理应得到好报。"

尽管古老的哈萨克谚语、传统和迷信在努尔苏丹·纳扎尔巴耶夫的早年生活中起了重要作用,但他的童年时代却受到了古代和现代的混合作用的熏陶。在古代方面,他在一种游牧文化中长大成人,包括对祖先的崇敬,亲近大自然,以及和由整个部落亲属所组成的大家庭之间保持紧密联系。在现代方面,他受到了从苏联输入到 20 世纪的哈萨克斯坦的诸民族和宗教的多重种族特点的影响。他还因为苏联对于教育的重视而获益良多,而接受教育从来不是这家人生活方式的一部分。

切莫尔甘是一个坐落在阿拉木图市东面 25 英里卡什克温河岸边的一个村庄,在 20 世纪 40 年代是一个有 900 多个居民的混合社区,其中只有 200 人是土生土长的哈萨克人。其余的是完全不同的多民族居民的混合体,包括乌克兰人、波兰人、车臣人、亚美尼亚人、土耳其人、库尔德人、巴尔卡尔人、德国人和少数俄罗斯人。

这些新来的人群和哈萨克村民之间的关系十分和睦融洽。这可能和哈萨克人对于来访者一向友善、好客的传统有关,或者也可能基于一种同舟共济、渡过难关的必要,因为对于那个时期的每一户切莫尔甘人家来说,在苏联集体化——通常是难以忍受的——铁腕之下的乡村生活并不容易。

切莫尔甘得名于哈萨克语中的"油灯"或者"蜡烛"一词。由于当时这个地区还没有电,切莫尔甘可以直译为"烛光之村",对于这个为苏联集体农庄的当地劳工提供住宿的中心社区来说,这是一种再也合适不过的描述了。在 20 世纪 40 年代前期,身体健全的男人都被征召入伍去抵御希特勒的德国了,所以大多数劳工都是妇女。不过,努尔苏丹的父亲阿比什由于一只胳膊在数年前的一场火灾中受伤而肌肉萎缩,得以留在家里。"关于我童年时代的父亲,我记得最多的,就是他从早到晚不停地干活",努尔苏丹·纳扎尔巴耶夫回忆道,"我觉得他从来没有无所事事过。我认为那是他留给我的财产的一部分——一种努力工作的决心，在逆境时坚持不懈以完成使命的决心。"

阿比什·纳扎尔巴耶夫一家

　　阿比什的主要使命是养家糊口，这个家很快就发展到有四个幼小的孩子了，努尔苏丹、萨奇帕尔迪、阿尼帕和波拉特。集体农场的工钱不够花，所以生存取决于每户家庭能在分到的自留地上种什么或养什么。纳扎尔巴耶夫一家被允许拥有四分之一公顷的土地(0.6英亩)，他们养了5头羊，20只鸡，1匹马和1头奶牛。每天清晨四点钟，阿尔简就不得不起来挤奶，这头奶牛

· 7 ·

就是一家人最重要的营养来源，每天都要提供黄油、牛奶和库尔特(一种哈萨克当地的奶酪)。这些家畜，加上自留地里种的水果和蔬菜，提供了足够食物，能够保证全家营养良好。这在当时可算是了不起的成就啊，这要归功于阿比什种植果蔬的本领，外加上用多种语言讨价还价和做生意的技巧。"我父亲什么都能种出来"，阿比什的小儿子波拉特回忆道，"我们的自留地通常一年出产两次土豆和玉米。苹果树既让他感到骄傲又让他感觉快乐，因为他非常善于嫁接和修剪，苹果树结满果实。富余下来的水果蔬菜他就卖给邻居，用那些人自己的语言和他们做生意。除了哈萨克语，我父亲能讲流利的俄语，土耳其语和巴尔卡尔语。他还学会了用更多语言和别人交流，因为当地有很多受斯大林迫害而流放到此的族裔"。

打孩提时起，努尔苏丹就吸取了他父亲语言方面的才能和对其他文化的包容。五岁时，他的生活中发生了两件大事。一是祖母去世，二是他开始准备上学。祖母莫扎巴拉的过世产生的影响是，这个家里子女与父母间的关系变得比较正常了。努尔苏丹变得和母亲阿尔简很亲近，他说他母亲"对我的影响最深，总是表现着一个母亲对儿子的很特别的爱。我无法用言语来形容这一点。她以最有力的方式表达她的爱。她本性非常浪漫，她讲的娓娓动听的故事和唱的优美动人的歌曲激发了我儿时的想象力"。

努尔苏丹的想象力，也因为他在切莫尔甘的乡村学校的启蒙教育而被激发。学校里有70名小学生，分成三个班级。其中两个班用俄语教学，一个班用哈萨克语。只有七个孩子(六男一女)参加了哈萨克语教学班，努尔苏丹是其中之一，而且他的学习成绩总是名列前茅。他的一个同学艾斯穆贝·萨杜阿卡斯回忆说：

> 我们在切莫尔甘的小班级里得到了良好教育，我们的老师都兢兢业业。努尔苏丹是个聪明孩子，而且学习很刻苦，不像我们一干人一样调皮。他学得最好的科目是数学，一位一丝不苟的老教师卡拉萨叶夫先生在课堂上对我们很严厉。努尔苏丹在大声朗读方面也是最棒的。

对于年幼的努尔苏丹而言，大声朗读并不仅止于学校教室。虽然他的父母都不识字，但他们对于长子在学习方面取得的进步感到非常自豪。在努尔苏丹的老师那里得知他擅长朗读以后，阿比什就开始邀请邻居来家里，听十岁的努尔苏丹为大家朗读哈萨克的历史和文学传奇。努尔苏丹本人怀着复杂的心情回忆起当年的这些夜晚：

> 我父亲是如此地喜欢我的朗诵，以至于许多夜晚他都会叫上几个朋友来家里一起听。在学校度过了漫长的一天后，我还得帮家里喂牲口，到了晚上，在家里仅有的一盏煤油灯发出的微弱光线下，我的眼睛常常累得不行。所以有时候我脸朝下趴在书上睡着了。许多晚上，我想方设法避免这样的朗诵。可是父亲会为此很生气，逼着我继续为这些年长者大声朗读。

尽管努尔苏丹会抵制这些公共朗诵会，但他个人的阅读兴趣与日俱增。到 12 岁时，他差不多成了一只书虫。他几乎读遍了学校小得可怜的图书馆里的所有书籍。如果他知道他的某位亲戚要去阿拉木图买东西,他一定会问他们能不能帮他买一本书。通常,这些书都是哈萨克的经典著作,出自诸如阿拜这样的作家之手,但随着努尔苏丹俄语水平的提高,他开始阅读出自托尔斯泰、契诃夫以及普希金等作家之手的作品。在后来的学校生活中,他如饥似渴地阅读了欧洲作家的俄语译本,尤其喜欢奥诺雷·德·巴尔扎克、维克多·雨果和儒勒·凡尔纳等的小说。有时,这种文学兴趣在家里其他人看来好像是走火入魔。他的小弟波拉特还记得一个场景,他们的母亲忍不住对着十几岁的努尔苏丹大叫道:"你书读得太多啦。你的脑子快开锅了。到外面去透透新鲜空气吧!"努尔苏丹遵从了母亲大人的命令,但只是一瞬间而已。过了一会儿,他就又像做贼似的从一个窗户爬回房间继续读书。

正如这则趣闻所显示的,在努尔苏丹的生活里,农场劳动和家庭作业之间偶尔会存在矛盾。他经常会沉浸在阅读的乐趣中,以至于忘了给蔬菜浇水,或者没把牛赶到新草场,并因此招惹父母生气。尽管这些疏忽大意会给他带来麻烦,但小努尔苏丹心明如镜,全家人最大的愿望是,他能够从过去世世代代的哈萨克人从来没有过的、新的教育机会中受益。"我父亲总是对我说'去学习吧,去学习吧',于是我就去了",他回忆道。

努尔苏丹早年最快乐的时光,是在乌什克尼尔周边高原牧场上度过的那些暑假。他说:"我一直都喜欢山,喜欢与父亲一起在山里走,帮他用镰刀割草,并享受山上带着野趣的大自然。"如今乌什克尼尔周围的阿拉套山上栖息着比当地人口还多的狼、山羊和鹿,偶尔还会有一些熊和雪豹。如何保护集体农场的牛羊不受这些猛兽侵犯,是阿比什作为一个牧人所做工作的重要部分。努尔苏丹记得他和父亲一起,在荒郊野外所度过的许多纯朴欢乐的时光,夜晚守护着成群的牛羊,围坐在篝火边在冬不拉的伴奏下歌唱。年幼的努尔苏丹学会了如何弹奏冬不拉,这个传统的哈萨克里拉琴。

有时阿比什和努尔苏丹在打猎时会爬过大山上的雪线。当父亲告诉他,在最高峰远眺全景时能看到巴尔喀什湖后,努尔苏丹就迷上了阿拉套山脉的顶峰。显然从峰顶看见湖是一种夸张的说法,因为巴尔喀什湖在乌什克尼尔以西 150 英里开外,仅凭肉眼是不可能看到的。但努尔苏丹却下定决心要征服这座山峰。于是,在上世纪 50 年代早期一个晴朗宜人的夏日,他真的独自一人攀登上去了。"这是我童年时代最蔚为壮观的时刻之一,"他回忆道,"当我到达峰顶,我感到自己好像正在一架飞机的机翼之上展翅翱翔。矗立在世界之巅,极目远眺,目光越过广阔的原野和山谷中的大草原,瞭望着祖国的未来首都阿斯塔纳"。

这位领袖后来把阿斯塔纳定为独立的哈萨克斯坦国的政府所在地。但是如果说他对于当年立于高山之巅时所见景象的记忆,在长达半个世纪后表露心迹之时还能有增无减,却也情有可原。无论如何,这件轶事让我们窥见了这样一个事实,大自然的力量和优美风景,在帮助塑造未来总统的童年方面起了很大作用。在某种程度上,这有助于我们理解年轻的努尔苏丹·纳扎尔巴耶夫的个性上正在形成的永不言败和远见卓识的特征。

在切莫尔甘的学校里,努尔苏丹好胜的个性使他越来越引人注目。他六年级的成绩单显示,他所有的科目一直都是 5 分(苏联教育系统中的最高分,相当于西方国家的 A+),这些科目有:哈萨克语言和文学、俄罗斯语言和文学、历史、数学、几何、代数、物理、生物、艺术、英语和音乐。"毫无疑问,他是学校里最聪明的男孩儿",他的同学艾斯穆贝·萨杜瓦哈回忆道。

> 他总是向老师问问题,并很努力地完成家庭作业。我
> 记得他那时是如何常常反复练习回答老师给我们提出的问
> 题的。有一天,我出乎意料地来到他家里,发现他正在一面
> 镜子前练习回答问题。"努尔苏丹,你在做什么呢?"我问
> 他,"你是想成为一名电影明星吗?还是怎么回事?""不
> 是",他回答说,"我只是在反复地背诵我的家庭作业,因为
> 我想要一清二楚和充满信心地回答老师的提问"。

到了努尔苏丹10岁时,他的自信不断增长,因为在课堂内
外其他男孩子都唯他马首是瞻了。邻近的一个村庄里,有一家
面包房有时会出售美味、松软的黑面包,而他是同龄人中唯一受
大伙信任能驾驶一辆驴车去买面包的人。这家面包房非常受欢
迎,以至于大排长龙的顾客们按照规定配额,排一次队走到柜台
前,只能买上两片面包。由于努尔苏丹只是一个来自其他村子
的小男孩儿,他常常受到当地客人的不公正对待,被那些喜好争
斗而且排队时不耐烦的家庭主妇们推挤到队伍的后面。于是,
努尔苏丹用驴车拉来一帮好朋友来解决这个问题。他把这些年
轻的切莫尔甘人组织成一个团队,彼此之间互相保护,并且一整
天里坚持不懈地一遍又一遍地排队,直到他们每一个人都买足
了几次黑面包的配额为止。

有一次"去面包房远征"的回家途中,努尔苏丹经历了他称
之为"童年时代最令人恐惧的事情"。那天晚上已经很晚了,他
们的驴车中有一个男孩子怕黑。另一个男孩决定搞个恶作剧来
吓唬他一下。于是,他跑到前面去,躲进了回切莫尔甘村路边的

一个坟场里。当驴车经过这个坟场时,一个全身裹着白毯子的影子从坟墓里站起来模仿鬼魂连哭带叫。受到惊吓的毛驴直立起来,脱缰跑开了。玩笑所针对的那个男孩也有类似反应,他猛地跳出车外,满怀恐惧地发出大声尖叫,逃进了黑夜之中。年方10岁的努尔苏丹不得不重新控制住驴子,并开始寻找失踪的那个男孩。"当我们找到他的时候,他已经昏过去了",努尔苏丹回忆说,"我们没办法弄醒他,我担心他会死。后来他虽然醒过来,但却不能讲话了。在以后的很多年里,这个可怜的孩子患有严重的口吃。对每一个人来说,那都是一个给人印象深刻的夜晚"。

在努尔苏丹·纳扎尔巴耶夫的成长过程中,在切莫尔甘的平静生活里,并没有多少令人兴奋的事发生。他所记得的一件具有重大历史意义的事件出现在1953年,当时村子的中央安装了一个大喇叭,这样,官员可以向村民播报斯大林去世的消息。一个影响更加深远的事情是,1954年切莫尔甘村里通了电。对于当地的所有家庭而言,这是一次生活质量上的大飞跃。

在努尔苏丹的童年时代,纳扎尔巴耶夫一家没有自己的房子。他们居无定所,像真正的牧民一样到处搬来搬去,一会儿住在借来的毡房里,一会儿又住在借来的房子里。但是在大约1945年前后,阿比什在村子的边上为这个不断添丁增口的家庭造了一栋两居室的屋子。在房子的一角有张桌子,努尔苏丹每天晚上就坐在那里写家庭作业。"他的母亲常常把饭菜端到他的桌子上,以让他不间断地学习",他的表亲和同龄人、阿尔简的侄女娜尔嘉摩尔·伊碧瑞奇兹女士回忆说,"努尔苏丹还很小的时候,我们就知道他学习特别刻苦。他母亲那时常说他是'千里挑一'。"

纳扎尔巴耶夫与他的母亲阿尔简

努尔苏丹的母亲觉得自己的儿子非常独特,这种感觉由于她儿子 13 岁时所做的一个梦得到增强。根据家庭成员的叙述,努尔苏丹梦见自己被迫攀爬乌什克尼尔的最高峰之一——阿拉克里山。背上还扛着一袋很沉实的盐。当他最后终于费力地爬上山顶,并朝着一路上来的山底下望去时,他看到同学们在很远的地方凝视着他。阿尔简对于这个梦的解释是,这个梦要告诉他儿子的是,他将会取得超越任何一个同学的成就。

1956 年,努尔苏丹和他的同龄人们遇到了一个不利的决定,切莫尔甘的学校宣布将不再为他们 7 个哈萨克学生组成的小班用哈萨克语上课了。这个班的成员要么可以留在这所乡村学校,但是只能接受用俄语授课,要么可以转学到另一所 5 英里以外、位于卡斯克连的规模较大的学校,在那里,他可以继续接受用哈萨克语上课。

阿比什和阿尔简决定,他们的长子应该留在切莫尔甘上学,但是努尔苏丹却另有打算。他与父母发生了争执,并最终说服了他们,同意让他转学去卡斯克连的学校。他的主张让人心悦诚服,以至于连其他 6 个哈萨克同学的父母也都跟着仿效了。这次领导才能的早期展示,并非出于对语言能力不足的担心。少年时期的纳扎尔巴耶夫已经能够熟练地在口头上和书面上运用俄语,因为他清楚地知道,俄语才是苏联的通用语言,是任何一个心怀志向的年轻人今后想出人头地有所作为的必备要素。驱动着这个孩子选择学校的,更多的是对自己的哈萨克根子和传统的认同这样一种根深蒂固的情感。

从他的父母和他们的朋友圈那里,年轻的纳扎尔巴耶夫吸收了对于自古以来的哈萨克斯坦丰富多彩的理解。在以口耳相传的方式流传下来的口述史中,他最早学到的历史传奇,是这个独树一帜的游牧文明中最早的激动人心的故事,这个文明牢牢扎根于塞种人、乌孙人、匈奴人、康居人、乌古斯人以及钦察人之中,他们于公元前 5 世纪到公元 13 世纪时期在哈萨克大草原上纵横驰骋。其中有一个故事激发了他童年时的想象力,它讲的是塞种人的皇后托米丽司如何带领她的人民反抗波斯国王居鲁士的大军入侵并取得胜利的故事。在两军决战的最后时刻,皇后砍下波斯国王的头颅并将其扔进一个满是鲜血的口袋里,大叫道:"你们曾经嗜血如命,现在让你们解渴喝个够!"

其他嗜血成性的入侵者,在征服哈萨克牧民的战争中做得好得多,其中包括 4 世纪时的匈奴大帝阿提拉和 13 世纪的成吉思汗。和每一个哈萨克学生一样,纳扎尔巴耶夫所接受的教导说,所有的哈萨克可汗或者国王都是成吉思汗长子的直系后代。他还了解了3个多世纪中,可汗与来自中国的准噶尔入侵者持续不断的战争,以及接踵而来的反抗俄国沙皇帝国军队的斗争的详细情况。这些史诗虽然很少在苏联的课堂里提及,但却在家庭的炉火旁被一遍又一遍地讲述,在年少的纳扎尔巴耶夫心中留下了深深的印迹。他成长为一名骄傲的哈萨克人。他从历史中懂得了哈萨克人民可以被征服,但永远不会屈服。他们可能会被战胜和制服,但仍然勇敢无畏而且本领高强。怀着那种受到压制但始终强烈的民族主义精神,他接受了苏联教育体系提供给他的东西。这是苏联共产主义为数极少的几个起作用的方面之一。它的确让纳扎尔巴耶夫受到了良好教育。

1957年9月,努尔苏丹·纳扎尔巴耶夫到卡斯克连的学校报到上学。他的母亲陪着他,并查看了那里为外地学生供应膳宿而准备的设施,认为这些设施还不够健全、充足。于是她找到当地市镇上的一些远房亲戚,让努尔苏丹和他们住在一起,希望在亲戚家努尔苏丹会吃得好一些,并能得到较好监管。

卡斯克连学校的老师们对于新来的纳扎尔巴耶夫有着良好的第一印象。上学第一个星期的最后一天,副校长塞特可翰·伊萨耶夫先生与努尔苏丹进行了谈话,并且评价他能干聪明,禀赋异常,"我一下子就看出来他是十年级里最聪慧的孩子",伊萨耶夫回忆道,"我教他古希腊史和欧洲现代史。他对知识怀有一种不同寻常的渴望,能提出很聪明的问题,下课后常常带走一些书以备夜晚阅读。这些书籍往往超出了学校课程表的范围。他想学的东西超出了教学大纲要求的内容"。

上世纪50年代的苏联中等教育有着较高水准。按照任何一种标准来衡量,努尔苏丹·纳扎尔巴耶夫都算得上博览群书,孺子可教。他喜欢上了法国文学,但是厌恶莎士比亚,后来他把这一点归因于俄语翻译太糟糕了。他在数学和物理方面显示了突出天赋,因此他的同学们竞相预言他将来会成为一名科学家。除了上课之外,他还是有名的步枪手和骑马高手。他有着一副唱歌的好嗓子,并成为拉手风琴和弹奏冬不拉琴的好手。"努尔苏丹是很好的同伴,天性喜欢社交",他的同学克迪尔伽利·贝拜科说道。"像他的父亲一样,他是一个与人为善的人,而不是一个喜欢对抗者。如果他不喜欢某人,他不会公开去和这人争吵,而是慢慢地表露出某种反感情绪。"

也许这些行为模式是年轻的纳扎尔巴耶夫将来政治技巧的早期预示。与此相得益彰的是,有些迹象显示有朝一日他还可能会擅长外交。因为卡斯克连的学生来自很多不同的民族,大家共同生活在一起,努尔苏丹在一个多元文化的氛围中成长。对于它的和谐,他也作出了一份贡献,很多问题遇到他就迎刃而解,很多争议遇到他就偃旗息鼓,他愿意坐下来为冲突双方进行斡旋,而不是鼓励他们像学校小孩子那样,一旦发生争议就用操场打斗的方式来解决问题。他因此受到了老师们的瞩目。他作为一个调停者受到了大家的信任,因为他真的对身边的不同文化兴致盎然。

有一件事情可以显示他的这种兴趣。1957 年,一个来自北京的中国学生向努尔苏丹所在的学校发来了一封令大家颇感意外的信,询问有谁愿意成为他的笔友。这看起来好像是一个来自陌生国度的陌生通信者非同一般的请求,一开始的意图曾受到很大怀疑。最后,经过与当地的共产党组织联络核查,校长在布告栏上钉出了一份来信的翻译稿,希望知道是否有学生愿意回复这封信。努尔苏丹·纳扎尔巴耶夫是卡斯克连校内 250 名小学生中唯一响应了这个请求的学生，并与他北京的笔友先后通了几次信。副校长问他为什么不嫌麻烦这样做时，他回答说："因为我对了解中国很感兴趣。"

努尔苏丹的求知欲给予他比同龄人更加宽广的视域。此外，与那些当地社区里无所归依的新移民们相比，他很幸运地具有深厚的家族根基。因为虽然他是在一个只能勉强维持生计的贫困家庭中长大成人的，却为自己的哈萨克祖先深感自豪。他在家乡的环境里感到无忧无虑，他尊敬他的父母阿比什和阿尔简，并且带有他父母热烈回馈给他的爱。所以 1958 年夏天，努尔苏丹即将结束他的中学时代时，18 岁的他已经是一个全面发展、学业优异的年轻人，他知道自己的学术能力足以让他能进入苏联最好的大学之一。"在我高中毕业前的最后几个月里，我差不多下了决心，要成为一名化学专业领域的科学家"，努尔苏丹回忆道，"这一方面是因为我擅长科学，一方面是因为新上任的苏联领导人尼基塔·赫鲁晓夫的讲话给我留下了深刻印象，他在广播里时常提到化学在提高农业生产率方面的重要性。所以那就是我打算在莫斯科顶级学府里学习的内容"。

这些计划最终不了了之。尽管努尔苏丹·纳扎尔巴耶夫壮志凌云，勤勤恳恳和才华横溢，但最后他既没有去莫斯科，也没有去上任何一所大学，而是留在了家里，而且他在家乡是靠体力而不是靠动脑子吃饭。这是他自己深思熟虑之后的抉择。之所以作出这样一个决断，是因为他从学校图书馆里读到一本书，这本书深深地激励了他，并改变了他的命运。书的名字叫做《钢铁是怎样炼成的》。

第二章　学生和炼钢工人

　　《钢铁是怎样炼成的》这本小说,对于努尔苏丹·纳扎尔巴耶夫的一生产生了深远影响。在他作出抉择的过程中,使得他改变职业规划的进程,从想要成为一名大学科学家转变为当一名从事体力劳动的钢铁工人的,只有这一个关键因素。在改变计划的过程中,还有其他一些原因,其中包括:他对含辛茹苦的父母的关爱;和一位乌克兰地质学家进行的一场鼓舞人心的交谈;一份当地报纸上的广告;以及对职业甚至可以说,是对命运的一种直觉,在他的人生路上,这种直觉常常帮他作出意料之外的抉择。

　　小说故事本身文笔优美,生动感人。该书的作者尼古拉·奥斯特洛夫斯基,讲述了一个在炼钢厂工作的共产主义青年团员的故事。他和他的钢铁厂工友团队接到了一项具有全国性意义的、极为重要的任务,必须在很紧急的时间内,修建一条穿越复杂地形的高强度钢轨铁道线。在完成这项任务的过程中,他们遇到了难以想象的困难,其中包括材料提供上的延误、疾病、恶劣天气、铁路沿线的山体滑坡,以及越来越难以达到的完工时间表。但是,凭借着身心方面付出的超人努力,最终,该书的英雄领着他的工友们走向了胜利,按时完成了他们的使命。“这本书对我而言是一种非凡的鼓励”,纳扎尔巴耶夫回忆说,“事实上,这本书无关乎钢铁,而关系着人的精神。它给人的启示是,凭着信仰,无私奉献和乐于服务的精神,一支好的团队可以完成几乎是不可能的任务"。

纳扎尔巴耶夫的这种个人使命感,在他18岁时因对父母的担心而有所减弱。他和父母之间的关系非常好。他喜欢父母乐观向上的精神,他们的幽默感,待人热情温暖的心和一种贯穿于父母一生的富有创造性的哈萨克浪漫主义的不羁情怀。虽然不识字,没受过正规教育,但他们多才多艺。阿尔简能创作优美歌曲,还会自弹自唱,一边弹奏着冬不拉琴一边唱歌。她还给孩子们讲述哈萨克部落游牧民族的传奇故事。其中一些故事大力赞扬了家族中最知名的祖先,他是一位18世纪的武装首领,卡拉沙依·巴图尔。

阿比什性格文静、沉默寡言,但是在和长子一起出门去哈萨克大草原时,也会偶尔展示出一点诗歌天赋,他能创作口头诗句,诗歌里总是赞美大自然的壮丽,或者是表达对阿尔简的赞美之情,也偶尔为了逗儿子开心。阿比什很喜欢创作关于村中人物的妙趣横生而又诗意盎然的讽刺作品,这些讽刺诗总是让努尔苏丹开怀大笑。但当他把这些诗牢牢记住并朗诵给同学们听时,却引起了麻烦。讽刺诗所针对的那些学生家长一个个愤怒无比,他们找上门来向阿比什抱怨说:"你儿子怎么能瞎编乱造如此粗鲁无礼的诗歌来讽刺我呢?"

阿比什一定是欢天喜地地把这些抱怨者送出大门,可是生活中他却没有太多的时间找乐子,因为他几乎被农村贫困生活的重负压垮了。一次令人不快的事件使他右臂致残,集体农庄和家中一小块自留地里的双重劳动量,一刻也不停地要求他去工作,这些事情纠缠在一起,严重损害了他的健康。仅仅才五十几岁,他的身体就垮了。"我总是担心父母亲的健康",努尔苏丹·纳扎尔巴耶夫回忆说，"他们俩太操劳太辛苦了！我不喜欢这种念头，离开他们去莫斯科待三到四年，留下他们独自面对生活的重压"。

正值纳扎尔巴耶夫高中毕业的时节，这些忧虑让他愁怀满腹，恰好他和一位地质学家进行了一次重要谈话。这位地质学家是村里一户乌克兰人家的儿子，在一个夏天回村子探望他的父母，他穿着一身黑色制服，制服上别着苏联地质学家的徽章。这身正式服装使他在切莫尔甘的孩子们眼里显得很有身份，晚上孩子们总会聚集到地质学家身边听他描绘他的工作。"我还记得他指着一个铁质的水管子，对我们说，'对于这种铁管子，我是有功的，因为制造这种管子所用的铁矿是我找到的'"，纳扎尔巴耶夫回忆说。

> 我迷上了这位地质学家和他作为寻找地球宝藏专业团队之一员的那种万丈豪情。他还给我们讲了如何把他的铁矿石变成钢铁的相关技术，详细描述了在鼓风炉中将铁石熔化成铁水，并最终成型为铁管的过程。当我夜复一夜聆听他的讲述时，我暗自对自己说："有朝一日我也要当一名地质学家"。

对于纳扎尔巴耶夫来说，成为一名地质学家所面临的最大问题，是意味着他得花上接下来三年的时间去莫斯科学习。作为一名从卡斯克连学校毕业的最佳优等生，这是大家都期盼着他选择的道路。但是对父亲健康状况的担忧使他踌躇不决，并以同等认真的态度考虑选择留在哈萨克斯坦的问题。1958年的夏天，纳扎尔巴耶夫反复权衡这些选择的利弊，这时，他看到了当地一家报纸上招募炼钢工人的广告。这则广告声称，有一个叫铁米尔套的城镇正在建造一座全新的大型钢铁厂，而这个城镇位于距离切莫尔甘仅仅 300 英里的卡拉干达省。这家钢铁厂将成为世界上最大的钢铁厂之一，一年钢产量超过 300 万吨。另外铁米尔套技术学校还可为有志于在钢铁行业工作的共青团员提供冶金专业的培训课程。广告补充说："冶金专家是高尚和令人自豪的职业，它是真正的男人的工作，并可获得最优厚的薪酬。"

纳扎尔巴耶夫立即被这则广告所吸引。成为一名冶金专家，而不是地质学家，这似乎和他追求的职业志向大同小异，差别不大。在一座具有国际重要性的炼钢厂里的工作前景，以及"最优厚薪酬"的承诺，对他很有诱惑力。于是，在看到这个铁米尔套钢铁厂广告后的几天内，他就去了距离最近的招工部门毛遂自荐，申请就业。那是位于阿拉木图市斯大林大道的共青团总部。当时在场的共青团主管名叫萨比特·扎达诺夫。"从 1958 年 6 月的那天看到年轻的纳扎尔巴耶夫的第一眼开始，我就清楚地记住他了"，扎达诺夫回忆道。

他像所有乡村男孩子那样穿着简朴而土气的服装——松松垮垮的棉质裤、开领衬衫和凉鞋。我面试了他，知道了他刚刚从学校以优异的成绩毕业。于是我对他说，像他这样有能力的年轻人应当去莫斯科的大学深造，在那儿培养成为一名外交官或行政官员。但他固执己见。他引用了一条共青团的格言，格言说："如果你是一名共青团员，你就应该第一个面对前线的挑战，最后一个享受安逸生活的红利和特殊待遇。"我能看得出来，他是下定了决心要成为一名铁米尔套的钢铁工人,所以我就为他报了名,让他去从事那里的第一批工作。

在广告中,铁米尔套被描绘成一个繁荣兴旺的钢铁生产中心,但是当 18 岁的纳扎尔巴耶夫于 1958 年 9 月拿着招工登记材料到达那里时,发现连一根钢条都没有生产,因为钢铁厂本身还没有动工兴建。实际上全部存在的只是一座小城镇和一个包围着它的巨大的建筑工地,吊车、卡车、拖拉机、推土机、成堆的金属、钢铁大梁、木材和工人住的帐篷,乱七八糟地堆在那儿。然而,开工兴建的主要障碍是压根儿没有现成的路。因此,纳扎尔巴耶夫在学习冶金学或生产钢铁之前,首先按照要求成了一名建筑工人。他的第一份工作是为修建通往还不存在的炼钢厂入口的道路搅拌混凝土,而炼钢厂的唯一标志是一根高高矗立的但还不能使用的大烟囱。

纳扎尔巴耶夫在最初几个星期里是混凝土搅拌工,之后他就和其他大约 300 名具有中等教育学历的工人伙伴们一起从铁米尔套出发,被派往位于乌克兰的第聂伯罗捷尔任斯克接受炼钢工人的训练。受训者中有 71 位哈萨克人。"我们当时都像纳扎尔巴耶夫一样,是 18 岁的农村小伙子",马克苏特·纳尔伊克巴耶夫回忆道。

我们中没人离开过家,所以,对我们来说,在阿拉木图火车站集合,是一次历史性的旅程。我们花了五天时间到达莫斯科,从莫斯科到第聂伯罗捷尔任斯克的旅程又花了两天时间。到达后,有人通知我们说,我们非常荣幸,将在苏联最好的一家钢铁厂里接受培训。随后,大家就被分成了三个组,分别是电焊工、天桥吊车操作员和炼钢工人。纳扎尔巴耶夫被分到了炼钢工人组,将接受鼓风炉工作方面的训练。因为他能够讲一口地道的俄语,所以立刻被选为他那一组的组长。

在第聂伯罗捷尔任斯克的 20 个月,纳扎尔巴耶夫的领导才能通过几段插曲开始初露锋芒。第一段插曲和一位著名的哈萨克歌手碧碧古尔·图尔伊格诺娃的访问演唱有关。对于这座城市里的一小部分哈萨克人来说,她和她的民族歌曲节目单令人心动,有着巨大的吸引力。但由于她并不为当地大多数乌克兰人所知,即将在第聂伯罗捷尔任斯克的千人大礼堂举办的音乐会很可能会叫好不叫座。纳扎尔巴耶夫下定决心,要为这位哈萨克最著名的女音乐艺术家四处鼓吹,争取更高支持率,于是他承担了宣传推销图尔伊格诺娃盛大演出之夜的困难任务。那是对他性格中的组织能力、音乐理解力、民族情绪,甚至包括政治因素等多方面能力的一次挑战。通过发动他的学员伙伴做口头宣传并四处发放门票,纳扎尔巴耶夫最终成功地使当晚的音乐会不仅座无虚席,而且只剩下可以站立的空间。在演出结束时,纳扎尔巴耶夫来到舞台上为他的女神献上一束巨大的鲜花(这是用纳扎尔巴耶夫组织募捐而来的钱买的),并发表了一场对碧碧古尔·图尔伊格诺娃表示敬意和感谢的动人演说。“我们都很惊讶,他不仅做事一丝不苟,有始有终,而且演讲也那么声情并茂,动人心扉”,他的同学卡比杜拉·萨瑞科诺夫说道,“从那时起,我们很多人就开始对他敬重有加了”。

几个月后,在一个警察局里非常不一样的氛围之中,纳扎尔巴耶夫的口头表达能力受到了一次全面考验,并且表达得淋漓尽致，当时他全力以赴阻止了整个哈萨克学员团被耻辱地遣返回乡。这个插曲发生在 1959 年 12 月 31 日，哈萨克学员们正在一家餐馆里欢庆新年的到来，其中一个叫朱麦施的学员和伴奏乐队的领班发生了斗殴。领班的同伙参加进来并还了手。在随后的群架中，由于哈萨克人势单力孤，不得不逃离现场。后来，他们却都被乌克兰当局拘留，并在警察局关押了一夜，乌克兰当局通知他们说，他们都将被驱逐出境，遣返回乡。

但在纳扎尔巴耶夫发表了或许称得上其平生第一次的政治演说后，驱逐遣返的惩罚被取消了。"我永远都会记得，纳扎尔巴耶夫在那个警察局里是怎样向当权者讲话的"，当时被拘留者之一马克苏特·纳尔伊克巴耶夫回忆道。

> 他先把双手抬了起来，然后说，"就像我们手上的手指头长短不齐一样，我们每个人都各不相同"。接下来，他争辩说我们这批人不应该受到惩处。他让朱麦施公开向乐队领班道歉，并请求乌克兰人撤销对他的指控。渐渐地，他赢得了每一个人的支持，所有人，甚至包括乐队领班，都回心转意，不把事件看得像开始那样严重了。最后没人被遣返回乡。对于纳扎尔巴耶夫来说那是一次漂亮的胜仗，事后我们都感谢了他。

这次胜利既得到了老成持重的乌克兰高级警察的认可，也得到了少不更事的哈萨克学员们的认可。当晚置身警察局中最重要的人物，是一个叫迪米特里·波戈雷洛夫的共产党领导。他显然对"我们每个人都各不相同"的演说以及用手指头打的比方印象深刻。"纳扎尔巴耶夫，你的确精明能干"，波戈雷洛夫说道,"如果你能一直这样精明能干,25 年之内,哈萨克斯坦的政府领袖就非你莫属了"。当时这只是一句玩笑话,但 30 年之后,这个预言却变成了现实,1989 年,努尔苏丹·纳扎尔巴耶夫被任命为苏维埃哈萨克斯坦共和国的党委第一书记。

让我们回到 1959 年,那时,共产党的领导对在第聂伯罗捷尔任斯克地区的外国学生时有猜忌。这在纳扎尔巴耶夫遇到的跟哈萨克青年相关的第二个插曲中得到了证明。某一天的半夜里,他和当地的其他哈萨克年轻人都被抓进了警察局。这次事件的起因是,在纽约联合国总部发生的一个意外情况引起了当局的恐慌,他们担心这个事件会产生不良后果。这个意外情况是,苏联领导人尼基塔·赫鲁晓夫向联合国大会发表了一篇情绪激昂的演讲。他情不自禁地脱下一只鞋子用它敲打着讲台,并即席脱稿大吼道:"我们将会埋葬你们!"这时他的讲演达到了高潮。对于赫鲁晓夫的装腔作势,会场内来自世界各地的领导人不以为然。他们的反应基调表现在英国首相哈罗德·麦克米伦那令人开心的揶揄之中,在赫鲁晓夫用鞋猛击桌面时,他问道:"请问我们能够正式翻译这个动作吗?"但是,远在 5000 英里之外的第聂伯罗捷尔任斯克,当地的苏共领导人仓促听完来自联合国的实况广播后大吃一惊,担心赫鲁晓夫的好战言论可能会挑起第三次世界大战的爆发。在这种大惊小怪的心情下,他们的第一反应就是扣押所有当地的外国人,他们认为,这些人在第聂伯罗捷尔任斯克遭到西方进攻时,可能不会忠心耿耿地参加保卫战。这就是为什么在 1959 年 9 月 9 日清晨努尔苏丹·纳扎尔巴耶夫和他的哈萨克冶金工业的学员伙伴们会被从被窝里硬拉出来,并带到一个中心警察局去的原因了。

第聂伯罗捷尔任斯克的党内官员因为赫鲁晓夫的演说而产

生了过激的反应,这在 50 多年后冷冰冰的文字记载上看来似乎很荒谬,但那不过是事后诸葛亮罢了。在冷战达到顶点时,这些紧张局势对于苏联官方来说是真实存在的,而对于哈萨克学员来说也是令人恐怖的。

[马克苏特·纳尔伊克巴耶夫回忆道]我们完全不知道发生了什么事。但我清楚地记得,在警察局纳扎尔巴耶夫是唯一一位保持冷静头脑的。我们都问他,"出什么事了? 他们为什么这样对待我们?"我们真的都受到惊吓了。但纳扎尔巴耶夫反复告诉我们要保持镇定,最后,他也是唯一一位从一名警察那里了解到我们之所以被关起来,是因为赫鲁晓夫在联合国的一席讲话,虽然我们对讲话内容一无所知。此时纳扎尔巴耶夫挺身而出,向大头头们保证我们哈萨克人是苏联的忠实公民。之后我们就都被释放了,恢复了正常生活。

第聂伯罗捷尔任斯克培训学校的日常生活非常严格。每星期 6 天里,学员们每天都要花费 5 个小时在课堂里学习冶金学理论,然后再用 5 个小时在炼钢厂的车间练习实际的炼钢操作。这样,剩下来的文体娱乐活动时间就很少了,尽管如此,纳扎尔巴耶夫仍然想方设法定期参加夜间的摔跤课程。纳扎尔巴耶夫只有 5 英尺 9 英寸,与大多数摔跤手相比,体型小、个子矮,但是他却赢多输少。有一天,教练员让纳扎尔巴耶夫和同年龄组的一名地区的乌克兰摔跤冠军尼可拉·利托什科交手。乍一眼望去,这好像是一场不公平的比赛,因为乌克兰选手体型魁梧,身体更结实,也更富有比赛经验,至少他自己是这么认为的。"我记得我和教练说，'你为什么要我和这个弱不禁风的小不点儿摔跤？'"利托什科回忆道，"但我很快就恍然大悟，原来这个小孩不是等闲之辈。他用力量制服了我，把我后背朝下摔在了地上。经过几回合艰难的较量，我输掉了比赛，但对我的对手产生了相当的敬意。'你是中国人吗？'我问他。他回答说，'不是。我是哈萨克人'。"

在苏联时期，纳扎尔巴耶夫和其他哈萨克人被误认为是中国人并非绝无仅有。对于有经验的观察者来说，尽管哈萨克人和中国人都具有一些共同的东方人特征，但哈萨克人有其独特之处，这使得他们的外表明显不同于中国人。然而，在 20 世纪的绝大多数时间里，哈萨克斯坦并不是一个独立国家，所以到第聂伯罗捷尔任斯克城里来学习的年轻哈萨克人，都习惯了这种种族身份的误判。在纳扎尔巴耶夫赢得与乌克兰选手摔跤比赛的当天，他不得不两次忍受这种尴尬。赛后，他与两位年轻的乌克兰赛手一起喝了伏特加酒。"当我发现他还得搭乘很长一段公共汽车才能回到培训学校宿舍时，我就邀请他在我父母家中过一夜"，尼可拉·利托什科回忆道，"我母亲刚一看到纳扎尔巴耶夫，就说，'可怜的韩国小伙子，看起来你是饿坏了。我来给你做一顿好吃的吧'"。

努尔苏丹·纳扎尔巴耶夫在第聂伯罗捷尔任斯克参加培训的 18 个月里，雅卡特瑞娜·利托什科女士为他做了很多次美味可口的佳肴，努尔苏丹几乎成了她的养子。星期六晚上，他常常在利托什科家中过夜，雅卡特瑞娜女士会为他熨平衬衫和缝补裤子。努尔苏丹与尼可拉·利托什科之间的友谊变得越来越深厚。"年轻的纳扎尔巴耶夫给我留下的最深刻印象是，他力争上游，精力充沛"，利托什科回忆道。

他什么事情都想尝试一番,并且什么都要赢。摔跤比赛上他非常不喜欢输,其他的体育比赛也一样。记得有一天我带他去划船。那是他第一次上船,所以很自然他根本不擅长划船,而且在使用船桨方面也遇到了困难。但他就是不肯放弃,三番五次地尝试,就是想要争赢夺胜。当他下船时,鲜血从他那两只划破了的手掌上流了出来。

1959年8月里一次性质非常严重的流血事件使努尔苏丹·纳扎尔巴耶夫忧心忡忡,从铁米尔套传来爆发了骚乱以及苏联军队无情镇压的消息。后来真相大白,原来有一大批铺砖工、水泥工和建筑工人在钢铁厂建筑工地的中央广场上集会,对工作条件表示抗议。他们的不满包括食品短缺,没有足够的过冬衣物以及饮用水受到了污染。管理人员拒绝和抗议工人进行对话,于是工人们擅自处理,抢掠了食品商店。在工人洗劫商店的当夜,苏联军队调入了铁米尔套。在随后的冲突中很多工人被射杀,小道消息说死者超过上百人。当时,有关铁米尔套骚乱的消息都被无情封锁。但情况已经非常严重,到了美国媒体都加以报道的地步了,而苏联未来的领导人列昂尼德·勃列日涅夫也紧急走访了铁米尔套。当这些消息传到第聂伯罗捷尔任斯克的努尔苏丹·纳扎尔巴耶夫和他的哈萨克学员伙伴们的耳朵里时,他们感到焦虑不安。因为按照日程安排,在培训课程结束时,他们要回到铁米尔套创建一个新的钢铁厂,而工作条件别无二致。

在这种忧心忡忡的心境中,纳扎尔巴耶夫完成了他在第聂伯罗捷尔任斯克培训学校的课程。他和知交卡比杜拉·萨瑞科诺夫一起坐火车经过长途旅行,从乌克兰回到了哈萨克斯坦,并在 1960 年 5 月 1 日下午 4 点搭乘 107 路公共汽车，从卡拉干达车站到了铁米尔套。当时正值五一节庆祝活动，整个城市都放假了。当两个年轻人来到给他们预先安排好的宿舍地址时，他们发现那儿只有一栋空无一人的大楼。于是他们就在大楼的地下室里凑合着过了一夜，第二天早上就去钢铁厂鼓风炉的办公室报到。他们受到的接待很令人失望。"伙计们，你们本来不应该在这里"，管理人员告诉他们说，"鼓风炉还在建造中。我们现在既没工作让你们干，也没什么钱付给你们"。其他一些从第聂伯罗捷尔任斯克归来的实习学员，一气之下直接回他们乡村的集体农庄了。但是，纳扎尔巴耶夫和萨瑞科诺夫每人拿到了 50 卢布作为预支的未来工资，并被暂时安排在铁米尔套城外 9 英里远的一个医疗隔离中心内住。从那里，他们又搬到了十分邻近的工人宿舍——一座距离钢铁厂三英里的五层楼——的双层床铺上。在整个 5 月和 6 月期间，纳扎尔巴耶夫回到了他之前从事过的混凝土搅拌工的岗位，直到 1960 年 6 月 28 日鼓风炉建成为止。在那之后，他才登记成为一名全职的钢铁工人。

1960 年 7 月 2 日，炼钢厂开工了。那真的是一座模范工厂，在整个中亚地区独一无二。苏联领导人通过游行、集会和演讲来庆祝这一盛事，鼓风炉的点火仪式是整个开工庆典的中心项目。第一批当班的操作工人都经过精挑细选，而 20 岁的纳扎尔巴耶夫就是其中一员。

当第一批炙热的铁矿石在铁米尔套的钢厂中提炼时，纳扎尔巴耶夫还是一名资历较浅的鼓风炉看护工。他是同一班工人中的 7 个看护工之一。除了他在第聂伯罗捷尔任斯克接受过培训之外，他能加入这一班精选的鼓风炉工人的主要资格，是因为

1960 年 7 月 3 日,铁米尔套市卡拉干达冶金厂高炉第一大队工人合影

1960 年,铁米尔套市卡拉干达冶金厂工人合影

他既年轻又强壮。"那是一项苦活儿，因为鼓风炉周围的温度超过了40摄氏度"，纳扎尔巴耶夫回忆道。

> 我穿着厚重的防护服，每天八小时上班时间，总是汗流浃背，不得不随时喝特制的专门饮料，以保持身体内水分的钠平衡。当我费力地用沉重的工具引导从鼓风炉口流出的钢水时，我意识到，我正在纹丝不差地亲身经历从《钢铁是怎样炼成的》那本小说中所读到的艰难与痛苦。

纳扎尔巴耶夫一定是在工作中取得了好成绩，钢铁厂开工后的12个月内，他就从初级鼓风炉看护工破格提拔为高级鼓风炉看护工，接着被提拔为鼓风炉煤气工副手，然后又成了高级鼓风炉煤气工。这在钢铁工人的等级体系中是流星般的快速晋升，与之相伴的是，他的工资大幅提高了几次。1961年7月纳扎尔巴耶夫21岁时，他每个月能挣400卢布。对于一个年轻人来说，这是非常高的收入，他完全有条件生活得好。令他感到惊讶的是，铁米尔套的商店东西特别丰富，货源充足。"食品店里有红的和黑的鱼子酱，鲟鱼和高质量的法国白兰地以及葡萄酒"，他回忆道，"服装店里满是进口货——这在当年的确是一种难得的奢侈"。钢铁厂职工光顾的商店享有政府补贴，货架上货源极其充足，要说明其原因并不困难。苏联政府仍然因为这个城市两年前发生过的骚乱而感到极其不安，他们尽了很大努力来保证铁米尔套的工人们生活愉快，以免再次发生动乱。

即使能在这些商店随心所欲地花钱，也不影响纳扎尔巴耶夫每个月拿出200卢布寄给父母。对孩子的孝敬和慷慨大方，父母很感激，但是他的父亲阿比什并不认可儿子的这种挣钱方式。1961年的一天，阿比什踏上旅途，从切莫尔甘来到铁米尔套看望努尔苏丹上夜班的情况。无巧不成书，那天晚上出了一件严重的突发事故，导致一个鼓风炉工人的死亡。努尔苏丹介入到清理事故现场这件骇人的任务中。父亲由于亲眼目睹了儿子在蒸腾的热浪里的整个工作过程，试图说服努尔苏丹放弃这份工作："你为什么要这样虐待自己呢？"阿比什问道，"我一辈子见过很多世面，但从没见过这样地狱般的景象。别再干了！"

努尔苏丹·纳扎尔巴耶夫非但没放弃钢铁制造的世界，反而变得更富于献身精神，全身心投入其中。他参加了卡拉干达综合技术学校的夜间课程，进一步学习冶金学。学校位于离工厂有7英里远的地方，纳扎尔巴耶夫完成鼓风炉一天八小时的工作后，还得去学校再学四个小时诸如冶金过程理论、冶金学专业物理和化学、材料阻力以

1961年，高炉工人纳扎尔巴耶夫

及钢铁制造史等一系列的科目。经过这样一天漫长的体力和脑力劳动，回到家时，他总是身心俱疲。

对于纳扎尔巴耶夫来说，"家"只是在铁米尔套市中心一间

没暖气的青年宿舍。

[他回忆说]我们的生活条件实在令人无法忍受。我们4个人挤在一个小房间里。在铁制的带有床垫的双层铺上,我们两个人睡一张床以相互取暖。没有挂晒衣服的地方,我们把帆布工作服留在外面的严寒天气里,因为冰冻的工作服比起又潮湿又沉重的工作服穿起来还要容易一些。

这些条件虽然艰苦,但纳扎尔巴耶夫和他的室友们却累得无力抱怨。

[他回忆说]每天下班后我们都累得精疲力竭。我总是一头栽倒在床上就呼呼大睡。当第二天早晨五点半我们被叫醒准备上白班时,我经常发现自己的身体没能从前一天的劳累中恢复过来。

每经过四个连续高强度的白班或夜班工作后,鼓风炉工人可以得到48小时的休息,那时疲劳才能消除。按照惯例,在第四个工班结束后,每个班的工人们会前往当地的咖啡馆,而班长会点上两三瓶伏特加酒和一盘鸡肉丁。酒足饭饱之后,他们就一直睡到酒醒和累积的疲劳完全消散,然后把剩余的休息时间消耗在各种各样的消遣活动中。

[他的同龄人弗拉基米尔·科尔巴萨回忆说]纳扎尔巴耶夫像我们其他人一样休闲消遣。有时我们会去当地的水库钓狗鱼。有时我们会去参加一些体育活动。在铁米尔

> 套有一个绰号"爱情山"的小丘岗,我们所有人都会经常环
> 绕着小山散步,因为那里是我们遇见女朋友的地方。

对于铁米尔套钢铁厂的员工来说,闲暇就像工作一样,令人
沮丧而单调乏味。但和他的大多数工人伙伴不一样的是,纳扎
尔巴耶夫有三个从单调的日常工作中逃脱的办法:第一,他热爱
阅读;第二,他有回家探亲的习惯;第三,他很有组织天才。

多亏了纳扎尔巴耶夫在切莫尔甘和卡斯克连的学校里受过
良好教育,他在思想和文学方面有一个心灵港湾,而他总是通过
阅读来探索这个港湾。"我常常看到他一头扎进书本或报纸中
阅读",他的朋友阿尔古恩·尤纳索夫说道,"而且他很乐于简
明扼要地告诉我们他读了些什么,在抽烟休息时他总是给我们
做那些总结"。

另一位同龄人托克塔尔翰·伊斯卡科夫,回忆起在那些抽
烟休息的时间里,未来总统的性格展现出的另外一面。

> 纳扎尔巴耶夫总是充满好奇心。抽烟休息时,他总不
> 停地问各种问题。问我们对于这部那部电影有什么看法?
> 是否看过报纸上的这篇或那篇文章?他总在不停地开动脑
> 筋思考问题。我觉得他聪明而活跃。

确定无疑的是,年轻的纳扎尔巴耶夫在他的头脑中踏上
了多次发现之旅。他不是一个深刻的哲学思想家,但他在钢
铁工人的艰苦生涯中,曾尽其所能地广泛阅读。苏联共产党
的官方报纸不能为他提供一个面向世界的开放窗口,但他细
致入微而又毕恭毕敬地学习那上面的报道。俄国小说给了他

更大乐趣,但他最大的文学享受仍来自阅读哈萨克民族传奇的长篇叙事。

苏联钢铁厂的体制强调一致性和纪律性,但这从没冲淡纳扎尔巴耶夫的哈萨克民族主义的浪漫情怀,尽管他很好地掩盖了这一点。他常常从铁米尔套长途旅行 10 个小时回到切莫尔甘看望家人,来重温这种情怀的渊源。他对于父母亲及其大家族有着深厚的忠诚感。在他众多的亲戚中他备受尊敬,主要是因为在亲戚中,只有他挣到了 400 卢布一个月那样高的薪水。切莫尔甘的一些村民也发现,每次纳扎尔巴耶夫回家探亲时,由于工作过分努力,看起来总是显得疲惫不堪、神情紧张。他的堂姐妹阿碧尔达·密德诺夫记得自己担忧地问起努尔苏丹身体消瘦的情况,得到的是努尔苏丹藐视一切的回答:"没错,我干的活儿的确很辛苦,人也越来越瘦了。但我会坚持不懈,持之以恒到有一天,大家都承认我是全厂最好的炼钢工人。"

坚韧不拔,是年轻的纳扎尔巴耶夫不断成长的个性中一个重要组成部分。他需要体力上的坚韧来满足鼓风炉车间工作近乎残酷的要求,连续四个从早晨 7 点到下午 3 点的白天班,接着又是连续四个从晚上 11 点到早晨 7 点的夜班,中间只隔着 48 小时的休息时间。他也需要心灵上的坚韧来专心致志于他在卡拉干达综合专科学校的额外 4 个小时的技术学习,技术学习都在紧接着工厂夜班或白班结束之后。这是他在 1960 年到 1963 年间的标准作息制度。他感到难以为继,但仍坚持不懈,他说:

> 因为我志存高远,野心勃勃。从短期来看,我的工作枯燥乏味。它唯一能让人满意的时刻是,在你轮值了一定班次之后,有人会告诉你,你已从铁矿石里熔化了十万吨钢

铁。但是我的长远目标是想要成为一名完全合格的冶金专家，因此我才坚持学习到底，并通过了学校考试。另外我也想让大家承认，我是一名优秀的炼钢工人。

而公众对于纳扎尔巴耶夫的承认却出于另外一个原因。他的同龄人注意到他是一个很好的组织者。在轮休时的 48 小时里，他承担着一名管理者的角色，负责安排垂钓旅行、饮酒聚会或者业余歌唱晚会。

> ［他的朋友库阿尼施·欧马谢夫说］他爱管事，而且管得不错。由于组织了同车间工人伙伴们的婚礼，他特别引人注目。他很注意细节，从确保饮料没有喝完到充当致敬酒词者，他什么都干。

注意到纳扎尔巴耶夫组织才能的，并不仅是他的那些平民百姓朋友。共产党的核心组织总在密切注视着有才干的人，特别是随着铁米尔套社区的不断扩大。钢铁厂 1960 年刚开张时，领工资的员工还不到 2000 人，但是不到三年，工人人数超过了3 万，分成大约 40 个"车间"或班组。这些车间内各有大概 800名到 1000 名员工，但其中每个车间只有 100 来人经过精心遴选成为了党员。努尔苏丹·纳扎尔巴耶夫渴望加入这个精英组织。"我那时是一个怀有雄心大志的年轻人，而党员身份是得到提升的必经之路"，他回忆道，"如果在那些日子我认为做一名佛教徒能帮助实现我的雄心壮志，我可能早就成了一名佛教徒。但是，历史的真实状况是，我成了一名共产党员，并且是一名优秀的党员"。

第三章　年轻的共产主义者，年轻的丈夫，
　　　　年轻的叛逆者

在努尔苏丹·纳扎尔巴耶夫的家族关系或者家庭背景中并不存在共产主义。他命中注定的东西扎根于哈萨克牧民那刚毅不屈的独立性之中。他的价值观来自于他的父亲，作为一个少量财产所有者，他尊崇私有土地；而作为一个农民，他憎恨国家的集体农业制度。可是，在他家的四面墙壁之外，共产主义是纳扎尔巴耶夫所受教育和早期职业生涯中唯一能够接触到的意识形态。他很快便成了一名忠诚的共产主义者。

在切莫尔甘乡村学校学习的那些岁月里，纳扎尔巴耶夫是一名少年先锋队员。十几岁时，他转学去了卡斯克连学校继续学习，在那里他被批准加入共产主义青年团。成为青年团员并不是一项限制很严的荣誉，因为学校里 120 个学生当中是团员的有 80 人之多。但是，纳扎尔巴耶夫很快作为一名潜在的领袖人物受到同龄人的青睐，因为他在 1957 年被选举为共青团书记。"他是一名十分负责任的共青团书记"，卡斯克连学校的副校长塞伊特克翰·伊萨耶夫回忆道，"在组织学校的福利计划和社交旅行方面，他很有一手。他精力充沛，所以特别积极活跃"。

与共产主义活动如影随形的，是共产主义的思想灌输。在学校课堂里，纳扎尔巴耶夫接受了马克思列宁主义理论的基本

教育。他学习并了解了苏联过去和现在的领导人。他按照要求逐字逐句地完整背诵过《共产党宣言》。在他生平的这一段时期里，没有任何证据显示纳扎尔巴耶夫的头脑中曾有过任何思想或者政治方面的怀疑。他只不过是囫囵吞枣般全盘接受了这个思想体系，而且还常常以引人注目的方式来努力证明他对党的赤胆忠心。在纳扎尔巴耶夫所公开的最早期的照片当中有一幅拍摄于他 17 岁时，他扛着一面红旗参加 1958 年 5 月 1 日的国际劳动节大游行。他在照片中的神情表达出他对于事业和节日庆祝两者都具有的强烈热情。

成为一名共青团员是轻而易举的，因为共青团组织把网撒得很开，并愿意接受绝大多数申请者。作为一个成人加入共产党则要困难得多，因为成为一名党员的程序包括推荐、调查、筛选、考察期和确认合格。年轻的纳扎尔巴耶夫是如何渡过这些难关，成为一名党员，而又在入党后不久几乎丧失自己的党员资格，这是一个令人兴趣盎然的故事。

在纳扎尔巴耶夫作为一名鼓风炉看护工在铁米尔套钢铁厂工作的最初岁月中，他因为工作努力而受到关注。"那是我职业生涯中至关重要的第一步，因为人们经常说只有最好的工人才有可能成为党员"，他回忆道。但实际上，使得他受到党内高级官员认可的，与其说是他的勤勉劳动、能力超群，不如说是他那翩翩风度、上镜的外表。官员们对于好的宣传特别注重，希望能够通过宣传工具在全苏联范围内招募工人来卡拉干达·马格尼特卡工作。卡拉干达·马格尼特卡是位于卡拉干达省的铁米尔套炼钢厂的正式名称。这个名字是特意这样起的，旨在将铁米尔套炼钢厂与全苏联最大型的钢铁生产综合工厂马格尼特卡·哥尔斯克相提并论。因为莫斯科的规划者们已经决定在卡拉干达·马格尼特卡雇用40000名员工，所以这样的相提并论倒也有理有据，并非子虚乌有。但是，吸引如此庞大数量的一支劳动大军来到哈萨克斯坦乡村中一个最为荒凉闭塞的地方参加工作，可不是一件简单容易的事情。这就是纳扎尔巴耶夫的照片为什么会变得十分重要的原因了。

在1960年9月，炼钢厂启动之后三个月，苏联哈萨克斯坦的官方报纸《哈萨克斯坦真理报》刊登了一幅20岁的努尔苏丹·纳扎尔巴耶夫引人注目的照片。照片里，他身穿鼓风炉看护工的保护工作服，头上则以向后略微倾斜的潇洒姿态歪戴着一顶宽边毛毡帽。帽檐之下他那英俊的外表、洋溢的笑容、活力四射的目光和洁白闪烁的牙齿，让人

1960年，20岁的纳扎尔巴耶夫的照片刊登于《哈萨克斯坦真理报》上

更容易联想起在麦迪逊大道进行广告宣传大战的模特，而不是炙热的铁矿熔炉旁在热浪中挥汗如雨的钢铁工人。这幅肖像照一定是精心设计的摆拍的作品，因为类似的照片也出现在苏联各地的报纸上。照片中，纳扎尔巴耶夫以一种讨人喜欢的表情凝视着钢铁厂耸立的烟囱，为之所配的标题则暗示卡拉干达·

马格尼特卡是一个极好的工作地方。"那张照片让我一举成名",照片的主角纳扎尔巴耶夫回忆道。

名气所带来的效果是,照片发表后不久,纳扎尔巴耶夫就当选为钢铁厂里年轻工人们的共青团书记。在这个职位上,他在每件事情上作出了自己的贡献,并给他的同龄人留下了深刻记忆。

上世纪50年代有一句流行口号:"党号召什么,共青团就做什么。"在那种精神引领之下,卡拉干达党委会指示共青团在铁米尔套地区进行一次大清扫运动,其背景是一则关于全国志愿者工作的指令,叫做星期六义务劳动。这个设想最初来自于列宁,它要求共青团内所有的优秀团员都应该在星期六(俄语为苏波塔)抽出部分时间为当地社区的利益参加无偿的义务劳动。由于铁米尔套是一座快速扩展的城市,当地完全不缺少值得进行的社区项目,例如清扫大街、清理建筑工地上的瓦砾,或者是清扫公园里的树叶。但是,这些耗时不少而又单调乏味的工作明显缺乏志愿者,因为大多数年轻工人更愿意在星期六放松一下或者是参加一些体育活动。

[一个名叫库阿尼施·欧马谢夫的同时代的钢铁工人回忆说]我永远会记得纳扎尔巴耶夫是如何设法劝说我们参加他所领导的星期六义务劳动的。那是一个与市区内一块丘陵地带有关的环境规划方案。在当时,那还是一片不毛之地,而且空旷无人,所以市政委员会发布了一项命令并下达给共青团,要求在那个地区全面植树造林。工作一周之后,我们鼓风炉工人都已经筋疲力尽了,不想花费周末休息的时间无偿参加植树活动。但是纳扎尔巴耶夫在共青团

会议上发表了情绪激昂的演说,运用有力的论据和极具幽默感的语言敦促我们支持星期六义务劳动。于是我们在他的领导下团结起来,共同参加了很多次星期六植树造林活动。

铁米尔套的"友谊峰"如今是一座优美的城市中心公园,四周成行地种植着高大树木,很明显,45年前纳扎尔巴耶夫的星期六义务劳动对社区起到了良好的作用。他殚精竭虑促使工人伙伴们通过义务劳动来支持植树计划,而他的苦心规劝之所以令人感兴趣,因为那些规劝是他作为一名演说家的才能最早展示的范例。那些饱含着幽默感的"充满激情的演讲"后来成为纳扎尔巴耶夫作为一名政治家惯用的手法,但是他也许再也没有遇到过比那些疲倦的年轻鼓风炉工人们更难说服的听众了,他们那时候是多么不愿意放弃自己的休假日去参加植树造林运动。

年轻的纳扎尔巴耶夫在领导共青团方面所作出的努力还有另外两个特点,那就是:(一)他对于平庸的表现持批评态度,(二)敢于大胆创新,采取独具匠心、打破陈规的新举措。有一个事件体现出了这两种特性,这件事情跟由斯特若伊－欧特瑞阿德(又称为学生劳动队)所承担的夏季建筑工作有关。1963年夏天,他作为一名卡拉干达理工专科学院的学生被派往一个位于卡拉干达附近的叫做巴里科特库尔斯基的乡村,去按照命令建造几座供当地集体农庄使用的农业建筑。对于学生劳动队而言,这是一项具有代表性的任务,因为这支劳动队基本上是由学生和年轻工人组成的廉价劳动力队伍。劳动队里这个具体项目的负责人是一个叫亚历山大·威廉姆的爱沙尼亚人,他的工作缺乏成效,而其中一个重要原因是他没有很好地调集正确种类和足够数量的建筑材料。结果,学生劳动队浪费了绝大多数时间,饱食终日,无所事事。

纳扎尔巴耶夫对于这种情况完全失去了耐心,以至于他公开批评亚历山大·威廉姆,并组织了一次针对他的"政变"。他召集了一次共青团大会,在会议上,大家通过决议撤销了威廉姆的职务并选举纳扎尔巴耶夫来代替他。

> [这个学生劳动队的一个同伴成员托克塔尔科翰·伊斯卡科夫回忆说]当选为我们的新领导后,纳扎尔巴耶夫立刻就消失了。我们都不知道他去哪里了。但一两天后他出现了,同时带来了一大笔新建筑设备,使得我们的工作能够顺利完成。我们这个团队非常高兴,集体农庄的建筑按时搭建起来了,我们甚至还得到了不错的报酬。

从星期六义务劳动植树造林计划和学生劳动队承担的建筑项目这两则事例中,不难看出,为什么那时纳扎尔巴耶夫能够作为一名能干的共青团领导在团内团外树立起良好声誉。他在学习如何运作共青团这一系统以及如何激励他的同龄人。同时,他也在逐渐成为一个优秀的演说家和一个"行必有果"的大忙人。这些品质给广大的普通党员以及某些党内高级官员留下了深刻印象。其中一位官员是卡拉干达地区委员会的书记,名叫贝肯·阿什莫夫,他后来担任过共和国的总理。"1960年,我到铁米尔套钢铁厂进行一次正式的参观访问,在那里遇到了一群正在当班的青年鼓风炉工人",他回忆说,"其中有一名工人看起来明显很擅长交流,而且充满了干劲儿和活力。这个年轻人就是纳扎尔巴耶夫。他给我和其他许多人都留下了深刻印象"。

1961年,这些良好的印象帮助纳扎尔巴耶夫走上了一条新的道路,这时,有人问他是否愿意成为一名预备党员。这个建议来自于他的班组小组长。

> [纳扎尔巴耶夫回忆说]有一天他和我谈话,试图以入党的种种好处来说服我。他说了一些诸如此类的话,"你的职业前途一片光明,但要想在这一行里出人头地,你必须成为一名党员"。实际上,我并不需要任何劝说。我本来就想加入党组织,因为在当时,那是胸怀大志者想要更上一层楼的唯一道路。

纳扎尔巴耶夫被告知,鼓风炉车间的党员们已经投票选举他为预备党员,但是他必须经过一年的考察期。

> [纳扎尔巴耶夫回忆说]他们解释说,我将在一年的时间里接受观察和考验。如果在这段时间里,我的表现能够证明自己是一名优秀的年轻工人,没有和警察惹上任何麻烦,没有酗酒,又从来不旷工,并且没有出现任何桃色新闻,那么,在我成为预备党员一年之后的某次会议上,同志们将会选举我成为一名正式党员。

当涉及筛选未来党员的时候,苏联共产党的体系更喜欢没有特色的千篇一律,而不是生动多彩的鲜明个性。纳扎尔巴耶夫说过,在预备考察的一年时间当中,他"过得可真不容易"。

和他一起住在铁米尔套单身职工宿舍的室友卡比杜拉·萨瑞科诺夫揭秘说，困难的一个方面是，纳扎尔巴耶夫一直不断地陷入爱河，然后又失恋。

> ［萨瑞科诺夫回忆说］在那些岁月，努尔苏丹是我们常说的那种特立独行者，或者说女孩子心中的白马王子。一定程度上，这是因为他长得很帅，正如《真理报》上刊登的那幅著名的照片所显示的一样。但他也是个感情丰富的人。他一生当中有两个至爱，其中一位是个漂亮的乌克兰体操运动员，叫柳德米拉·凯伦妮施·卡尔妮施；另一位是一个更加漂亮的俄罗斯姑娘，是一个在炼钢厂的食堂工作的、个子高挑的餐厅服务员。她的名字叫奥尔洛娃，他们两人的关系非同一般，以至于我们常常开玩笑说，有朝一日努尔苏丹会成为奥尔洛娃伯爵。但是也还有很多其他的女孩子，她们经常会对他投怀送抱。

20 岁刚出头时，纳扎尔巴耶夫的私生活当中那些风流韵事显然没有传到党员资格审查委员会的耳朵里。虽然这个组织密切注意着预备党员个人行为当中的任何缺点，但纳扎尔巴耶夫通过了所有不可或缺的考察。1962 年 7 月的一天，努尔苏丹·纳扎尔巴耶夫被选举成为苏联共产党的正式党员。那时他刚刚过完 22 岁的生日，并结束了为时一年的预备期考察。

成为一名正式合格的共产党员会带来一些特权，例如更好的职业升迁的机会。但是，真正的变化是职责和义务增加了。作为一名共青团领导，按照要求，纳扎尔巴耶夫必须担负起更多责任，以年轻的党员代表的身份参加委员会无以数计的会议，并发表大量事先安排好的演说。在一次听众最多的哈萨克斯坦共青团第 10 次年会上,一千多名代表济济一堂,汇聚在阿拉木图歌剧院里,其中有一位年轻的女共青团员,名叫摩挈罗·艾科米托娃,她自己后来也有了十分成功的政治生涯。

> [她回忆说]这是我平生第一次见到纳扎尔巴耶夫,我完全被他征服了。他英俊潇洒,魅力无穷,而且他的演说让每一个人都感觉醍醐灌顶,因为他敢于批评卡拉干达钢铁厂提供给工人们的生活条件的不足——住宿条件的恶劣,交通工具的匮乏,医院屈指可数等等。他产生了巨大影响力。

在大型党员聚会上发表有争议的批评,并将与会代表们从思想麻痹的状态中唤醒过来,这一点后来成了纳扎尔巴耶夫终其一生发表演讲的一个标志。但是,在这些早先的岁月里,他的批评是不温不火的,从而引起的反响也是一片赞许之声。由于纳扎尔巴耶夫作为一名演讲者越来越有影响力,他被选为共青团代表前往参加在赫尔辛基举办的国际青年和学生联欢会。那是一个具有国际声望的盛会,有来自 5 大洲 100 多个国家的代表参加。对于纳扎尔巴耶夫而言,第一次来到苏联以外的地方旅行,并能够见到来自包括美国在内的西方国家的同龄人,是一件令人兴奋的事情。

赫尔辛基联欢会的内容由两部分组成,一部分是在会议厅主会场举行的全体会议,另一部分是在其他一些地点进行的较小规模的专题研讨会、讨论会和辩论会。纳扎尔巴耶夫积极参加了这些活动,当时他和其他共青团代表们一起住在苏联的一艘邮船上。联欢会的一项活动吸引了广大媒体的特别关注,其内容是关于共产主义和资本主义孰优孰劣的辩论会,在美国和苏联的演讲人之间展开。纳扎尔巴耶夫得到了资深党员们的悉心辅导,对于他所参加讨论的内容做了充分准备,打算运用统计数字和有力论点来证明苏联体制的优越性。但是,就像学生辩论中常常所发生的情况那样,辩论参与者们不久就开始沦落到进行个人攻击的地步。来自美国纽约哥伦比亚大学的两位演说者——彼得·霍恩和凯伦·拉格多,攻击纳扎尔巴耶夫在辩论中太过温文尔雅而不可能是一个真正的钢铁工人。"你能被派到这里来,大概是因为你老爸是个很牛的共产党高官吧",拉格多武断地说。

"我没有那样的父亲。我只是一名在钢铁厂鼓风炉前工作的普通工人。请看看我的双手吧!"纳扎尔巴耶夫反驳道,并向他的辩论对手猛地伸出长满了老茧的手指头和斑斑驳驳的掌心,以显示和她那光滑的肌肤和精心修饰的手指甲之间的鲜明对比。这个富有戏剧性的姿态起到了神奇作用,迫使凯伦·拉格多察看了纳扎尔巴耶夫的双手,承认这种粗硬而且伤痕累累的手掌只可能属于真正的体力劳动者。当地和国际的媒体绘声绘色地报道了这些交锋,其中大多数是有利于纳扎尔巴耶夫的。公众的关注提高了他在大会上的形象,以至于大会的组织者们安排他在赫尔辛基的参议院广场和苏联的超级明星代表——世界上的第一位宇航员尤里·加加林①一起合了影。

从赫尔辛基归来后,纳扎尔巴耶夫受到了哈萨克斯坦共青

----

① 尤里·阿列克谢耶维奇·加加林(1934年3月9日至1968年3月27日),苏联宇航员,苏联红军上校飞行员,是人类第一个进入太空的人。

团组织者的热烈欢迎。他们把他派往全国各地去进行巡回演讲。虽然纳扎尔巴耶夫觉得这一新层面的政治活动令人感兴趣，但在他心中，另有他事更为重要。因为当纳扎尔巴耶夫在出国前往赫尔辛基，和他的室友卡比杜拉·萨瑞科诺夫告别时，他已经在阿拉木图的火车站台上向他吐露肺腑："我从赫尔辛基回来后，我想，我将会和萨拉结婚。"

萨拉全名叫萨拉·库那卡叶娃，是阿尔皮斯·库那卡叶夫的漂亮女儿。她的父亲是一位在卡拉干达地区做生活消费品生意的商人。她的母亲在萨拉五岁时就去世了。这种丧亲之痛使得她的全家陷入了困境。结果，萨拉 12 岁时就辍学去一个家电商场工作，并最终当上了一名电器技师。她以那种身份在卡拉干达炼钢厂得到了一份工作，并被安排住宿在铁米尔套的女子宿舍内，离纳扎尔巴耶夫当时所生活的男子宿舍只有 100 米的距离。

对于卡拉干达的工人们来说，那时候没有什么太多的娱乐或消遣活动可言，所以星期六晚上去跳跳舞很受大家欢迎。这样的夜晚最引人注目之处是，参加舞会的男子在数量上大大超过了女士，所以萨拉在舞池中从来不会缺少舞伴。纳扎尔巴耶夫和其他几个年轻的钢铁工人都注意到了她那倾国倾城之貌，但是他对于是否应当接近她却颇费踌躇。

[纳扎尔巴耶夫回忆说]我从小到大养成的观念是，不应该直接走到自己不认识的女子面前邀请她跳舞，那会被认为是鲁莽无礼。但是后来，我看到其他人都邀请她跳舞，于是我决定走上前去，照着做。我记得她当时穿的是一条优雅的黑色裙子和一件白衬衫。她看起来真的很美。

虽然萨拉接受了纳扎尔巴耶夫跳舞的邀请,但是两人之间的吸引力并不是相互的,至少就纳扎尔巴耶夫的着装而言可以这么说。按照这对伉俪的女儿达莉佳·纳扎尔巴耶夫的说法,她的母亲一开始对纳扎尔巴耶夫的印象并不好。

> 我母亲觉得他是一个相当土里土气的农村孩子。她对于他在着装打扮方面的感觉评价不高。那时的时尚是,男士应当穿裁剪得贴身的裤子和衬衫,但是我父亲当晚穿的是宽大的片裤和厚厚的高领套头毛线衫。不过,我母亲的确注意到了他毛线衫下面那宽厚结实的肩膀。

他们第一次跳舞之后,努尔苏丹一见钟情地迷上了萨拉,并说服萨拉让他陪着她一起走回女子宿舍。但是萨拉似乎对进一步的接触不感兴趣。的确,她有着如此众多的爱慕者,而纳扎尔巴耶夫的宽阔肩膀,可能仅仅在保护自己不被其他追求者撞倒方面发挥过作用。她的追求者中有些人妒忌成性,而且在遏制潜在竞争对手方面具有攻击性。其中一人甚至威胁说,如果纳扎尔巴耶夫不停止试图和萨拉见面的话,就将他推进鼓风高炉的熊熊火焰里。这样的威胁很可能只是虚张声势的空话,而不是残忍的谋杀,萨拉保持一定距离的矜持态度和其他追求者发出的警告,迫使纳扎尔巴耶夫不得不采取更加隐蔽的策略。

情场如战场,用来侦察对方的时间一般是不会白白浪费的。纳扎尔巴耶夫不怕麻烦地研究萨拉的作息规律。他发现萨拉是铁米尔套合唱团的一名成员。进一步的研究显示,她习惯于每星期到合唱团参加一次排练,合唱练习结束后,直接按部就班地去上跳舞课。和星期六的舞会不同,在这些舞蹈课上,萨拉是不会被成群的热情舞伴所包围的。

在追求萨拉的过程中，纳扎尔巴耶夫决定加入铁米尔套合唱团。他邀请他的朋友卡比杜拉·萨瑞科诺夫和他一起参加这项行动计划。"加入合唱团！你到底是怎么啦?"他的室友惊异地回答。当萨瑞科诺夫明白了纳扎尔巴耶夫对于合唱乐曲的突发热情是为了萨拉而不是唱歌时，他试图劝说纳扎尔巴耶夫放弃这一计划。"但是他最终却反过来说服了我。他通常能打动任何人去做任何事情，如果他付出足够努力进行尝试的话。"

合唱团的两个新成员都是男高音。他们站在后排，而女高音歌手——其中包括萨拉——则站在前排。从纳扎尔巴耶夫所站的位置望去，他只能瞥见萨拉的后脑勺。即使是在这样有限的基础之上，那也是一见钟情。很多年以后，纳扎尔巴耶夫开玩笑地和朋友们说："我是因为她的背影爱上她的。当我能够面对面看到她的正脸时，我对她的爱有增无减。"

合唱团练习之后，纳扎尔巴耶夫迅速报名参加了舞蹈课。没有了其他舞伴的竞争，他很快就和萨拉跳上了华尔兹和快步。她开始对他的追求有所反应。后来，她告诉她的女儿达莉佳说："我喜欢他讲话的方式，他的魄力和他的雄心大志。我开始认识到他是一个有强大内在力量的男人，一个我可以信赖的男人。"

在这些相互信任的情感能够发展成为一种两性的浪漫关系之前，有一个困难障碍需要克服。纳扎尔巴耶夫当时已经择好婚期快要结婚了。不过，那是一种不同寻常的婚约，因为他的未婚妻是一位他从未向她求过婚的年轻女子，而且他已经变得很不喜欢她。

如果要描述纳扎尔巴耶夫和他的第一位未婚妻之间的关系

的话，更为恰如其分的词应该是许配而不是订婚，因为他们应当结为夫妇的决定是他们双方的父母作出的，而当时努尔苏丹只有五岁。1945年秋天，他和他的父亲阿比什一起去拜访过他们在切莫尔甘的邻居伊萨诺维奇一家。那时候伊萨诺维奇全家正处在欢庆的喜悦情绪之中，庆祝他们家庭里最新成员的到来，她是一个名叫阿诗苔的新生小女孩。为婴儿起名字的仪式发展成了许配订婚的仪式，因为双方的父母正式达成一致意见，认为他们的子女应当结为连理。虽然阿诗苔还在摇篮里，而努尔苏丹也只是一个刚刚开始蹒跚学步的小孩子，但是按照哈萨克的风俗习惯，他们之间的许配为婚是一项具有约束力的义务。

努尔苏丹似乎是他们一家六个家庭成员当中唯一涉及包办婚姻问题的人，而且他对于这种14世纪的风俗习惯的正当性，有着20世纪的种种疑问。他的这种疑虑在他上学的时候就显露出来了。

> [纳扎尔巴耶夫回忆说]还在一年级时，我就遭到同学们的嘲弄，他们常常喊着"新郎官来了"，以此来激怒我。我感到异常尴尬。随着这种嘲弄没完没了地出现，我开始厌恶见到这个小女孩儿。我总是避免见到她。童年时期，只要一看到她，我就会跑开。

一看见就跑开，或者甚至是离开当地跑到铁米尔套去成为一名炼钢工人，并不意味着努尔苏丹·纳扎尔巴耶夫与阿诗苔之间的婚约义务已经终止。努尔苏丹的母亲阿尔简即是这样认为的，她强烈支持这种可以和王朝之间盟约相媲美的农村的许配婚约。她不断地邀请少女年华的未婚妻阿诗苔来纳扎尔巴耶夫家中作客,总是热情地欢迎她,并宣称"有一天我们的家就是你的家"。这种传统的俗语意味着结婚即将临近了。然而,这却和新郎官儿的想法南辕北辙。他在结婚这件事情上越来越有不同的看法,而他的心思完全转向了萨拉·库那卡叶娃。

1962年夏天,纳扎尔巴耶夫趁着工厂休假,从卡拉干达炼钢厂回到切莫尔甘的家乡看望家人。他的母亲坚持要和她的长子一起去拜访阿诗苔一家,那时候阿诗苔全家正在悲悼阿诗苔刚刚去世的父亲。进门的时候努尔苏丹被重新介绍给了阿诗苔,而她已经是一位芳龄17的年轻女子了,在那个社区里,这是很适合结婚的年龄。"我对她是如此之反感,以至于我拒绝看见她的正脸",纳扎尔巴耶夫回忆道,"事实上,我立刻就想要离开那个房间。但是她追上了我,抓住我的手说'你为什么跑啊?'"

阿诗苔和努尔苏丹平生第一次一起谈到了他们儿时的许配婚约。阿诗苔说,她的父亲临去世前在床上提醒她已经被许配给了阿比什的儿子。唯一能够取消这种婚约的方法是,努尔苏丹本人正式同意终止婚约,还阿诗苔以自由之身。

[阿诗苔询问道]你现在就必须告诉我——你愿意和我结婚吗?还是愿意还我以自由?

当年那位年轻的女孩发出这番最后通牒时,她到底期望哪一种答案,现在已经不清楚了。努尔苏丹毫不犹豫,果断坚决。

[他事后如此回忆道]我给予你和他人结婚的自由。我说出这些话时长出了一口气,因为从那时起,我就可以无拘无束、心无旁骛地面对萨拉了。

一心一意地面对萨拉并不意味着一帆风顺。对于婚约的解除，阿尔简十分震怒。她的愤怒，从短期来看，致使她和她儿子之间的关系变复杂了；从长期来看，使她和她未来儿媳妇之间的关系变复杂了。纳扎尔巴耶夫自己虽然从之前的婚约中摆脱了出来，但却发现，在另一份婚约中找到幸福并没有像他原来所希望的那样容易。因为萨拉仍然难以追到，仍旧有很多其他爱慕者们向她求爱，盛情款待她。纳扎尔巴耶夫对于缺乏明显回应的萨拉感到失望。他不喜欢只是作为众多求婚者中的一员。于是他寄了一张自己的照片给萨拉，算是对他此前和她一起跳舞的一种浪漫的纪念。那是一张照相馆的肖像照，照片里，21岁的纳扎尔巴耶夫身穿难得一见的晚礼服，打着黑色蝴蝶结，摆着姿势。在照片的反面，他用粗钢笔写着：作为回忆，敬请惠存——努尔苏丹于1962年。

这样的题词或者这张毫无疑问拍得英俊潇洒的照片（这张照片如今保存在总统的档案馆里）是不是曾经打动过萨拉的芳心，现在也无从知晓。但是，使萨拉和纳扎尔巴耶夫之间的关系变得更为深挚的，却是一次意外遭遇，它既非发生在摄影工作室，亦非发生在合唱团练习场或是星期六晚上的舞会上。那是在炼钢厂的车间生产区发生的一次严重的工业事故。

那是1962年初夏的一天，纳扎尔巴耶夫正在鼓风炉车间值夜班。他遭遇了一次钢水外溢的危机，当时炙热通红的铁矿水冲破了安全线并淹没了车间场所的地面，造成了几名工人受伤。对于此类事故，工厂有着严格的应对程序。按照规定，事故发生时，当班的工人必须坚守在工作岗位，直到事故现场清理完毕而且生产线恢复运行为止。纳扎尔巴耶夫日以继夜地埋头苦干，清理外溢的钢铁并擦洗车间的地面。经过24小时以上的清理操作之后,纳扎尔巴耶夫浑身上下沾满了黑烟灰,五官当中只有眼睛和牙齿没有被一层厚厚的黑色污垢所覆盖。就在这个精疲力竭的时刻,一个女工走上前来,问他是否有什么她能够帮得上忙的事情?这个女工正是萨拉。那天晚上她在电工分所值班。她从努尔苏丹的体型认出了他,于是就过来表达她对于事故中所发生的事情的关切。她的一番富有同情心的话语是他们之间关系的转折点。当鼓风炉的熊熊烈焰逐渐减弱时,他们爱情的火苗却被点燃了。过了几个星期,纳扎尔巴耶夫用"嫁给我吧,我将让你看到整个世界"这样的话语向萨拉求婚。她接受了。当时他们两个人做梦也没想到,这个浪漫的诺言将会履行得那么好。

在这对年轻的男女盟订婚约的时候,他们的生活内容就是炼钢厂,共产党和铁米尔套市。在那样的范围之内,努尔苏丹·纳扎尔巴耶夫和萨拉·库那卡叶娃喜结连理。其仪式,用一位宾客的话来说,是"一次典型的共青团婚礼"。这意味着,婚礼的每一个细节都是由共青团组织、监督,并且从官方预算中拨款支付的。

婚礼是在1962年8月25日举行的。其内容包括一个简短的非宗教仪式以及随后在当地一家餐馆举行的宴会。大约60位宾客参加了他们的婚礼,其中大多数是钢铁工人和党内的官员,再加上新娘和新郎两边家庭的亲属。最年轻的在场者是纳扎尔巴耶夫10岁的弟弟波拉特,他记得当时的场面"十分令人兴奋和快乐,充满了音乐、舞蹈和歌唱",并在大家齐声合唱一首古老的哈萨克民歌"爱娜慕·克兹"中达到高潮。三件具有重大意义的结婚礼物赠送给了这对新人;第一件是纳扎尔巴耶夫的鼓风炉工友们凑钱合买的一张双人床;第二件是阿比什和

努尔苏丹·纳扎尔巴耶夫和萨拉·库那卡耶娃于1962年8月25日婚礼合影

阿尔简送上的一个信封，里面装着努尔苏丹自四年前成为一名钢铁工人以来寄给父母的所有钱款，每个月200卢布。他们从未在自己身上花费过一分钱，而是小心翼翼地将其存放起来，以便给予他们的长子及其新娘一个良好的生活开端。第三件也是最重要的结婚礼物来自于共青团——一套位于铁米尔套市中心的全新公寓的钥匙。

在婚礼上交接钥匙的仪式充满了大量溢美之词，但礼物本身也存在令人失望的因素。因为当新娘和新郎到达公寓地址时，才发现那里还只是一个建筑工地。在任何人能够迁入之前，这家尚未开建的楼房中的80个公寓用了将近一年的时间才最后盖好。

发现他们的婚房还不能入住之后，努尔苏丹和萨拉感到很泄气,于是他们不得不去和一位朋友合住。这位朋友有一间狭小的单卧室公寓,而且他还和他的妻子、两个小孩以及他的奶奶一起住在里面。新娘和新郎不得不和老奶奶挤在同一间屋子里度过了他们的新婚之夜,后来纳扎尔巴耶夫形容那天晚上是一次"难以忘怀"的经历。他第一次认识到,苏联官员常常惯于夸下海口而随之又无法兑现诺言,这同样是一种难忘的亲身经历。

纳扎尔巴耶夫并没有因此失去对共产党的信仰,但也没有过于迷恋狂热。他很高兴自己是一名党员;作为一名共青团领导,他继续做着自己分内的工作;而且他的公众演说需求量变得越来越大。这些活动——其中包括作为一名参加共和国和共青团全国大会的代表——不断增加他的负担,有时候会对他的家庭生活造成相当大压力。他的好朋友卡比杜拉·萨瑞科诺夫记得,有一次,新婚燕尔的萨拉·纳扎尔巴耶娃太太因为她丈夫的演说日程过于繁重而变得心烦意乱。

[萨瑞科诺夫回忆说]有一天晚上我见到努尔苏丹,当时他正因为其中的一次演讲大获听众喝彩而沾沾自喜。于是我问他都讲了些什么,他相当自豪地回答说,"我在赫尔辛基大会上的经历"。我开玩笑地回敬他说:"那有什么新鲜的呢",因为我知道他已经进行过无数次同样内容的演讲了。令我吃惊的是,当我告诉努尔苏丹他讲得太多了的时候,他变得很不高兴。他坚持说我应当和他一起步行回他家里去,而且一路上他反复争辩说他并没有做过多的演说。可是,当我们到了他家的时候,他的争论失败了,因为萨拉正站在屋外的台阶上,身穿一件紫色的睡袍并抄着双

手。她对于他因为又一次演讲而回家这么晚感到愤怒。

虽然纳扎尔巴耶夫那时表现得像是一个走火入魔的年轻政治家，但他坚持说自己并没打算成为这样的人。"我热爱钢铁工人的工作，从没有想到过会放弃"，他回忆说。他26岁时就已经在自己的行业里积累了七年资历，并作为鼓风炉看护工提拔了三级，鼓风炉煤气工提拔了两级。到了1967年，他已经是他这个班上唯一的高级鼓风炉煤气工了。经年积累使得他获得了很多好处，而且每个月还有超过500卢布的等级工资。他已经完成了在卡拉干达理工专科学院的学习，并取得了冶金学工程师的所有资格。所以他在炼钢厂的未来，看起来一片光明，直到有一天他出乎意料地被共产党总部召去，提出由他来担任铁米尔套市共青团第一书记这个正式职位为止。

纳扎尔巴耶夫被任命去担任一项在党内等级体系中具有相当影响力的带薪职位，作为政治生涯阶梯上的第一步，这个职位按照预期，本来应该对他产生吸引力，但是他没有接受。他拒绝这个职务的理由，也完全出于实际考虑。他那时有着优厚工资待遇，并且还有一个才成立的家庭需要支持。他喜爱他的工作，对于离开自己目前的工作岗位、去担任一名盲目唯命是从的全职党政工作人员，他并不感兴趣。他不想因为共青团的这个职位而失去三分之二的工资，也不希望放弃自己作为一名钢铁工人长年积累起来的高级别福利。

虽然这些是纳扎尔巴耶夫在私底下对于上级提出由他担任的新工作的个人想法，但是在铁米尔套市共产党委员会面前，他并没有公开表明过这些看法。"我没有提及任何有关薪金和级别的事情"，他回忆道，"毕竟一名党员本应当更加关心'更崇高的利益'。"

由于纳扎尔巴耶夫感到无法恰如其分地解释自己的真实想法,他拒不接受共青团职位的做法使他显得有些刚愎自用,如果还算不上目空一切的话。他的态度使得他和令人敬畏的市党委书记拉扎尔·卡特科夫之间立刻出现了产生冲突的趋势。"别和卡特科夫同志瞎胡闹",当纳扎尔巴耶夫的朋友们得知了他的公然抗命时,对他提出忠告说。但纳扎尔巴耶夫才不理会这样的告诫,甚至在第二次来到党委会面前并受到卡特科夫关于服从党纪的必要性的严厉训斥之后,仍然心怀抵触情绪。到了这个时候,纳扎尔巴耶夫已经被看作是一名离经叛道者,党组织必须迫使他回到正常轨道。他第三次被召见,这一次是在全体委员会成员面前。纳扎尔巴耶夫这时为自己的所作所为杜撰了一个似是而非,但也许不够坦诚的解释。

> [他说]请你们理解我,我是担心炼钢厂缺乏合格的冶金专家。我接受派遣去学习,是为了取得一名钢铁工人的全面职业资格。炼钢厂需要我,但是你们能够找到很多其他合格的人来担任这个共青团的政治职务。

这种辩解完全不能让拉扎尔·卡特科夫信服,他强烈指责纳扎尔巴耶夫抗命不遵,并且宣布:"要么你同意供职,要不然,你就将被开除出党。"这一威胁是如此的严厉,纳扎尔巴耶夫差一点就屈服了。但是,最终他还是坚持了自己的立场,他曾事后解释说,"不知道为什么我有一种难以自我抑制的渴望,想要顶住如此强大的压力。于是我只是说,我将会认真地仔细考虑一下。"

委员会的一些委员们也在反复仔细考量这件事情，特别是炼钢厂的主管，他也许对于纳扎尔巴耶夫关于缺乏合格冶金专家的一番说辞产生了共鸣。他主张比较宽大的方式。其他委员也赞同他的观点，认为开除出党的惩罚太过于极端了。于是最终，另外一人被任命担任了共青团的职务，而纳扎尔巴耶夫则被判处受到正式的书面申斥。但是申斥的措辞留给了拉扎尔·卡特科夫来决定，而他采用了十分严厉的语言。纳扎尔巴耶夫被谴责是"因为拒绝……因为政治上不成熟……因为表明了满不在乎的态度"。声明最后得出结论说，"这一强烈的申斥将被纳入他的个人档案，以作为对其他人的警示。"

申斥的严厉程度大大地激怒了纳扎尔巴耶夫，以至于他决定反驳裁判的决定。他一离开对他作出判决的房间，就跳进自己的小汽车，驱车直奔卡拉干达省的地区党委会总部。这个地区党委会的官员们在级别上要高于铁米尔套市党委的官员。

> ［纳扎尔巴耶夫回忆说］这里是我时来运转的地方，因为真是无巧不成书，地区党委会的大领导尼古拉·塞米诺夫本人很讨厌市党委的头头拉扎尔·卡特科夫。所以当塞米诺夫听了我的上诉之后，他变得十分愤怒，开始咆哮着说："为什么会发生这样的事？我们不是在招募合格的冶金专家方面困难重重嘛，为什么我们还要撵走一位这样的人才，而让他去从事政治工作？铁米尔套市党委是错误的！"

几天之后，地区党委会推翻了市党委的决定。纳扎尔巴耶夫的书面申斥从个人档案里删除了。拉扎尔·卡特科夫因为采用错误方法选拔人员而受到了正式批评。他非常愤怒,对着纳扎尔巴耶夫大吼大叫说,"总有一天我会让你因此而付出代价"。不过,这个威胁从来没有能够兑现,因为3个月之后,卡特科夫就被调到江布尔地区一个无名的行政岗位上去工作了。

虽然年轻的叛逆者在专横跋扈的市党委官员面前取得了胜利,对纳扎尔巴耶夫而言一定是个非常愉悦的事,但好景不长。因为不到一年,市党委书记卡特科夫的接班人尼古拉·戴维多夫就把纳扎尔巴耶夫叫进了他的办公室。"我对你的一切以及你和卡特科夫之间的分歧都有所了解,"戴维多夫说,"不过,我还是希望由你来和市党委一起协同工作,担任党委第二书记的正式职务,主管重工业部门。你将和你自己的工厂打交道,因此,不会离开钢铁行业。"

纳扎尔巴耶夫对于这个要求一点也高兴不起来,他本来打算故伎重演,使用与他拒绝原先第一次任命时同样的理由来回绝这个职务。但有两个因素改变了他的想法:第一,戴维多夫仅仅只是要求他担任重工业的管理工作一年;第二,纳扎尔巴耶夫的朋友们都劝告他说,"不要抱着侥幸的心理,再来一次抗命不遵"。

这些综合的考量使得纳扎尔巴耶夫接受了新的任命。他接受这一任命,是因为他相信12个月之内,他就会被允许回去从事自己在炼钢厂的老本行。这是一种无望的期盼,因为没过多久,让他担任他无论如何也无法回绝的职务的升迁任命不期而至。到1968年底为止,纳扎尔巴耶夫作为一名年轻叛逆者的日子已经彻底结束了。他作为一位共产党全职官员的生涯正式拉开了序幕。

· 60 ·

第四章　登上政坛高位

　　纳扎尔巴耶夫的新工作是铁米尔套市党委第二书记,主管工业和基础设施建设,这意味着他的工资减少了,但是责任增大了。原来担任鼓风炉的高级看护工,每月收入 500 卢布,现在担任党组织的负责人,每月只能挣到 150 卢布。但是,他在炼钢厂待的时间比过去更长了。他回忆说:"我不是坐在办公室耍笔杆子,我夜以继日地待在炼钢厂的建筑工地上,督查各种政治活动。"

　　这些政治活动范围广泛,因为在 20 世纪 60 年代,没有党的政治批准,铁米尔套的工业部门不能进行任何活动。纳扎尔巴耶夫每天工作 18 个小时,涉及诸多重大决策问题,比如签署批准钢铁厂经理关于工厂车间扩建的计划。但他也要去面对面地处理人际关系问题和其他微不足道的事情。"每天我要会见几十个人,他们不管白天黑夜都会来找我,谈论五花八门的问题,有时是无法预料的情况",他回忆道,"一个工头可能威胁要解除一帮员工的工作,因为他们未能定期供应水泥,也有工人的妻子找上门来,要我们对她嗜酒的丈夫施加压力,让他戒酒"。纳扎尔巴耶夫在处理范围如此广泛的问题时表现出精力无穷,这给他的上级留下了深刻印象。他们不久就提拔他去担任他原先拒绝过的职务——共青团第一书记。从铁米尔套的人口统计状况来看,这次升迁是很重要的。1963 年人口调查报告说明,该城市是苏联出生率最高的城市,它还是年轻工人涌入率最高的工业中心。这些人口因素产生的结果是,纳扎尔巴耶夫主管的青年团拥有三万多团员。这些成员主要分为三部分:高中生、大学生和炼钢工人。在学校里,他督查马列主义理论的意识形态教育工作,制订建立"先锋队"(相当于美、英等国的男、女童子军)的规划。在学院和大学里,他不断规劝学生更加努力地学习。在炼钢厂里,他敦促年轻职工生产出更多、质量更高的钢。在担任这一拉拉队长的角色时,纳扎尔巴耶夫碰到了很多问题,这些问题后来证明是苏联经济失败的特有因素。缺乏动力、纪律松散、高缺勤率、酗酒成风、低生产率等等,正是苏联各加盟共和国 60 年代那一代人突出的负面表现。铁米尔套既反映了共产主义的隐忧在地方上的表现,又有其当地特殊的问题。因为该城市的年轻人无所事事,大街上常常出现秩序混乱状态,尤其是在周末。通过让共青团官员率领带红袖章的治安管理员与街上流氓直接交锋,纳扎尔巴耶夫在监控他们方面取得了一些成效。

在铁米尔套社区一个更大的问题是,居民大量的流动。炼钢厂的职工人数曾高达 4 万人,但是有三分之一的职工在 6 个月之内就会离职,返回家乡。这种持续不断的大规模倒腾是因为职工们不满该城市的状况而导致的,因此用他们的脚来投票反对。对于群众的不满,纳扎尔巴耶夫谙熟于胸,但对于说服莫斯科的统治集团作出应对之举,他却无能为力。

[纳扎尔巴耶夫回忆说]我不记得,来视察的高层官员中有任何谈话涉及炼钢工人或建筑工人的生活状况。从来没有人谈及这些话题,因为上面来的人从不关心人民群众,

不关心他们的住房、医疗、儿童保育、食品和日用消费品。但是这些问题就像从山上滚落下来的雪球。

滚雪球效应使得建设规划不断被拖延,同时,它还干扰了炼钢厂的生产。作为党的领导人,纳扎尔巴耶夫不用对这种拖延现象负责,但是两次快速提升把他放到了决策者的前列。1970年,他被任命为特米尔套党委第一书记尼古拉·达维多夫的副手。1972年,他被任命为卡拉干达炼钢厂党委书记,主管钢铁生产。

在纳扎尔巴耶夫接过他的新职务时,卡拉干达炼钢厂正在沉陷到他形容为"杂乱无序一团糟"的状态中。离职工人所占的高比率只不过是一大堆问题中的一个而已,这些问题包括混乱的管理班子、极端缺乏受过培训的工程师、骇人听闻的事故记录、倒班的混乱状况、炼钢生产的时间间隔过长,以及按照莫斯科根本行不通的方针——"少发工资多生产"而对职工工资大加削减。

在就任后的头几个月里,由于炼钢厂可怜的产量数字和职工低落的士气,纳扎尔巴耶夫个人受到了很多批评。厂长奥力格·铁希钦科也同样受到了批评。但是,纳扎尔巴耶夫这位精明的政治家正在增进他的技巧,他采取了两项行动,最终提高了他个人的地位,也改善了卡拉干达·马格尼特卡炼钢厂的前途。

纳扎尔巴耶夫的第一个行动是,发挥共产党员在一线车间里的带头作用。在全部4万个劳动者中,党员约占3000人,于是纳扎尔巴耶夫坚持不懈地把正式党员培养成一群领头人,他们鼓励职工们遵守纪律,尽忠尽职。

[纳扎尔巴耶夫回忆道]担任党委书记后,我认为自己迅速做了一个正确决定,这个决定就是毫不犹豫地发挥普通党员在一线车间中的作用。我一次又一次看到,一个团队里只要有百分之五到十的真正具有奉献精神的党员,他们就能够团结其他职工,使生产活动运转起来。正是由于那些党员的帮助,我们才可以保证整个集体不至于垮掉。

炼钢厂里士气得到提高而避免陷入进一步混乱,这是一项不小成就,但在产量和质量方面的生产数字仍陷入下降泥潭而不能自拔。纳扎尔巴耶夫很快意识到,这些问题在地方一级是不可能得到解决的。如果要想让卡拉干达·马格尼特卡炼钢厂取得成功,必须要由莫斯科作出调整结构和资源重组的决定。在铁米尔套炼钢厂的历史上,到那时为止,莫斯科的决策者对该厂存在的问题都是充耳不闻的。为了保证使这些问题能够到达莫斯科的决策者那里,纳扎尔巴耶夫采取了一项高风险的策略。他变成一个对新闻媒体公开曝料的人。

在苏联,只有一家报纸——《真理报》是有分量的。虽然它的社论栏目是被小心翼翼地控制着,但是它的新闻版面中,有时也有些新闻报道可能使党的官僚阶层感到发窘。1973 年 6 月 8 日的《真理报》上,刊登了一篇题为"一家工厂的真相"的消息灵通的文章。这篇文章是纳扎尔巴耶夫和《真理报》记者米哈伊尔·波尔托拉宁精诚合作的结果,而波尔托拉宁对卡拉干达·马格尼特卡炼钢厂的问题一直很关心。在同波尔托拉宁几次面谈之后,纳扎尔巴耶夫本人撰写了那篇文章,并同意以他自己的名义发表。对于导致炼钢厂生产垮台的根本原因——设计上各种的缺陷、建筑过程中的失误和技术问题,文章进行了震撼人心的详尽无遗的批评。此外,纳扎尔巴耶夫解释了职工队伍起伏不定的原因,特别指出了铁米尔套在住房条件、学校、医院、生活设施、交通和职工及其家属所必需的其他设施等方面都极其糟糕。

　　纳扎尔巴耶夫这篇文章一石激起千层浪。他遭到铁米尔套党组织的领导及他的同事的激烈批评,哈萨克斯坦的各级党组织都指责他在公众面前把家丑外扬。但是炼钢厂的基层党组织成员都支持他和他写的文章。诚然,他们这些人正是《真理报》刊载文章的主要源泉,因为纳扎尔巴耶夫耐心听取了他们的抱怨。"因为我也是一个炼钢工人,所以他们都敞开心扉对待我",他回忆道,"他们之中有很多人对我说,'为什么你不为此事做点什么?''为什么你不对大人物们说一说这里的错误? 我们推选你就是为了让你解决这些问题!'"

　　克里姆林宫的首脑们读到了纳扎尔巴耶夫在《真理报》上刊出的批评意见,并且采取了行动。几周之内,他们成立了一个国家调查委员会,并派驻到卡拉干达·马格尼特卡炼钢厂。组成委员会的有来自莫斯科的 50 位党的领导干部和钢铁专家,由共产党中央委员会的一个资深书记弗拉迪米尔·多尔吉克率领。调查委员会在铁米尔套开会做首次调查时,纳扎尔巴耶夫被召去作为第一个证人。多尔吉克开门见山,向他提出的问题是:"请解释一下,为什么你在报上写这些事?"

　　纳扎尔巴耶夫被多尔吉克第一个问题的严厉声调吓坏了,他心想:"噢,坏了! 我在党内的前程现在终结了。我该重返车间,作为工程师继续我的生活了。"这一悲观情绪是没有根据的,因为多尔吉克对炼钢厂的情况可谓知根知底,作为诺立尔斯克冶炼厂厂长,他在这个行业干了很久,后来才调到莫斯科中央委员会任职。在纳扎尔巴耶夫接下来陈述他的证词时,多尔吉克和委员会其他成员的态度从满怀敌意转为有所同情了。在随后的 4 天里,纳扎尔巴耶夫带着委员会的关键人物走访了该厂存在问题的多个车间和许多建筑工地。他还陪同多尔吉克和其他委员会成员参观了铁米尔套,让他们看看纳扎尔巴耶夫所谓的"我们职工的灾难性的住宿条件",并且向他们指出所有社区设施都是明显匮乏。委员会明确同意,存在着向他们陈述的情况。数月之后,委员会公布了他们的报告,报告题为"关于卡拉甘达炼钢厂为加强纪律和创造一个稳定的集体所做的努力"。该报告的要点是,赞扬了纳扎尔巴耶夫所领导的党委会在当地所做的工作,指责该炼钢厂的各种不足源于中央的错误,其表现主要是规划错误、缺少投资和判断失误等等。这是一个完全出乎预料的结果。这实在可以说是太异乎寻常了,一个莫斯科指派的委员会居然会因为另一个苏维埃共和国在工业方面的失败而指责莫斯科的决策者。

卡拉干达·马格尼特卡炼钢厂的故事下一步的发展情况是,共产党中央委员会决定对调查委员会的调查报告举行听证会。听证会将由传奇人物米哈伊尔·苏斯洛夫主持,苏斯洛夫自 20 世纪 40 年代被斯大林提拔到主席团之后,一直是最令人敬畏的苏联领导人之一。到 1972 年,苏斯洛夫是政治局资深委员,主管意识形态工作,在政治、军事和工业的全范围的决策上起着重大作用。这位年届 70、"头发花白的显要人物"掌管着克里姆林宫大权,他同来自哈萨克斯坦年仅 32 岁的政界新秀努尔苏丹·纳扎尔巴耶夫如何互动,是一个引人注目的故事。

纳扎尔巴耶夫于 1972 年 12 月抵达莫斯科,出席中央委员会关于卡拉干达·马格尼特卡炼钢厂工作情况的听证会。他由20多位哈萨克斯坦党组织负责人组成的代表团陪同。但是,听证会前夕,当他们登记入住宾馆后,纳扎尔巴耶夫接到一个令他大吃一惊的通知,通知称苏斯洛夫同志马上要见他。当他被护送到政治局领导人的办公室时,纳扎尔巴耶夫心潮澎湃,难以自已。他对自己说:"这是什么鬼差使啊?苏斯洛夫在苏联是一尊神,高高在上、遥不可及的神,天晓得他为什么要见我?"

当纳扎尔巴耶夫在苏斯洛夫的接待室里坐着等候时,心存敬畏的他在挂衣架下面,发现一双廉价的高筒橡胶靴。在俄国严寒的冬天,老一代人特别习惯穿用这种普通鞋子,看到这双鞋子,使他重新考虑对这位老人的评价。他开始意识到,这双爷爷那一代人穿用的高筒橡胶靴的主人,可能不是一尊高贵的神,而是一个普通人,正在这时,这个普通人步行进了办公室。纳扎尔巴耶夫回忆说:"从那一刻起,我就决心同苏斯洛夫同志像普通人一样坦率地交谈。"

克里姆林宫这位老政治家和卡拉干达·马格尼特卡炼钢厂年轻的党委书记之间的对话,是从一个离奇的不了解情况的话题开始的。当房间里只剩下他们两人时,苏斯洛夫领着他的客人走到一个巨幅苏联地图前面。

他开始说话了:"指给我看看,这个称作铁米尔套的地区在哪里,并跟我说说它的大致情况。"

纳扎尔巴耶夫指着地图上的位置说:"该地区地势平坦,在修建炼钢厂之前一片荒芜。"

"有树木、草丛吗?"

"没有,地势太平坦,气候太恶劣。"

"那儿天气什么样?"

"冬天零下 30 度,夏天超过 40 度。"

"那你们怎么会决定在这么个地方修建炼钢厂?"

"这个决定与我无关",纳扎尔巴耶夫答道。

在对铁米尔套的气候和地貌基本情况有了了解之后,苏斯洛夫开始用详尽的问题来盘问他的客人。许多答复让他大吃一惊,特别是纳扎尔巴耶夫关于炼钢厂职工极差的条件和厂里缺乏安全保障的描述。"建筑材料运到工厂本是供修缮之用的,但是在修缮工作开始之前,建筑材料就被偷走了,因为钢铁厂没有围墙、护栏,没有一处安全的地方",那位较年轻的人解释说。他强调,除非为基础设施提供新的基本投资,否则,卡拉干达·马格尼特卡炼钢厂将会每况愈下。在揭露实情 1 个小时之后,米哈伊尔·苏斯洛夫已经信服了。

他问道:"明天听证会上你打算怎么说啊?"

纳扎尔巴耶夫回答道:"这里有我的发言提要,他们告诉我说,我只有 10 分钟的发言时间。"

苏斯洛夫快速浏览了一遍准备好的发言稿。"我想是地区委员会的委员们交代你去这样说的。"当纳扎尔巴耶夫点头称是时,政治局的这位高级委员给了他一道明确的命令。

"不要去说那一套废话,跟你回答我的问题时一样,说那些大实话就行。"

"如果我那样干的话,对我来说今后就后患无穷了。"纳扎尔巴耶夫回答道。

"别担心,你会安全的,我会保护你。"米哈伊尔·苏斯洛夫说道。

由于受到他的保护者的鼓励,当纳扎尔巴耶夫面对中央委员会讲话时,把戒备心理抛到九霄云外去了。谈到卡拉干达·

马格尼特卡炼钢厂问题时,他扔掉了准备好的辩护性的讲话稿,而是义愤填膺地痛斥莫斯科相关的高级领导官僚机构的失误。

[纳扎尔巴耶夫回忆道]气氛使人震惊。除了苏斯洛夫,没有人预料到,会听到这样批判性的证词。所有的大头头们听到我的讲话时,都开始精神活跃起来,这一个鬼才知道从哪儿冒出来的无名小卒,居然对他们说,煤炭部没有输送合适的焦炭给炼钢炉;建设部在错误的地点修建了粗制滥造的设施;住建部在离炼钢厂 5 公里远的地方建造了不敷用的职工住宅;冶金和重型工程部在许多方面都不尽职,我对这些方面都做了详细说明。

炼钢厂厂长的证词提供了更多细节,证实了纳扎尔巴耶夫的抨击。然后,苏斯洛夫邀请大家向受到批评的有关官员和部长们提问。官员和部长们的回答支支吾吾,错误百出,出尽了洋相,却做不出令人信服的答复。最后,苏斯洛夫大为光火。他对建设部长说道:"你根本就没有把苏联的钱用对地方。"他指责冶金部长说:"你把政府的一项重大项目变成了一帮投机取巧的家伙的机构了。"由于铁米尔套缺乏住房和其他设施,其他高级官员也同样遭到苏斯洛夫爆发出来的令人难堪的嘲弄。当天听证会结束时,苏斯洛夫宣布:"委员会将草拟一项特别决议,提交苏联部长会议,要求他们改善卡拉甘达炼钢厂职工的生活条件和文娱活动设施。"他临走时还放了一炮,任命纳扎尔巴耶夫为特别决议的起草委员会成员。

虽然纳扎尔巴耶夫是委员会里最年轻的成员,但是在这件事情上,他的声音却最具影响力。该决议很快就获得苏联部长会议的批准,决议指示制订一项年度建设规划,包括8万平方米的住房、两个育婴所、三所学校和一座综合体育设施。此外,还安排了特别的发展项目,其中包括修建一家新的医院、一座文化宫、一所冶炼业培训学院、一座15000个座位的体育场、一个50米长的游泳池,以及专为炼钢厂职工使用的假日休养所,等等。他们给纳扎尔巴耶夫分配的工作是,确保这个命令在实际情况中能够执行。在劳工短缺、设备供应处于瓶颈状态的年代,这可不是一项小任务,但是在4年内,整个规划均已实现。

> [纳扎尔巴耶夫回忆道]我们的主要成就包括,为列在等候名单上的每一个人提供了住房,因为我们修建了十多万套新公寓。我们也为居住在该城市的家庭提供了质量大为改善的生活。其最终结果是,一年内离开炼钢厂的职工数量从33%降低到9%。

卡拉干达·马格尼特卡炼钢厂这支更加稳定的职工队伍,成为一支生产率大大提高的职工队伍。在同一时期的4年里,随着住房和社会设施得到改善,炼钢厂的生产率提高了60%。这些成绩之取得来自两股动力。第一股动力是莫斯科部长会议的政治支持,他们新拨了3亿卢布的投资,在铁米尔套和炼钢厂修建新的基础设施。第二股动力就是纳扎尔巴耶夫的个人贡献了,这一点值得做细致的分析,因为它彰显出他身上正在潜滋暗长的作为政治家的品格和声望。

纳扎尔巴耶夫改造卡拉干达·马格尼特卡的过程的故事可以分为四个组成部分——他卓尔不群的胆识、他的交流沟通才能、他作为实践者的坚毅品格以及他个人的远大志向。

纳扎尔巴耶夫身上有一种一飞冲天的个性特征。他主动找《真理报》的记者谈炼钢厂的问题,在 20 世纪 70 年代,对于一个共产党负责人来说,这是一种超乎寻常的行动。很有可能,他会由于这种非同志式的公开爆料的方式,轻易地丢掉他的工作,或者至少要受纪律处分。他以个人的名义撰写并发表那篇得罪人的文章,是需要具备更大勇气的。因为他的开诚布公意味着,当泄露情况引起窘迫时,并没有一种在特定条件下确立已久的为政治家进行辩护的机制可以为他撑腰。他不能责备那个记者,也不能宣称记者并未如实报道他说的话。他等于是把自己的头放在了断头台上。他为什么要冒这种险?他回答说:"因为我愤怒、失望、苦恼。我总认为我是一个冶金专家,一个炼钢工人。我的心是同炼钢职工贴在一起的。他们都那么努力工作,到头来却被制度搞得大失所望,因此我要起来斗争。"

在莫斯科的官僚体制中,同制度作斗争是一件几乎不可能成功的事。幸运的是,纳扎尔巴耶夫得到了米哈伊尔·苏斯洛夫的赞许和保护。这位涉世不深的年轻人,还通过同政治局资深委员面对面的交流沟通,创造了自己的好运。这一切是建立在之前良好沟通的基础之上:一方面,他同车间的职工作了良好的沟通;另一方面,他也同因《真理报》发表的文章而设立并且派到铁米尔套的调查委员会作了良好的沟通。回顾一下这个插曲,有一点非常清楚,那就是,32 岁的纳扎尔巴耶夫已经掌握了耐心倾听、表达有效和抓住机遇的政治技巧。

履行部长会议的指令,需要进一步展示上述技能,并且能够坚韧不拔,敢于离经叛道。在莫斯科业已批准的事情很明显在铁米尔套不能落实时,后一种品质很快就起作用了。这主要是因为建筑工地太多,而建筑工人又太少。纳扎尔巴耶夫说:"在收获季节,莫斯科会派来 1500 名农业工人协助完成收割任务,为了招来更多的建筑工人,我决定宣布,我们这里全年都需要这批工人。收割工作一完成,我就再把他们安排到建筑工程项目上去工作。这一批额外的劳动力使我们可以按时把工作做完。"

个人的雄心壮志是纳扎尔巴耶夫气质中另一个关键因素。他在苏斯洛夫的帮助下,赢得了官僚体制内部的斗争,这是一个良好的开端,但是纳扎尔巴耶夫深知,他的新庇护人可能是一位会强使别人完成重任的严厉监工。因此,如果要维持住莫斯科的善意,最根本的是要把建筑规划付诸实施。因此,纳扎尔巴耶夫大力催促他自己和铁米尔套的劳动力的动机,是为了获得公众好处和实现个人抱负的混合体。

这种混合体取得了成果。在同苏斯洛夫首次会面的 4 年之后,纳扎尔巴耶夫又被召到莫斯科,在这位政治局资深委员的办公室受到接见。苏斯洛夫问道:"你还记得你头一次来这里的那一天吗?"在得到斩钉截铁的肯定回答后,他接着说:"好啊,我们没有忘记你。我已经召见了库纳耶夫,你很快就会得到提升了。"

迪米加米德·库纳耶夫是哈萨克斯坦共产党第一书记,这一职位使他成为该共和国最有权力的政治家。他也是苏联的一位高级人物,担任政治局委员已达十多年,那是因为他同列昂尼德·勃列日涅夫有着友好关系。库纳耶夫对纳扎尔巴耶夫的看法在未来十年中反复不定、变化无常,一会儿钦佩有加,一会儿深恶痛绝。虽然他们的关系在苏联历史上具有重大的政治意义,但是在 1976 年,这两人生活在完全不同的世界,互相都很陌生。因此,库纳耶夫决定任命纳扎尔巴耶夫为卡拉干达地区党委主管工业的书记,苏斯洛夫的推荐是关键因素。

对 35 岁的纳扎尔巴耶夫来说,这一任命是他在党的阶梯上向上爬升的重要一步。这意味着,他的地位从一个基层负责人上升到了一个地区领导人,其职责大大超过了铁米尔套炼钢厂的职责。他现在主管全省范围内许多部门的组合:矿业、工厂、化工厂和建筑工程等部门。但是,无论这一公开的成就看起来多么满足他的宏愿,纳扎尔巴耶夫还是有着令人痛心的担忧和焦虑。"我在卡拉干达·马格尼特卡炼钢厂的经历让我从迷梦中惊醒,让我意识到,整个苏联是一个大赝品,对于管理它的工业项目使之产生效益,它完全无能为力。"这是他同莫斯科官僚机构打交道之后,悄悄地得出的结论。对于一个刚刚接受任命、主管一个苏维埃共和国最重要地区的工业的共产党负责人来说,这实在不是一种愉快的心态。

纳扎尔巴耶夫的提升,同他对苏联工业系统的不作为状态的看法一起,使他面临着一种困境。他回忆说:"从今以后我该怎样生活和工作,我必须作出严肃认真的选择。"从实质上来说,这种选择,关乎他到底是该加入单位负责人的圈内俱乐部呢,还是作为局外人同这个自保的高层圈子保持距离?两个因素使他选择了局外人的角色。一个原因是,他悲观地作出诊断,苏联的疾病使得它的经济和工业政策开始逐渐陷入全面瘫痪状态;另一个原因是,他和普通工人一样,强烈地认同共产党。

纳扎尔巴耶夫对于同党的负责人就卡拉干达·马格尼特卡炼钢厂存在的问题打交道的经历,实在令他吃惊。由于米哈伊尔·苏斯洛夫的支持,他得以处理了许多那一类问题。但是,这一事实并未使他失去洞察力,他认识到,一条条深刻的裂痕贯穿于苏联共产党胡乱管理工业的整个体制中。

> ［纳扎尔巴耶夫说］我开始明白，存在着一个由党的负责人组成的不负责任的小集团，他们煞有介事地接受关于各种子虚乌有的情况的不真实报告，这些报告都是以虚假的事实和数字为基础的。卡拉干达炼钢厂就是这种情况的典型例子。它实际上就是在有计划地亏损经营。直到我先同《真理报》，后来同苏斯洛夫谈话之时，官僚集团一直在骗人说，那是一个盈利的国有企业。在我奋力花 4 年时间改变炼钢厂的状况后，我终于看清楚了，卡拉干达·马格尼特卡炼钢厂只不过是由国家补贴的赔钱的工业文化的一个例子而已。所以，我甚至在 20 世纪 70 年代中期就已经预计到，整个苏联的国家预算总有一天会花光的。

因为纳扎尔巴耶夫不能忍受党的权力走廊上，许多同事那种弄虚作假和失实报道的勾当，他不愿意和他们同流合污，而是想方设法同车间的工人们亲密相处。作为主管工业的区党委书记，他变成了工人头上的"大头头"之一，所以开始得不到工人们的友好对待。他刚开始担任新职务时，他的一位炼钢厂的老朋友在街上冲着他叫嚷："你穿着白衬衫，坐在一位司机驾驶的汽车里，你到底想干什么？过来吧，到高炉跟前来，看看我们面临着什么问题。"值得赞扬的是，纳扎尔巴耶夫马上来到高炉现场，在摄氏七十度的高温下，他的衬衫很快就湿透了，连外面的西服也湿了。这个问题是由于熔化钢水的通道泄漏而产生的，党委会为此召开了一次特别会议，决定拨款进行修理，3 天之内就解决了。

　　这一事件给纳扎尔巴耶夫上了一课,这有助于处理他职责中最困难的部分。他认识到,他必须赢得职工队伍的信任。同卡拉干达的煤矿工人搞好关系是一件特别困难的事情,这些矿工在该省的 26 个地下矿井里干活。他们是一群异类:他们的工作条件极其恶劣,还受到党的批评,因为他们没有完成生产指标,对此,他们都敢怒不敢言。

　　纳扎尔巴耶夫对待矿工的态度是平等相待、一团和气,而不是挑三拣四、随意批评。他认真地听取他们的抱怨。他走访了每一个矿井,对于井下高密度甲烷、矿井工作面上不安全的结构和坍塌等危险的问题有了切身体会。有一次他在走访矿井时,有一块岩石掉进通风管道里,离他站的地方只有几米远。这一次没人受伤,但是岩石滚落的轰鸣声提醒大家注意卡拉干达矿井糟糕的安全状况。这种情况同地面上很差的住房条件,以及完全没有社交和福利设施,可以说是对矿工和家属生产生活保障的双重缺位。

　　纳扎尔巴耶夫很快意识到,他再次遇到了导致该省钢铁业处于混乱状态的那种种缺陷,那些共同缺陷是:糟糕的中央计划、缺乏足够的投资、不安全的基础设施,以及党的负责人对于为矿工提供过得去的生活条件的必要性,如果不是置之不理的话,也至少是麻木不仁。

　　纳扎尔巴耶夫在他的工作生涯中,又一次就卡拉干达工人的问题同莫斯科摊牌。他向苏联共产党中央委员会呈送了一份关于矿业问题的措辞强硬的报告,并且继续向中央委员会做了大量游说工作。其结果是,1976 年 6 月,在纳扎尔巴耶夫担任区党委的工业书记一年后,苏联部长会议发布了一项法令,责令改善卡拉干达矿工的生活和工作条件。煤矿工人很感谢纳扎尔巴耶夫，他用莫斯科拨来的资金，为矿工们在矿井附近修建了大批的新公寓，提供了较好的社区服务设施，对地下矿井的工作条件也做了很多改进。纳扎尔巴耶夫和矿业局局长尼古莱·德里兹德对当地的矿井掀起了进一步的改革浪潮，修建了若干新矿井，并在卡拉干达北部修建了新的名叫布尔林斯基的露天矿场。由于采取了这些措施，煤的生产不再下滑，到1978年实现了40%的增长率。

虽然煤和钢只是纳扎尔巴耶夫担任区党委书记时，在卡拉干达省负责的两个工业部门，但是，他在这两个部门里取得的成就，在党的机制里提高了他的声誉。但是，受人尊重的感觉却不是相互的。

> ［纳扎尔巴耶夫回忆道］工业的进展是一个恶性循环，因为每一次突破都需要我们付出巨大努力。有一点越来越清楚地显现出来了，那就是，这一恶性循环是由于可怕的畸形的经济制度造成的，这一制度对民生的关注几乎等于零。

这些观点现在说出来有点事后诸葛亮的味道，但纳扎尔巴耶夫在上个世纪整个70年代只能把它们藏在自己心里。在那些日子里，他是一个雄心勃勃的年轻政治家，他不得不和那种体制通力协作，尽管他暗地里多么地鄙视那种畸形的制度。所以，他保持沉默，努力工作，并取得了回报。1979年，他再次得到提升，从一个地区级人物成为一个共和国级人物。他那一年38岁，就被提拔担任哈萨克共产党书记处主管工业和经济的书记，因此成为哈萨克斯坦苏维埃共和国的主要管理机构——共和国内阁的一员。

纳扎尔巴耶夫在 1979 年被提拔到哈萨克共产党书记处,一开始,他有一番不稳定的经历。他和全家并没有享受到搬去共和国首都阿拉木图的乐趣。他们更加难以忍受的是,在他任职的头几年里,阿拉木图社会上以各种形式冒出来的竞争对抗行为和嫉妒心理。

纳扎尔巴耶夫向来都是一个问心无愧的省级人物。在穷乡僻壤度过了青年时期之后,接下来 20 年的成年时期,他是在远远称不上时髦的城市铁米尔套度过的。他和萨拉夫妇俩在一个普通的公寓里居住。他的朋友和亲戚圈子大都是干体力活的工人。除了偶尔去一趟莫斯科之外,他很少到卡拉干达地区以外的地方去。他仍然设法进行相当数量的阅读,主要是看报纸和阅读小说,但是他的眼界还是有限的。除了工作狂似的工作需要外,纳扎尔巴耶夫的关注重心在于他的家庭,他同萨拉的美满婚姻,抚养他们的三个女儿:达莉佳(1963 年出生)、迪娜拉(1967 年出生)和阿利娅(1980 年出生)。他们家庭的生活方式极其简朴,这使他们完全没有准备好,要搬迁到阿拉木图为共产党高级政治家自动地配备好的官员住所,跟各种错综复杂的事物打交道。

阿拉木图几个世纪以来一直自称是世界性的都市。它是古代丝绸之路上的一个贸易中心,这赋予它"不同种族、不同文化和商业企业的国际汇合中心"这样一个光环。在苏联的统治下,哈萨克人在阿拉木图如果不是三等公民,也是二等公民。他们是受欺压的少数民族,由于他们游牧民族的背景,他们受到俄罗斯族人的嘲笑。党的官僚看不起哈萨克民族。仅仅因为从铁米尔套来的一位年轻哈萨克政治家,以非同寻常的速度升任到

纳扎尔巴耶夫和他的女儿阿利娅、达莉佳和迪娜拉

共和国内阁部长岗位,不可能让他们在一夜之间改变看法。

对于纳扎尔巴耶夫飞速提升表示愤恨的最早迹象,是以社交上的怠慢和轻视的形式显露出来的。达莉佳·纳扎尔巴耶夫回忆道:"我们这个家庭受到的待遇真让我们伤心。党的领导

人到我们在阿拉木图的新家访问的时候,他们的夫人嘲笑我们
的廉价银首饰盒和我们的衣着。我们感到,我们被排斥在他们
圈子之外。"

这种排斥的另一种奇怪的表现是,不断有少量的匿名信送
到党的总部机关,批评纳扎尔巴耶夫的任命和他的作为。信件
的疑似作者,很可能就是那些不喜欢这位新书记身上离经叛道
和不拘一格的作风的高级党务官员。但是,这种作风恰恰是阿
拉木图行政机关下层人员所喜欢的品德。他们之中有一位名叫
卡纳特·绍达巴耶夫的年轻的文化局副局长,此人明白新书记
到来引起的紧张局势:

> 1979 年,纳扎尔巴耶夫来到阿拉木图时,他就像是一
> 股新鲜空气。大多数高级官员都是以莫斯科的传统行为处
> 事,刻板、拘谨,从不与比他们职位低的官员交流沟通。他
> 和这些人完全不一样。他抛开了一切规则,会做过去党的
> 负责人从未做过的事情,比如在社交集会上扮演最活跃的
> 角色,弹奏冬不拉琴,唱民歌,对待年轻人充满热情和友爱。
> 星期六,他会穿着便装来到办公室。他还喜欢运动。那时
> 候像这种职位上的人,是不可以打网球的。他上网球课,后
> 来网球打得很好,但是有些莫斯科背景的人不赞成他打网
> 球,因为网球被看作是西方生活方式的一部分。

尽管对阿拉木图行政机构的老莫斯科派来说,这种风格是
多么令人心绪不宁,但是,对他政治上的顶头上司,哈萨克共产
党第一书记迪米加米德·库纳耶夫来说,纳扎尔巴耶夫的风格
是可以接受的。库纳耶夫本人也是哈萨克族人,是一个集两种

文化于一身的人,他对俄文和克里姆林宫的政治谙熟于心。纳扎尔巴耶夫也是两种语言都运用自如,对克里姆林宫的那套作风熟悉得很快。但是这两位不同年龄段的杰出的哈萨克政治领导人,观念上有着重大差别。库纳耶夫首先是莫斯科的人,其次才是哈萨克的人;而纳扎尔巴耶夫则私底下怀疑莫斯科的官僚体制,却对自己哈萨克的根子和文化公开表示自豪。正如卡纳特·绍达巴耶夫所说的:"纳扎尔巴耶夫常常去观看哈萨克族的演出,朗诵哈萨克族诗歌,引用哈萨克族作家的话语。在上世纪80年代初期,像他这样身居高位的党的官员,这种做法几乎是不可想象的。因此,他成为正在成长的那一代哈萨克族人心驰神往的人物。"

老一代哈萨克族人中最重要的人物,迪米加米德·库纳耶夫,也成了纳扎尔巴耶夫的倾慕者。在纳扎尔巴耶夫被任命担任共和国党委书记职务的时候,这两人根本不认识对方,但是很快,两人就建立起了个人交情,这一交情是如此融洽,数月之内就被比作为父子之情。也许这位尊长本能地感觉到,考虑一个他担任的第一书记职务的哈萨克人作接班人的时刻到了。实际上,他是在向一批党和政府的高级官员说明,为什么他要他的新门生负责共和国的工业和经济发展部门时,出人意料地表露出这个想法的。1981年,库纳耶夫在共和国书记处成员的一次非正式集会上讲话时,他坦率有余而机智不足地对他们说:"你们中没人会担任哈萨克斯坦苏维埃共和国的下一任领导。我说这番话时,请不要以为受到了冒犯!只有努尔苏丹·纳扎尔巴耶夫生逢其时,可以做我的接班人,因为他风华正茂,而且才识过人。"

库纳耶夫对纳扎尔巴耶夫的意外认可,造成了很大反响,当时听到这番话的一位部长苏尔坦·德吉扬巴耶夫回忆说："我的同事中有一些人不喜欢这一招,他们嫉妒纳扎尔巴耶夫。我个人不嫉妒他,也许是因为我比他大 20 岁。就我来说,我对他印象很好,我们很快就建立起良好关系。"

在苏联控制的哈萨克斯坦党的统治阶级中,也有一些其他重要人物,对纳扎尔巴耶夫颇有好感。其中有一位名叫易卜拉辛·耶蒂尔巴耶夫,任职有色金属部副部长。在 1979 年至 1980 年期间,他同他的新上司走访了 30 多个矿井和工厂。

耶蒂尔巴耶夫回忆道:"我从一开始就喜欢纳扎尔巴耶夫,因为他精力无穷。"

[耶蒂尔巴耶夫说]他上任一个月之后,就把我叫到他的办公室,对我说,他要走访哈萨克斯坦各省所有的最大矿井和冶炼厂。当我们进行这次走访时,他对管理者和工人们提问的详尽程度令我大为惊讶。他从来不是拘泥于礼节的访客,他总是在收集信息,做详细的笔记,随后就发出指令,而以后他会跟踪追查指示是否贯彻了。他是一位实干的党的领导人。在他走访过的矿井和工厂里,人们对他总是怀着深深的尊敬之情,因为他是一位在炼钢业里最艰难的部门工作过的合格的冶炼师。

纳扎尔巴耶夫很重视细节,而他的战略思考更胜一筹。他对走访过的每一个矿井和工厂未来的长期发展前景,表示十分关注。地质状况、储藏量、产能和营销计划等总是处在他议程的重要项目之列。

［耶蒂尔巴耶夫回忆道］我能够理解，当他开始形成一个战略时，他的脑子是怎么工作的。其方式是多样化经营，不再单纯地发展掘取资源的工业，而是走向发展成为制造工业的基地。尽管让莫斯科批准我们这样干有很多困难，纳扎尔巴耶夫还是设法采取了一些重要措施。我一直记得他1980年在杰孜卡兹甘铜矿做的决定。他自己想出了一个主意，在铜矿旁边修建一个工厂，生产铜缆线。这件事一开始就做得很成功，这表明我们有着巨大潜力，可以为我们的矿产发展二线的制造基地。

莫斯科的做法让纳扎尔巴耶夫的苦恼与日俱增，因为它把哈萨克斯坦仅仅作为一个大矿场，而为苏联其他地区谋利益。哈萨克斯坦共和国拥有丰富的矿藏，如锌、铜、铬、煤、铅、钛、铀、磷，以及其他许多有价值的矿产。但是，90％以上的矿产物都出口到苏维埃帝国的其他部分，对哈萨克斯坦却不给予看得见的报偿。

［纳扎尔巴耶夫回忆道］我们出口到其他共和国的制成品只占我们制成品的12％—15％，其他都是原材料。我做了很大的努力，想要改变平衡以发展加工制造业，但是我没有得到明显成功。问题在于我们需要在加工制造业方面的新投资，但是，未经中央政府批准，我们不能动用一个卢布。如果我们最后还能得到一点点，也完全是不断坚持的结果。

纳扎尔巴耶夫在为他的共和国奋力争取发展项目时，他在莫斯科以个人魅力、足智多谋和坚韧不拔与人建立工作关系，这都成了他的第二天性。你在权力圈子里熟悉的人，比所提出的工程项目的价值重要得多。1982年，纳扎尔巴耶夫为哈萨克斯坦北部地区争取到一个柴油机厂，这个故事之原委为说明克里姆林宫不成文的丛林法则，提供了一个令人发笑而又困惑不安的例子。

纳扎尔巴耶夫在担任哈萨克斯坦共和国主管工业的书记后不久，发现苏联部长会议正计划在俄罗斯南部地区的叶拉布加修建一个大型柴油机厂。纳扎尔巴耶夫想把该厂的地点转移到哈萨克斯坦北部地区的库斯塔纳，那是一个远离大城市的市镇，需要引入大量男性工人，因为市镇上有一个纺织厂雇佣了大批女职工，其中很多人都是单身。纳扎尔巴耶夫绕过通常的官僚渠道，求见了一位克里姆林宫的关键决策者 A.P.基里连科，他是政治局的一位高级成员，是列昂尼德·勃列日涅夫事实上的副手。基里连科是那个时期苏联领导老人集团的一个典型成员，他已经七十多岁，身体虚弱，喝伏特加的量大得惊人，他的身体机能日渐衰弱，以至于他一点也不知道这位从哈萨克斯坦来的访客是谁。尽管他不知情，或者正是由于这一点，他迎接纳扎尔巴耶夫时，来了个熊式拥抱和亲吻脸颊，而这通常是为亲密朋友而保留的礼节。在如此热情的欢迎之后，基里连科无法集中注意力。他开始打瞌睡，对纳扎尔巴耶夫提出把工厂转移到库斯塔纳的陈述根本未加留意。但是，在这一奇特的谈话结束时，基里连科醒过来了，问道："那么，你到底需要什么？"

"我想要把柴油机厂建在哈萨克斯坦。"

这位政治局头头问道："这件事我该找谁去谈？"

纳扎尔巴耶夫回答道："打电话给主管汽车工业的部长波利雅科夫。"

基里连科笨手笨脚地在他的办公桌找到克里姆林宫电话簿。他把电话簿交给他的来访者，交代说："找到他的电话号码，帮我拨一下！"

当波利雅科夫部长接电话时，他听到电话里说："我是基里连科。我派纳扎尔巴耶夫同志去找你，按照他向你提的要求办。"

几分钟之后，纳扎尔巴耶夫在部长的办公室里提出了他的要求。波利雅科夫看来有点茫然不解，问了好几次："你是怎么得到基里连科同志的支持的？"不管这位主管汽车工业的部长对这一决策过程有多少保留意见，他没有对政治局二把手的指示提出异议。在这次走访结束之前，把苏联这家柴油机厂建在哈萨克斯坦北部的命令就已经签署好了。纳扎尔巴耶夫为他的共和国的工业发展取得了一次巨大的战略性成果。这一项目创造的工作岗位，也为库斯塔纳的姑娘带来了浪漫的恩泽，她们很高兴，她们所在的市镇新来了 5000 名男性职工。取得这么大的成绩，走的居然是一条如此奇特的路径，但是在勃列日涅夫时期的最后岁月，事情常常就是这么办的。

从 1964 年到 1982 年担任苏共总书记和国家主席的列昂尼德·勃列日涅夫，没给纳扎尔巴耶夫留下什么好印象。1980年，这位年老的国家领导人对哈萨克斯坦做了一次彻底失败的访问，访问是为了出席该共和国成立六十周年纪念活动。勃列日涅夫在全体政治局委员的陪同下，抵达阿拉木图的政府接待大厦，出席有一千多宾客的招待会。人们一眼就可以看出，这位苏联主席已经既不能做到连贯地讲话，也不能独立行走。他的双眼透露出空洞的、毫无表情的眼神，嘴里只能发出单音节的哼哼声。他走路十分艰难，两边有两位身材高大的医护人员扶着。

人们不清楚,他是否认出了招待会的主人,他亲密的朋友迪米加米德·库纳耶夫,勃列日涅夫亲自任命的、已经干了 20 年的哈萨克斯坦第一书记。

当客人们就座后,库纳耶夫站起来向苏联主席祝酒。当勃列日涅夫的各种头衔和职务被朗诵完毕,客人们都举起酒杯向他敬酒。但是当轮到勃列日涅夫来答谢祝酒时,他挣扎着站起来,却没有说出一个字,而是步履蹒跚地走向了出口。在勃列日涅夫突然离开接待大厦,把其他出席纪念招待会的客人都甩在后边,使他们错愕不已时,主桌席上所有的人,包括纳扎尔巴耶夫在内,不得不站起来跟在他身后。当他被别人搀扶进了汽车,汽车开走后,事情变得很清楚,勃列日涅夫完全忘记了他身在何处,来此有何贵干。纳扎尔巴耶夫评论这种令人尴尬的场面时说:"对这样的人,你除了怜悯,还能有什么别的感觉吗?"

苏联老人政府中,由于饱受病痛和年老体衰而出现的尴尬现象愈演愈烈。勃列日涅夫陷入无能为力、不能工作的状态又延续了两年,直到他 1982 年去世为止。他的继任者尤利·安德罗波夫接过统治权时,已患无法医治的癌症,在位只有 15 个月。下一任总书记康斯坦丁·契尔年科患有非常严重的肺气肿,直到 1985 年 3 月去世,他都几乎无法履行他的官方职责。在华盛顿首府的罗纳德·里根总统挖苦说:"我一次又一次安排会见苏联领导人的日期,但他们却一个接一个地死掉了。"

领导人连续过世和患有不治之症,使得整个苏联的决策机制瘫痪,从而加深了经济和政治停滞不前的黯淡前景。但是在哈萨克斯坦苏维埃共和国,当贝肯·阿希莫夫这位老资格的总理在他的位子上干了 20 年最终以 68 岁高龄退休时,作出了一项令人精神振奋的决定。就能力和声誉来说,很明显,他的接班人非纳扎尔巴耶夫莫属。当时,纳扎尔巴耶夫得到了苏联在哈萨克斯坦最有权力的被委派者、第一书记迪米加米德·库纳耶夫的全力支持,库纳耶夫向莫斯科政治局推荐了纳扎尔巴耶夫的提名。1984 年 3 月,年仅 44 岁的努尔苏丹·纳扎尔巴耶夫成了苏联所有共和国中最年轻的总理。

第五章　受挫的总理（1984—1986 年）

　　在纳扎尔巴耶夫履行总理职务之前,依照礼节规定,他要去莫斯科倾听苏联共产党总书记康斯坦丁·契尔年科的意见。因为那位苏联领导人健康状况不佳,很难安排一个接见日期,而当接见终于举行时,领导人给他造成的印象简直是毁灭性的。

　　纳扎尔巴耶夫作为候任总理头一次去莫斯科时,他不得不在宾馆的房间里待了三天,等待契尔年科办公室的召唤。等到电话终于来了,传来的信息却出人意料:"总书记现在不能见你,他病着呢,请你回去吧。"

　　返回哈萨克斯坦一星期后,纳扎尔巴耶夫又被叫到莫斯科,然而,他再一次被要求把自己关在宾馆房间里等候三天。到了第三天,他接到了命令:"继续等候,总书记现在不在莫斯科,他可能正在他的乡村别墅里休养呢。"次日,纳扎尔巴耶夫被告知返回阿拉木图去,因为契尔年科联系不上。

　　等到他第三次被召见去确认他的任命时,纳扎尔巴耶夫被一位政治局资深委员叶戈尔·利加乔夫引导到了总书记办公室。契尔年科无法站起来向他的客人打招呼。他面无表情,眼神空洞,他的肤色由于长年患病变得灰白。当他伸出手臂挣扎着想要握手时,这一动作使他呼吸发生困难,发出呼哧呼哧的喘息声,显然他极不舒服,而且无法说话了。利加乔夫主持了这次会见,对于纳扎尔巴耶夫的事迹作了总结性介绍,最后不忘提醒说,他是苏联加盟共和国里最年轻的总理。在利加乔夫结束了他的长篇大论后,契尔年科最后终于对这次会见作出了唯一的贡献,用低沉嘶哑的嗓音问道:"他多大了?"

"他快要 44 岁,将是最年轻的总理。"利加乔夫重复了一遍。

契尔年科接着试图从椅子上站起来,走向纳扎尔巴耶夫。但是总书记的肺气肿太严重了,连这一动作也做不了。他的膝盖弯曲着站不直,喘不过气来,整个人都垮了。他身旁一位年轻力壮的医护人员挽住了他的胳臂,把他扶回到座椅上,他才没有摔倒在地板上。会见就此结束。纳扎尔巴耶夫回忆道:"这次会见给我留下一个可怕印象。"

在纳扎尔巴耶夫离开莫斯科之前,另一次高级别会见,对他产生了极为有利的影响。这次是跟米哈伊尔·戈尔巴乔夫见面,他是政治局的新成员,在许多克里姆林宫圈内人的眼中,戈尔巴乔夫正在上升,很可能是契尔年科的继承人。他们两人过去见过面,而且他们的命运在苏联最后的年代里紧密地交织在一起。这次会见是他们第一次有机会就深刻的内部政治形势做范围广泛的谈话。虽然同戈尔巴乔夫联系十分密切的两个词——"重组"和"开放"——还没有被提及,但他们两人都发现,他们之间有一种亲和力,能够和改革浪潮保持一致。戈尔巴乔夫回忆道:"我很喜欢纳扎尔巴耶夫。他是一个精力充沛、魅力四射的人。他对各种新观念保持开放的态度。他很棒。他不是知识分子,但城府很深。我们很快就建立起良好的融洽关系。"

在他们1984年1月的会见结束之前,这种融洽关系已经好到戈尔巴乔夫向他的来客提出一个奇怪问题的程度:"你认为你有没有一副硬骨头?"

纳扎尔巴耶夫开头不明白这句话的意思,但是戈尔巴乔夫用一句注解作了补充说明:"前进路上充满了困难。这些困难将会发出攻击,和我们进行战斗。不会一帆风顺。"

纳扎尔巴耶夫就职担任哈萨克斯坦苏维埃共和国总理时,他意识到,他要动手打的第一场战斗就是反对懒散作风。他年长的前任贝肯·阿希莫夫在这个职位上能够像个不倒翁一样待20年,就是由于他支持维持现状,压制住各种令人不舒服的事实,总是与莫斯科的意见保持一致,尽一切努力讨好他的政治上司迪米加米德·库纳耶夫。库纳耶夫把哈萨克斯坦部长会议看作是共产党中央委员会下属的一个部门,他期待新任总理也将萧规曹随,一依旧例。按照这种殖民地式政府的风格,共和国总理的传统是,确保莫斯科来的指令在阿拉木图立刻盖上橡皮图章。纳扎尔巴耶夫决心挑战这种卑恭顺从的做法,因为他认为,这样做对哈萨克斯坦很不利。早在他召开的第二次内阁会议上,他就抛弃这种毫无生气的通常程序。一贯顺从的做法为辩论所取代了,因为他坚持要对从克里姆林宫发来的指示进行讨论并提出质疑。他常常对指示有所增删,改变指示,甚至另起炉灶,发出新指示,并附有要他的部长同事们付诸执行的时间表。事后,有一位部长说:"我们意识到,我们将不可能欺骗这个人。我们知道,我们不得不加倍努力去工作,才能执行他的指令。"

纳扎尔巴耶夫用自己辛勤工作的标准,立下了快速干事的规矩。他以前主管过工业,对政府的这个领域了如指掌。但是他现在主持部长会议,他要求自己必须熟悉所有部门的问题、并使之得到迅速处理,尤其是农业、运输、福利、住房和经济事务。

农业是哈萨克斯坦的一个关键领域,因为它那面积广阔的耕地（约一亿五千万英亩）在每年"为面包而战"的事业中扮演着如此决定性的角色。莫斯科的宣传机器用这个口号来形容在解决苏联两亿五千万人口的温饱问题方面，年复一年发生的问题。为了让自己熟悉共和国农业收成不佳和畜牧产量令人失望等问题，纳扎尔巴耶夫任命两位专家当他的顾问。其中一位是农业科学家，另一位是实际干活的农民，由于总理日程安排的需要，这两位专家每天晚上九点钟去见首长，每天就农业的各个方面的情况，给他上一堂辅导课。总理一位年轻的助手，努尔泰·阿比卡耶夫，出席了这些辅导课。

> ［阿比卡耶夫回忆道］作为纳扎尔巴耶夫的助手，我很惊讶，为了掌握这个问题，他夜以继日地辛勤工作。他的求知欲几乎没有限度。他不厌其烦地询问那些琐碎至极的问题，例如，"你们在每平方米的耕地上撒多少种子，耕多深，才能获得好收成，达到目标水平？"

莫斯科为哈萨克斯坦农业订的指标，以及该共和国官方发表的达到指标的生产数字，都是凭空捏造的。纳扎尔巴耶夫不久就挖掘出了事实真相，他决定必须实事求是，以便根据共和国实际的农业潜力来制订现实指标。但他发现，他每走一步都受到高级官员的阻挠，其中有些人还是第一书记库纳耶夫的亲信。

在纳扎尔巴耶夫的调查逐渐推进的过程中，牲畜生产是令他特别烦恼的领域。在谢米帕拉金斯克地区，他发现牲口数目比官方数字宣称的少了 33 万头。他问那位向总理报告了"下落不明的牲口"的地区领导人沙吉杜拉·库巴希夫："对这种状况，你打算怎么办？"

库巴希夫答道："我能做什么？上边那些人交代我不要把这件事嚷嚷出来。"他一面用手指指着天花板，一面说："再说了，他们主动提出要恢复牲畜的合适数目。"

"上边那些人"指的是第一书记库纳耶夫身边的官员圈子，他们在哈萨克斯坦共和国行使最终的行政和政治权力。纳扎尔巴耶夫对牲畜状况调查越深入，他发现滥用职权状况就越多。有时候他发现存在无耻的虚报情况，比如在克孜勒·奥尔达附近就有子虚乌有的一批马。那里的牧民已经拿到了报酬，但是有三万匹马却神秘地不知去向。另一种更常见的欺诈行为是，从国有畜群中骗走大量的牲口，转到私人牧场手里，而其中一些就是政府官员经营的牧场。由于这种腐败行为造成的牲畜生产数字的差距实在太大了，纳扎尔巴耶夫决定，要在共和国里重新统计牲畜数目。他向哈萨克斯坦共产党中央委员会写了两封信，要求批准开始重新统计的工作，但遭到拒绝。纳扎尔巴耶夫感到，库纳耶夫或他的高层圈子在庇护那些犯错误的人。总理和第一书记就此问题进行了坦率交谈，但却没有下文。

引起库纳耶夫和纳扎尔巴耶夫之间关系紧张的另一个方面是，后者在莫斯科人际网络中的重要性日益增长。在之前的 20 年中，哈萨克斯坦同克里姆林宫的高级决策者的关系，一直是由第一书记亲自掌管的。但是，从 1984 年起，共和国有了一位总理，他熟悉权力中心，不怕同高层官员勇敢地交谈。在库纳耶夫对官僚阶层表现出唯命是从的时候，纳扎尔巴耶夫总是表现出坚持原则的态度。有一位名叫萨皮特·扎达诺夫的高级观察员注意到这种作风的改变，他是苏联部长会议主席的常驻代表。他住在他负责的哈萨克代表团招待所，招待所是坐落在莫斯科中心地段的一幢旅馆式的房子，那是来访代表团的活动基地。

[扎达诺夫回忆道]纳扎尔巴耶夫每个月来这里两到三次,因此我经常见到他。与众不同的是,他更愿意住在我们的房子里,而不接受克里姆林官的任何一家接待宾馆。他在莫斯科是最引人瞩目的一位活动家,因为他说一口流利的俄文,是一位具有高超技能的谈判者,而又兼具毫不妥协的性格与个人魅力。他比过去任何时代都更坚决地维护哈萨克斯坦的利益。因此,他受到人们尊重。

这种不断上升的尊重的一个标志是,哈萨克斯坦在15个苏联加盟共和国的正式会议中所谓"宪政次序"的排名挪前了。这种会议每个季度召开一次,各共和国的总理都在会议上提交报告。几十年来,作报告时排在前列的总是俄罗斯、乌克兰、白俄罗斯、乌兹别克斯坦、哈萨

1984年,已担任总理的纳扎尔巴耶夫

克斯坦。但从1985年起,在这种击球次序中,哈萨克斯坦的报告前挪了两位,它的报告紧接在人口多得多的俄罗斯和乌克兰共和国之后,成为第三个被听取的报告。这个地位的提升可以

看作是纳扎尔巴耶夫的个人贡献。萨波特·扎达诺夫回忆道："他确实给苏联政府留下了好印象。苏联总理吉洪诺夫说，他们的会议应该尽可能早地听取哈萨克斯坦的报告，因为纳扎尔巴耶夫的报告是一个好的风格和内容的典范，其他共和国都应该向他看齐。"

作为总理，纳扎尔巴耶夫取得了许多成就，这比在苏联宪法规定的发言次序中得到提升重要得多，而苏联宪法继续存在的日子已是屈指可数了。他为自己的家园所做的最具有预见性的政策是发展石油和天然气工业，要知道，这在 20 世纪 80 年代还处在草创时期。当年的工业部长 I.B.叶迪巴耶夫回忆道："他亲自掌管着挖掘油井和建设天然气设施这样的大型项目。正是由于他在 20 年前作出的决策，哈萨克斯坦今天才能成为如此大规模的能源生产国。"

纳扎尔巴耶夫在经济领域的能源部门中最早作出的一些决定，受到了一场灾难性爆炸事故的启发，这场事故发生在里海地区古里耶夫区名不见经传的第 T-37 号钻井。1985 年 6 月，在该地点 4000 米深的钻探工作正在进行时，钻到了石油，石油爆炸涌流出来，形成离地面 150 米高的巨大井喷，并且燃起熊熊大火。在一年多的时间里，从全苏联调去的最高水平的专家和最有经验的消防队，都未能成功地把井喷控制住。虽然事故现场救灾行动操作的指挥权掌握在苏联石油工业第一副部长手里，但是纳扎尔巴耶夫到 T-37 钻井现场去了好几趟，周边环境遭到的破坏让他感到心惊胆战。超过 80 亿立方米的燃烧着的氢化亚硫酸盐被抛到空中，给当地的植物群和动物群造成了灾难性影响。一位石油工人牺牲了，数十名消防队员受三度烧伤。他们想把火焰控制起来，但是 13 个月后，各种尝试都失败了，而有一点已经昭然若揭,那就是,苏联石油工业部缺乏技术和专家来处理这一爆炸事件。在这场戏剧性事件过程中,莫斯科的副部长曾经一度想用原子弹爆炸来压制石油井喷。共和国的总理纳扎尔巴耶夫强烈反对这一计划,他的理由是,这将给该地区的农场和村庄的乡村居民带来放射性尘埃。最终,他赢得了这场争辩,原子弹爆炸计划被放弃了。作为替代性办法,他们请来了美国得克萨斯州的石油井喷专家里德·阿德尔,让他实施他的计划,亦即另挖管道线,接到第 T-37 号钻井上,用泵向管道中输入重化学液体。在发生爆炸 400 天之后,井喷终于通过这个办法止住了。苏联石油史上最严重的井喷总算结束了,但是在这场灾难性事件中,损失了 3400 多万桶石油。

这次事件在许多重要方面给纳扎尔巴耶夫留下了印记。它给他的第一个启示是,哈萨克斯坦里海海岸边,名叫腾吉兹的地方的油田可能有巨大开发潜力。他还清楚地看到,苏联石油部在技术和管理的专业知识上太落后,还不足以开发这么大规模的油田。纳扎尔巴耶夫说:“我意识到,在苏联开发如腾吉兹那样大规模的油田,缺乏现代技术。我知道,有朝一日,我们必须求助于西方石油公司,请他们来扭转我们能源储备被忽视的状况。”

另一个被忽视的领域是运输基础设施的建设。在 1984 年,共和国 40% 的市镇只能经由土路前往。这种缺陷使农村的交通近乎处于瘫痪状态,农产品的运输十分艰难。纳扎尔巴耶夫在莫斯科赢得了预算之争,这使他能够设立运输线路的基础设施建设资金。用这笔新的资金,他总共修建了超过 2000 公里的新公路。他还在所有主要的省级城市和工业中心附近修建了具有长跑道的机场,1981 年到 1992 年期间担任交通部长的夏米尔·贝克卜拉托夫回忆道:"在我们的历史上,我们头一次开发了严格意义上的公路和航空网络。作为一个地域广阔的国家,我们亟须这样的网络,而纳扎尔巴耶夫是办成这件事的第一个政治领导人。"

"行必果"是纳扎尔巴耶夫的标记。如果在美国,他会被称作一个"言必行,行必果"的政治家。但在中央集权的官僚体制中,要获得这种声誉,其困难会大得多,但是纳扎尔巴耶夫正在学会如何用新的首创精神来玩这个游戏。他特别有兴趣为当地的哈萨克人开设共和国的教育机构,并推广哈萨克文化。他的一位重要盟友是共和国的女政治家玛努拉·阿克米托娃,她时任部长会议副主席。

> [玛努拉·阿克米托娃回忆道]纳扎尔巴耶夫先生担任总理时,他显示出,他真诚地关心我们的文化遗产。哈萨克艺术家和作家的书籍、剧本和画作,在他心目中都是弥足珍贵的。当时,文化界人士要想得到一套公寓住房,简直是难于上青天。因此,你可以想象到,当他发布一项总理指令,哈萨克斯坦共和国应该把阿拉木图260套公寓住房分配给作家、艺术家、作曲家和剧院的人员时,那简直是发生了天翻地覆的变化啊。

虽然纳扎尔巴耶夫用这种政治上的首创精神来开创新局面,但是他担任总理的头几年里,挫折明显地远远多于成功。在有关重工业、农业和经济事务这些最重要的政策领域方面,制度的总体僵化和第一书记库纳耶夫的具体阻挠,使他颇感沮丧。在黯淡的前景中出现的一线曙光是,1985年3月11日,米哈伊尔·戈尔巴乔夫被任命为苏联共产党总书记。这位 54 岁精力充沛的苏联头号领导人，是第一位在 1917 年革命后出生的苏共领袖，与他衰老的前任们形成一个鲜明的对比。促使戈尔巴乔夫呼吁进行改革的一个关键因素是，他意识到按照所有的经济和工业标准，苏联已大大落后于西方的竞争对手。这位新领导人在 20 世纪 80 年代初期曾经出国访问，到过赫尔穆特·科尔的西德、皮尔·特鲁多的加拿大和玛格丽特·撒切尔的英国，看到那些国家蓬勃发展的经济，从而领悟到共产主义和资本主义竞争之间日渐扩大的差距。

纳扎尔巴耶夫也察觉到不同国家之间的对比状况，这同样加深了他因哈萨克斯坦僵化的经济困难而感到的沮丧。1985年初，他作为总理第一次正式访问一个苏联之外的国家——奥地利。从维也纳回到阿拉木图的当天，他同他的部长同事们共进午餐，报告他得到的印象。纳扎尔巴耶夫描述奥地利农民的繁荣景象说，农民们种植的谷物太多了，以至于政府不得不按照指标规定的水平，限制他们的生产。他接着说道："他们显然很富裕。如果对你们来说，这就是腐朽的资本主义，那这个资本主义还不算太坏。"

最后几句话作为幽默旁白，是纳扎尔巴耶夫轻松运用一个大家烂熟于胸的词汇，表达的一个严肃信息。那时苏联的主要口号之一是："共产主义欣欣向荣，资本主义日暮途穷。"公开攻击这个教条，可能会等同于不忠诚。

[部长会议副主席埃立克·古卡索夫回忆说]我们所有坐在桌旁的人都知道，纳扎尔巴耶夫讲的是真话，他要我们认真对待他所描述的奥地利的经济状况。在库纳耶夫也

出席了这个午餐会时,做这样的批评很危险。因此,纳扎尔巴耶夫说出这句话时故作轻松,不经意带过。库纳耶夫假装表现出不明白这个笑话的样子,但可以明显看出,他非常恼火。

哈萨克斯坦第一书记和总理相互之间已产生不快。他们之间的紧张关系表现在一个问题上,那就是纳扎尔巴耶夫拒绝按照莫斯科传统的规矩,用老一套的办法来制订年度计划和预算。纳扎尔巴耶夫反对苏联两个最有权威的预算机构——国家计划委员会和国家供应调拨委员会,反对的理由是,它们使用的方法太简单粗糙,主管部长们腐败。这一体制运行的方式是,各共和国国营企业收入的每一个卢布都要上缴给莫斯科,然后莫斯科再把资源分配给中央制订计划者们所偏爱的地方部门和项目。他们喜怒无常,常常受到决定年度预算会议时,他们个人收到的礼物的影响。

纳扎尔巴耶夫对这种做法的第一次反抗,发生在他被任命担任总理后不久,当时,哈萨克斯坦计划部门的主任向他要求拨一大笔款子,以便他的手下为了维护计划而用作好处费和额外需要的开销。

纳扎尔巴耶夫问:"花这些钱干什么用?"

"难道你不知道,我们要去莫斯科维护来年的计划吗?"

"然后呢?"

"是这样的,我们必须对国家计委各部门负责人做工作,请他们来我们的房间,款待他们。"

随着对话逐渐展开,纳扎尔巴耶夫发现,"款待"这个词的含义极其丰富,远不仅止于美酒和大餐这样的东西——这是制订预算计划程序中不可缺少的环节。他们向他简要说明了贿赂制度的情况,依照这种制度,送给部长们的礼物放在接待室外边的衣帽柜里的架子上。他们还向他介绍了部长们期待接受的礼品的具体情况。他回忆道:"我永远不会忘记,他们郑重其事地告诉我说,有一位部长喜欢乳猪肉,另一个部长喜欢新鲜的西红柿,还有一个部长则喜欢葡萄种植园酿制的瓶装葡萄酒。"

在招待会上进行的这种细小贿赂行为,同计划会议上极不称职的行为沆瀣一气。部长们宣布的数字和统计材料都是不可依赖的。诚然,大家都知道,官方宣布的、所分配的资源和预算实际上总是要高出 20%—30%。因此,莫斯科的计划数字都是胡编乱造的,而且由于任人唯亲和腐败因素的作用,数字会扭曲得非常厉害。纳扎尔巴耶夫鄙视这种制度,但是在他开始论证争取作出变更之前,他还不得不适应它。在他担任总理的头几个月里,他不得不被这种做法牵着鼻子走,后来他嘲讽地总结了这种预算策略:

> 如果你同财政部长关系好,你就可能额外多得到几百万卢布。如果你同国家供应调拨委员会主席交了朋友,你就可以得到水泥、金属材料和木材。没有人会特别关注,他们是从大锅里拿走了别人的份额,也不会有人感到良心有愧……不管你喜欢不喜欢,你不得不照着不成文的法律去做,你必须去巴结别人,赠送礼物,款待他们。否则的话,不是你,而是你的共和国、你的工业、你的工厂,将一直饿肚子。争取拨款的唯一办法就是要放聪明点。

纳扎尔巴耶夫当然是个聪明人,但是他也会与之对抗。纳扎尔巴耶夫受到总书记戈尔巴乔夫的鼓舞,新领导人响亮地号召公共事务透明化进一步激励了他,他成为权贵体制的麻烦制造者。当他为了改变各共和国同莫斯科中央政府之间经济权力的平衡而开始打响战斗的时候,他表现出了进攻性的个性。他过去曾为哈萨克斯坦发展基金问题同莫斯科的老人保守派发生过冲突,总理的亲密助手之一努尔泰·阿比卡耶夫就此回忆道:"纳扎尔巴耶夫先生是第一位敢于为了争取放松中央集权、并让地方有更多决策权而奋斗的哈萨克政治家。"

> 他批评莫斯科党的头头们剥削哈萨克斯坦,把哈萨克斯坦当作苏联其他地区的原料供应者。他说,哈萨克斯坦生产的矿产品95%都送到别的共和国去了,而哈萨克斯坦只拿到几分钱硬币,那些共和国却可以加工我们的矿产品,赚很多钱。他一而再,再而三地申述这一点,而且常常一针见血,毫不留情。我记得他这样说过:"如果这就是莫斯科计划经济的想法,那么这种计划是错误的。"

苏联官僚机构最上层的高级官员们可不喜欢听到有人说他们错了,特别是这种话出自一位年轻而莽撞的哈萨克斯坦政治家之口,而且他还用语刺耳。有一两位部长听到纳扎尔巴耶夫严厉的谴责之后,打电话给阿拉木图的库纳耶夫说:"请向你们的总理解释一下,这种行为处事的方式是行不通的。只有莫斯科的中央机构,才了解什么做法是对苏联整体最好的。"

库纳耶夫因为对他任命的人的批评而心神不宁。这位以前他很垂青的人,这么快就变成一位使人尴尬的人了。库纳耶夫是政治局的一位资深成员,勃列日涅夫的亲信和哈萨克斯坦地

1985年3月28日，纳扎尔巴耶夫在哈萨克苏维埃社会主义共和国最高委员会第十一次会议上讲话

位不可动摇的第一书记，在掌控他的共和国与莫斯科的关系上，权力一直是至高无上的。突然间，这种良好关系由于纳扎尔巴耶夫出来捣乱而受到威胁。第一书记和总理之间的联盟关系动摇了，很快就扩大为政治冲突。

有许多迹象可以表明，纳扎尔巴耶夫和库纳耶夫之间的关系越来越紧张。一个最有趣的例子发生在戈尔巴乔夫担任苏联领导人几周之后，当时他访问了哈萨克斯坦北部城市泽利诺格拉德（后改称阿斯塔纳）。当地共产党领导人举行午宴，欢迎这位新任总书记，以及他的夫人赖莎和一大批莫斯科官员。欢迎委员会由库纳耶夫和纳扎尔巴耶夫率领，并由共和国的全体内阁成员随同。尽管有如此多的重要政治家在场，大部分谈话时间却都被一位非政治人物——赖莎·戈尔巴乔夫占用了。她的喋喋不休惹恼了纳扎尔巴耶夫。

［纳扎尔巴耶夫回忆说］赖莎很快就支配了谈话。几分钟之后，我就明显感到，普天之下的每一个议题，她都有她的看法，而她丈夫总是把她的看法当回事。我们都静静地坐着听她解释那些直截了当但常常是荒诞无稽的看法。讲了一阵后她声称，哈萨克斯坦虽然是一个农业共和国，却不生产自己的葡萄酒。我当场就挺身反驳了她。

　　纳扎尔巴耶夫的反驳是挑衅性的。他说哈萨克斯坦的葡萄酒是如此之好，每个人都应该马上品尝一杯。这一举动对戈尔巴乔夫夫人来说是傲慢无礼的，对她的丈夫来说是政治上的不顺从，因为她的丈夫前不久才发表了一篇重要讲话，敦促所有的苏联公民不要酗酒。库纳耶夫用脚在桌子底下踢了一下纳扎尔巴耶夫。尽管他的腿部受了一踢，但是，纳扎尔巴耶夫变得更加肆无忌惮。他不仅叫服务员拿来了几瓶当地产的葡萄酒，而且几分钟之后，又叫他拿来了几瓶当地产的伏特加白酒。纳扎尔巴耶夫声称，不应该期待有人只喝葡萄酒，因为今天天气有些反常，特别冷。库纳耶夫被他的总理的行径激怒了，但是，因为戈尔巴乔夫愉快地接受了纳扎尔巴耶夫的建议，他只好默不作声。在总书记喝下他的伏特加酒之时，显然他已经忘记了他那自我宣称的苏联起模范作用的戒酒者的角色——至少他在哈萨克斯坦的这一天是这样的。

　　三个月之后，纳扎尔巴耶夫蔑视他的上司的行径，在公共场合表现得更加露骨了，1985 年 5 月 15 日，他在共和国中央委员会季度会议上作了讲话。纳扎尔巴耶夫没有作那种大家习以为常的四平八稳的总理报告，而是花了 40 分钟，严厉地批评几个地区在管理国家预算上的错误行径。他的分析攻击的主要目标是，由于在阿拉木图过多地使用预算来"修建（他称之为）奢华的建筑"，因此在乡村地区缺乏资金建设诸如住宅、道路和福利设施等基本服务设施。"奢华的建筑"指的是，在共和国首都的市中心为官员们修建的宽敞的住宅和办公楼，甚至在市里还修建了只供官员使用的高档洗澡堂。当这位 44 岁的总理谈到，以参加过卫国战争的前辈们为首的 3000 多户家庭不得不忍受着原始而肮脏的住房，而党的高级官员却公开跳过申请住房的排队名单，为他们的亲戚优先取得有三居室或四居室的公寓时，他的声音里带着严厉的道德上的愤恨。他说："在过去的两年半里，本市的执行委员会只把 1% 的住房提供给在合法的等候名单上的人。"纳扎尔巴耶夫带着指责总结说，由于高级官员滥用职权，那些本应分到较为像样的房子的人被剥夺了住房权，他说："官员们使用各种非法手段作了这些安排。对此，必须进行特别调查。"

纳扎尔巴耶夫的讲话得到的不是鼓掌欢迎，而是出席者的瞠目结舌。当他走下讲台时，大厅里一片宁静，最后，宁静被中央委员会第一书记库纳耶夫的总结打破了。他用拖长的声调冷冷地说："这个信息将予以考虑。现在休会。"纳扎尔巴耶夫回忆道，在这句冷冷的结束语说出后几个小时，"在库纳耶夫的同伙和我之间就树起了一道隔离墙"。

不久，这种隔离状况发展成为日益衰老的第一书记和锐意改革的总理个人之间的裂痕。1985 年 9 月，纳扎尔巴耶夫送交给他的上司库纳耶夫一份备忘录，建议对党组织机构进行一次大规模的清理，然而，其结果势必解除很多腐败的或不称职的官员的职务。库纳耶夫把他的下属叫去，提了一个问题："关于你的这些主意，你要我做些什么？"

纳扎尔巴耶夫回答道："召集地区所有的负责人开个会,解决这个问题。"

在长时间沉默后,库纳耶夫说:"你瞧,你同我已经一起工作六年了。你知道,莫斯科的人对哈萨克斯坦印象不坏。你是不是想要毁掉这种好印象? 这种反常现象遍及苏联全国各地。难道我们要当第一个吃螃蟹的共和国,展开一场运动,清理过去的所有混乱现象?"

总理对库纳耶夫巧辩式的提问的答复是"是的"。就这样,他违抗了第一书记对他清理工作建议的反对态度,纳扎尔巴耶夫开始用他的新扫帚进行大扫除。不久他就发现,每次他提出的政策方针和人事变动都被卡住了。纳扎尔巴耶夫意识到同顶头上司不和的危险性,他便同戈尔巴乔夫保持畅通无阻的交流渠道。1985 年 11 月,在莫斯科的一次会面中,他对总书记说道:"库纳耶夫对我很不满意。"戈尔巴乔夫听了关于两位哈萨克领导人之间紧张关系的详细说明后,作出反应说:"你还记得吗,我曾经问过你有没有一副硬骨头去同他们抗争? 现在你要迎难而上。这些老顽固恨你,或许也恨我,但我们必须同他们斗争。"

纳扎尔巴耶夫听了这些安慰话,认为这意味着他得到了戈尔巴乔夫的保护。但是,这位苏联领导人在 20 世纪 80 年代中期在国际上享有很高声誉,没时间、也无意卷入哈萨克斯坦政治局的内部纷争。因此,虽然纳扎尔巴耶夫不断地从例如戈尔·利加乔夫等莫斯科的高级领导人嘴里听到这类话,说什么戈尔巴乔夫喜欢他、支持他,但是,一旦阿拉木图当地出现对他的压力,莫斯科高层对他的这种支持却只停留在口头上,而没有实际行动。

出于权力之争中自己这一方的考虑,库纳耶夫似乎认识到,虽然他不能在政治上让制造麻烦的总理丢官去职,但是,他能够在心理上给纳扎尔巴耶夫造成严重伤害。第一书记在心理战方面使用的主要武器是克格勃(苏联国家安全委员会的简称)。

在 1985 年秋天之前,纳扎尔巴耶夫意识到,克格勃正在对他进行一场全面调查。调查采取的方式有窃听,由几乎公开的监视者对他个人进行监视,以及最重要的,对他的财务状况进行正式审查。

> [在纳扎尔巴耶夫身边长期工作的个人助理弗拉基米尔·尼回忆道]这件事真叫人讨厌。他们详详细细地盘问我。克格勃的人想要知道,我的头头有没有用公家的钱给自己买衣服,商店的店主和食品供应商有没有出于压力给他送礼。甚至有报纸上刊登的报道说,他以权谋私,使用政府大笔的钱,为他的父母修建豪华坟墓。

这些说法最终证明是子虚乌有,因为它们本来就不真实。纳扎尔巴耶夫父母的坟墓只是两块简朴的纪念碑,而且完全是他自掏腰包。令纳扎尔巴耶夫又惊又喜的是,弗拉基米尔·尼拿出一个黄色的大纸袋子给克格勃的人看,袋子里装的是总理上任两年来,他代总理购买的所有物品的收据。关于纳扎尔巴耶夫的不正当花费的调查顿时土崩瓦解。每周购买的食品中,鸡蛋和香肠最便宜,占了收条中的大部分,尼经常在办公室的小厨房里为他的头头煎炸鸡蛋和香肠。

> [尼回忆道]那几乎是我曾经为他做过的唯一一道菜。

他从来不挑剔自己的食物。他是一个工作狂,每天早晨8点45分开始工作,常常在办公室待到午夜之后。他通常都是草草地尽快吃完饭,接着就继续工作。他从来不吃昂贵食品,而且谨小慎微,不收任何礼品。克格勃从他身上什么也捞不到。

虽然弗拉基米尔·尼感觉到调查已陷入困境,但是,由于承受着压力,纳扎尔巴耶夫本人实际上比他对手下人说的要心烦意乱得多。他的部分担忧来自他的家庭。纳扎尔巴耶夫回忆道:"我的夫人萨拉一天到晚愁眉苦脸,一方面因为受到监视,一方面又因为谣言四起,说我不久将被抓进监狱,结果她卧病在床好几天。她有一次对我说:'为什么我们不干脆辞职,回铁米尔套去?你还可以当好优秀的冶炼师啊。'"纳扎尔巴耶夫回答说:"别催我嘛,炼钢厂总会在那儿。"

虽然在克格勃于1985年到1986年的好几个月里对他进行监视时,纳扎尔巴耶夫在他的夫人和世界面前表现出勇敢姿态,但他还是慢慢泄气了。1985年12月,他给米哈伊尔·戈尔巴乔夫写了一封私人信件,请求允许他不再担任哈萨克斯坦总理的职务。纳扎尔巴耶夫写道:"要我在这种情况下继续干下去是不可能了。"戈尔巴乔夫的反应是,他派担任《真理报》副主编这一重要职务的德米特利·瓦拉伏伊,去阿拉木图找身心交瘁的总理谈话。瓦拉伏伊敦促纳扎尔巴耶夫通过接受《真理报》的采访,揭露哈萨克斯坦共产党最高层的腐败和混乱状况,以此来回击库纳耶夫的统治集团。

纳扎尔巴耶夫说道:"不,我不愿把这种丑恶现象传播到全苏联去。"

瓦拉伏伊警告说:"如果你不抗争,那些人最终会搞掉你。"

纳扎尔巴耶夫回答道:"好啊,让他们来搞掉我吧! 但是我会在阿拉木图先讲出来。"

同戈尔巴乔夫派来的秘密使者的这场谈话,加上对他和家庭的精神伤害的痛苦和愤怒,最终导致了纳扎尔巴耶夫在 1986 年 2 月举行的哈萨克斯坦第十六届党代会上,作了一个非同寻常的孤注一掷的讲话。在党代会开幕前几天,纳扎尔巴耶夫的工作方式变得完全不合常规,连他的助手弗拉基米尔·尼都意识到,一定会出什么事。

> [尼回忆道]他把自己关在办公室里,独自在那里一直待到次日凌晨三点钟。半夜里,他会出去散一会儿步。他没有告诉我他在干什么。我猜想,他可能在为党代会上的讲话准备些特别的材料,但是,在事先送交库纳耶夫办公室的讲话稿里并没有什么特别之处。

官方的讲话稿是一个烟幕弹。纳扎尔巴耶夫正在聚精会神准备的真正讲话稿中,包含了许多枚炸弹,提出前所未有的批评意见、粗鲁的幽默,以及尖刻的人身攻击。党代会的习惯是,总理要依照老规矩对第一书记的年度报告表示欢迎之意。纳扎尔巴耶夫没有像通常的做法那样拍马屁,相反,他发起了一场攻击。他运用充分而详尽的统计数字,批评了在农业和其他关键经济部门存在的破产、浪费和盗窃等现象,他称之为"令人震惊的事实"。接着,他转到普通工人的住房危机问题上来,他再次指出,这是由于预算被转用到为高级官员而修建的有威望的项目、奢华的公寓和面积很大的乡村住宅而造成的。纳扎尔巴耶夫声称:"工人阶级对于这种贵族式的行为有权感到愤慨,而这些官员中有很多人是工人阶级出身的啊。"

纳扎尔巴耶夫接着改变语调,运用起幽默这种武器来,他调侃政治局某些资深成员的无能。他调侃的主要对象是 E.吉利姆巴耶夫,他担任内阁里的一个闲职——其头衔是水果和浆果部长。

> [纳扎尔巴耶夫用诙谐的语调问道]你们知不知道,水果和浆果部长做些什么事来赚取他的正式薪水? 他所做的事情就是向政治局委员们的办公室送一篮一篮的水果。在产西瓜季节,他就到处送一筐一筐最好的西瓜。当苹果在树上成熟了,他就送苹果。给其他部长们送礼,就是他做的唯一工作。

当纳扎尔巴耶夫谈到热闹处,听众们发出一片笑声。

> [他说]冬天不出产水果和浆果,这位部长难以打发日子。但是上个礼拜,他干了点事。他送了三个玻璃罐子的草莓酱、山莓果酱和黑莓酱到我的办公室。我们把那些罐子退了回去。部长,你收到了吗?

纳扎尔巴耶夫直接对着那位年老的政客高声地喊叫这个问题,那个部长就是正在被嘲讽的人。那个不幸的部长在代表大会整个会议进行中一直在睡着觉,突然被这一声叫喊惊醒。他听到了笑声和掌声,但是没有意识到,那正是针对他的,吉利姆巴耶夫也跟着热烈地鼓起掌来。他的反应使他变得更为愚蠢,使笑声的分贝更提高了一倍。

　　在这出闹剧之后,纳扎尔巴耶夫指向了他的真正目标,迪米加米德·库纳耶夫。但是,他没有直截了当地提起他的对手。他换了个对象,纳扎尔巴耶夫对之提出最辛辣的批评的对象,是臭名远扬的酗酒的阿斯卡尔·库纳耶夫,他是第一书记的弟弟。阿斯卡尔担任哈萨克斯坦科学院院长,主管哈萨克斯坦工业的研究和开发规划。他在这一颇具影响的职位上的领导作用,是如此有名无实,简直可以说是丢人现眼。阿斯卡尔·库纳耶夫是一个不可救药的酒鬼,他很少在自己的办公室逗留,从不出席内阁会议,一到晚上,他就到阿拉木图各处狂欢滥饮,是一个大家都讨厌的人。他由于狂饮作乐而导致的宿醉状态特别严重,星期一根本就起不了床,星期二、三、四在他的办公室也见不到他,在科学院里,大家都称这些日子是"院长的酸奶日"。但是由于他同第一书记是兄弟关系,这种不上班状况总被掩盖着。阿斯卡尔·库纳耶夫从来没有受到过任何公开的批评——直到 2 月 16 日,纳扎尔巴耶夫在党代会所作的讲话中,才给了他致命一击。

　　　　[纳扎尔巴耶夫说]以阿斯卡尔·库纳耶夫院长为首的科学院的领导为懒散无为的状态所困扰,纳扎尔巴耶夫宣布道。科学院没有一个研究所设在共和国的工业的、科学的和工业机构里面。在整个上一个五年计划期间,从来没有签署过一项创造发明的证书。今天在这次大会上,有必要说一说,科学院是一个不接受任何批评的组织。很明显,这就是科学院院长不出席部长委员会会议的原因。院长根本就没有履行他的职务。我认为,现在是时候了,要强迫他去尽他的责任。

按照当时的标准来说,这是一种前所未有的政治上不服从上级的表现。

很难想象,这种针对第一书记弟弟的个人攻击,不是明目张胆地激怒第一书记迪米加米德·库纳耶夫。纳扎尔巴耶夫当然明白这一点,但是他已经把平时的警惕抛到九霄云外去了。他解释道:"一年多来,我生活在这种痛苦和压力下,对此我痛心疾首,心生厌倦。我只想结束这种生活,因此,我决定用这次讲话来作最后斗争。"

这场豪赌的后果很难看出来。不出预料,库纳耶夫暴跳如雷,但他不能马上对这位总理采取任何直接反对措施,因为选他当总理是经过莫斯科的总书记批准的。凡是经过那一级任命的人,只能由苏联政治局的指令来解职。因此,纳扎尔巴耶夫还有时间等着看,他讲话的后续效果将如何发酵。

从它的短期影响看,讲话对纳扎尔巴耶夫的事业带来的损害比好处多。在代表大会大厅内,对阿斯卡尔·库纳耶夫的攻击得到的反响是,全场震惊得鸦雀无声。随后,甚至总理的支持者也认为他做得太过分了。他在内阁中最亲密的盟友之一、文化部长玛努拉·阿克米托娃带着伤感的语调议论说:"你本来可以用更婉转的语言来表达你的意见。"但是,在接下来的几周里,党内意见的潮流变得有利于纳扎尔巴耶夫了,因为遍及共和国的地方上的领导私下都来看望他,对他的讲话表示祝贺,并保证说支持他。另一方面,库纳耶夫的朋友圈子则怒不可遏,他们几乎以宗教崇拜的方式把第一书记推崇为哈萨克斯坦政坛的家长。那些忠实的追随者把矛头指向纳扎尔巴耶夫,指控他"污蔑哈萨克斯坦人民伟大的儿子"。这种反控诉在阿拉木图制造了一种有害的政治气氛。最狂热的迹象是,突然大量出现指向纳扎尔巴耶夫的匿名信、诽谤、谣言、指控等等。在他讲话之后3周内,官员们对他提出的指控就有 53 份之多。共和国的检察官,各调查委员会和克格勃都发出命令,对这些指控进行正式调查,达莉佳·纳扎尔巴耶夫回忆道:"对我们这个家庭来说,那真是一个可怕时刻。我们感受到了某些政治领导人以最不友好的方式表现出的敌对态度。我们确实承受了压力。"

1986 年夏天,纳扎尔巴耶夫承受的压力与日俱增,偏偏这时,库纳耶夫的政治前途出人意料地上升了。人们普遍预测,戈尔巴乔夫将会利用 6 月份举行的苏联共产党第二十七届代表大会来推行他的改革议程,作为改革议程的一部分,将安排克里姆林宫老人帮里的某些成员退休,包括年已 74 岁的库纳耶夫在内。但是,恰好相反,这位老前辈领导人再度被确认担任哈萨克斯坦第一书记,并且再次被任命为苏联政治局的资深成员。

1986 年,纳扎尔巴耶夫在苏共第二十七次大会上讲话

由于这些事态的发展加强了自己的地位，库纳耶夫决定采取行动来反对总理。10 月，他秘密乘飞机到莫斯科，同戈尔巴乔夫会面，他想取得戈尔巴乔夫的同意，解除纳扎尔巴耶夫的职务。库纳耶夫把纳扎尔巴耶夫描述成"一个危险的人物，必须制止他的行动"。这次攻击的炮弹打错了目标。依照戈尔巴乔夫的说法：

> 当库纳耶夫告诉我，他同努尔苏丹·纳扎尔巴耶夫之间产生了大问题，我大吃一惊，因为在过去，他们两人可是情同父子啊。当然，我知道哈萨克斯坦存在各种困难，但是那时候苏联的每个加盟共和国都是那种状况。那是一个新一代领导人正在成长的时期。也许那就是使库纳耶夫对他的"儿子"感到不适应的原因，因为任何熟悉纳扎尔巴耶夫的人很快就会意识到，他从不害怕对抗，他敢于挑战。当他发现问题时，他就迎面而上。那就是他的风格。

既然戈尔巴乔夫本人曾经鼓励纳扎尔巴耶夫发展他的对抗风格，并且至少已经两次鼓励他"挺起腰杆作斗争"，既然哈萨克斯坦总理在莫斯科被认为是推行改革斗争中的一位可靠盟友，那么库纳耶夫要把这位盟友立刻解除职务的提议，当然不是总书记愿意听到的。库纳耶夫已经意识到，他要立即把纳扎尔巴耶夫解职的方案 A 没得到顺利接受，于是，他提出一个稀奇古怪的方案 B，把他的总理派到国外去周游世界，从事不起作用的外交讨论。戈尔巴乔夫回忆道："库纳耶夫同我谈到中间，就问我能否派给纳扎尔巴耶夫一项新的工作，主管苏联所有对外的贸易和经济关系。很明显，其目的是要使他离开哈萨克斯坦，出国去周游,时间越长越好。"

用机票把纳扎尔巴耶夫流放到国外,这个古怪主意并没有吸引那位苏联领导人。出于不同理由,他对库纳耶夫越来越不抱幻想。几周前,哈萨克斯坦有一个由三位高级官员组成的代表团来到莫斯科,为首的是奥列格·米洛施金,他们反映共和国的经济和政治已陷于停滞状态,问题越来越多。在同戈尔巴乔夫的一次私下会晤中,他们敦请他考虑变动领导班子。这个要求等于是同事们对库纳耶夫投了不信任票,而库纳耶夫要求解除总理的职务则又等于确认他自己的危险地位。对总书记来说,很明显,哈萨克斯坦的高层领导已处于混乱状态。

[戈尔巴乔夫回忆道]我对自己说,这里一定有严重的问题,所以我没同意库纳耶夫去除纳扎尔巴耶夫的计划,而是提出一项替代性建议。我把三位来访官员的批评意见告诉了他,然后我说:"迪米加米德·阿克米多维奇,我很认真地听取了你的话。我希望你去做的是,召开一次哈萨克斯坦领导官员会议,请他们到莫斯科来,同苏联政治局全体委员坐在一起。让我们在一起公开讨论哈萨克斯坦的问题,我们在一起就会找到合适的解决办法。"

库纳耶夫听了这番话后,意识到他的日子已经屈指可数了。如果他同意在苏联政治局面前召开联合会议,那就等于是公开承认,他自己的权力在消退。而且,这还将引起他同纳扎尔巴耶夫面对面的对抗,这位年富力强的人很可能会大获全胜。库纳耶夫为了避免这种丢脸局面,马上就退让了。他对戈尔巴乔夫说:"米哈伊尔·谢尔盖耶维奇,如果那是你的建议,那我就退休吧。"8周之后,戈尔巴乔夫正式接受了这位第一书记的辞呈。

库纳耶夫时代戏剧性的最后一幕,给苏联留下了麻烦遗产,但也宣告哈萨克斯坦进入了变化时代。在莫斯科举行的告别会上,戈尔巴乔夫向即将离任的第一书记咨询了他的继任者的提名问题。

一旦库纳耶夫决定退休,哈萨克斯坦领导人的火炬将交给纳扎尔巴耶夫,这几乎是不可避免的结果。克里姆林宫强烈期待,总理将成为共和国的最高领导人。就经验、民族、莫斯科的接受程度以及全面领导能力而言,纳扎尔巴耶夫是最有力的候选人,远远超出其他人。虽然他对经济发展停滞和腐败问题的批评在库纳耶夫的圈子里树敌甚多,但两位最高领导个人之间从没爆发过公开冲突。即使纳扎尔巴耶夫的挫折感使他在过去一年半里,经常对他的顶头上司表现出相当的不忠诚,但是,人们还是普遍期待,第一书记和总理之间的交接、过渡能够按部就班,即便有些冷场也无所谓。

米哈伊尔·戈尔巴乔夫正等着纳扎尔巴耶夫接班呢。当他同库纳耶夫话别时,接下来的意见交换使他大吃一惊。

戈尔巴乔夫问:"现在我可不可以问你,你推荐谁来接你的班?毕竟你管理共和国已经24年了。你推荐谁呢?"

库纳耶夫说道:"现在没有真正的接班候选人。有几个人正蠢蠢欲动,四处张罗,但是没人真正有能力来接班担任领导。因此,我建议你派一位优秀的俄罗斯强人来领导哈萨克斯坦。"

戈尔巴乔夫对这个意见颇感意外,但是他并不反对接受这个意见。作为一个俄罗斯的强人,他本人深信,同一领导集团的另一个成员也许更适合当领导,他将会梳理好哈萨克斯坦存在的问题。但是,总书记没有个人作出决定。他把建议提交给政治局,政治局同意了库纳耶夫的意见。出席政治局会议的人员中,似乎没有一个人怀疑,即将离任的第一书记可能是出于对纳扎尔巴耶夫的痛恨之情或妒忌之情而这样做的。诚然,一致的结论是,库纳耶夫关于接班人的意见是出于政治家爱国的理由。戈尔巴乔夫回忆道:"政治局赞同他的意见,因为他们无法相信,库纳耶夫愿意见到他的共和国出现病态。因此我们按照他的建议去做。我们陷入了这个老狐狸给我们设的陷阱。我们犯了一个大错误。"

第六章　1986 年 12 月发生的事件和后果

　　米哈伊尔·戈尔巴乔夫在 1986 年 12 月犯了一个大错误，他拒绝由努尔苏丹·纳扎尔巴耶夫出任哈萨克斯坦第一书记。相反，他派了一位俄罗斯高级官员吉纳迪·库尔宾去填补迪米加米德·库纳耶夫因被迫退休而产生的空缺。这不仅是在任命上的错误选择，还是一个严重的错误判断，它导致了深刻的战略性和历史性的后果。因为，库尔宾甫一上任就出现游行示威，游行示威最终证明是民族问题的最初征兆，要知道，民族问题一直像幽灵一般飘浮在苏联上空，并最终毁了苏联。

　　对于库纳耶夫的离任，纳扎尔巴耶夫并不感到意外，因为几个月来，他已经一直在期待此事的发生。然而，与哈萨克斯坦的所有人一样，纳扎尔巴耶夫也被库尔宾的任命惊呆了。这位第一书记来自俄罗斯的乌利扬诺夫斯克地区，他是苏联共产党官僚机构中的一个传统官僚，也是一位戈尔巴乔夫的追随者。不幸的是，这些是他担任第一书记职务的仅有资格。之前，库尔宾对哈萨克斯坦一无所知，同哈萨克斯坦也没任何联系。他不会说一句哈萨克语，也从未访问过这个共和国，共和国的人对他完全不熟悉。对于哈萨克人来说，他的任命如同晴天霹雳，因为这件事被看作是殖民式统治模式东山再起，中央专制统治那老一套"莫斯科知道怎么做最好"的思路去而复返。这种对非俄罗斯共和国的明显的鄙视态度，在哈萨克斯坦已经变得忍无可忍了。而戈尔巴乔夫的努力一直让人们对新的政治思路寄予厚望,新的思路将会赋予苏联各地区以更大程度的自治。

当库尔宾在苏共中央书记穆尔吉·拉祖莫夫斯基陪同下,于1986年12月15日来到阿拉木图时,纳扎尔巴耶夫知道,他自己已被搁在一边,第一书记一职将由别人来出任了。翌日,哈萨克斯坦中央委员会召开会议,整个会议只有一项议程——"组织问题"。大家早已心领神会,这是苏联习惯使用的关于高级领导人变动的委婉用语。会上,拉祖莫夫斯基宣布库纳耶夫退休,并且提名库尔宾为填补空缺的唯一候选人。在令人震惊的沉默中,所有出席会议的人一致举手通过拉祖莫夫斯基的提名。会议只开了18分钟就结束了。

纳扎尔巴耶夫感到很苦恼,心潮澎湃,但在外表上波澜不惊,没流露出任何不满。虽然他认为库尔宾的任命是"老一套决策中糟糕到极点的做法",但他保持沉默,无意提出任何批评,更不用说反对这一决定了。与中央委员会的其他委员和部长同事一样,纳扎尔巴耶夫受过对于莫斯科应抱军人式服从精神的训练。但哈萨克斯坦的年轻一代并不认同这种顺从态度。

首先挺身而出抗议任命一个非哈萨克人担任第一书记的是阿拉木图的学生。最引人注目的学生领袖是努尔泰·萨皮里雅诺夫,他是一位24岁的大学毕业生,正在经济学院攻读博士学位。12月16日晚上,萨皮里雅诺夫从收音机里听到库尔宾任命的消息,他顿时义愤填膺:

> 我对同宿舍的同学说:这个从俄罗斯来的叫库尔宾的家伙是个什么东西?这么大的共和国里,怎么可能找不出一个哈萨克人担任这个职位?我们以前从未被要求接受

一个不是共和国的人来当领导人,为什么我们现在却要接
受? 如果我们听任莫斯科把这个毫不相关的人强加给我
们,这对哈萨克人民的心理和自信将会是当头一击!

萨皮里雅诺夫风华正茂,英俊潇洒,魅力四射,辩才无碍。
他的话语使得整个宿舍同学都像受到电击一样群情激奋。夜晚
还没结束,他已经对附近的农业、兽医培训、工程、师范、科学和
艺术等学院的学生伙伴发表了演说。对库尔宾的任命激起了他
们的同样愤慨。萨皮里雅诺夫回忆道:"我说服了他们,我们次
日早晨九点钟都去广场,对莫斯科来的负责人申诉我们的看法,
设法说服他们改变他们的错误决定。"

纳扎尔巴耶夫对这些计划毫不知情,这些计划是在大学宿
舍里策划的。当他于 12 月 17 日晨抵达办公室时,他的一个助
手告诉他说,一群年轻人开始游行示威了,有数百人正向中央委
员会大楼前面的广场集合,那个广场那时候称作勃列日涅夫广
场。许多学生举着横幅和标语牌,上面写有表明他们宗旨的口
号,比如:"我们想要一位哈萨克斯坦领导人""反对对我们发号
施令""每一个国家都需要它自己民族的领导人""我们赞成列
宁主义的民族政策""我们进行了改革,但是民主在哪里?"等
等。游行示威的人除了挥动标语牌和偶尔喊几句口号外,表现
非常平和,充满善意。起初,示威者人数不超过 300 人,主要是
来自各大学和教育机构。

纳扎尔巴耶夫从他的政府办公室里看不到示威的景象,但
是从他同事的办公室可以俯瞰勃列日涅夫广场,在他们向他陈
述了目睹的景象后,他决定亲自到事故发生现场去。他叫了他
的司机,开着车刚走出一小段路,很快就被正在阿拉木图市中心

大街游行的队伍围住了,他们人数更多,由成百上千的年轻人和工人组成。纳扎尔巴耶夫决定从汽车里出来,同抗议者一起走着游行。不久,他就同学生领袖们谈了起来。萨皮里雅诺夫回忆道:"纳扎尔巴耶夫主要关心的是,他警告我们说,我们可能很容易受到伤害。他反反复复地说,'游行不要失控。我会反映你们的意见,但是要耐心。莫斯科总是自行选择领导人,他们不会改变自己的决定'。"

　　在纳扎尔巴耶夫抵达勃列日涅夫广场时,游行队伍的规模扩大到约2000名青年男女了,但是气氛是善意的。虽然哈萨克语和俄语的标语牌越来越多,扬声器里也喊出了更多口号,但是集会者的情绪还是相对平静的。这种处变不惊的状态在纳扎尔巴耶夫停留的下一站——共产党主管思想工作的书记办公室——却见不着了。因为那间办公室有大玻璃窗,可以鸟瞰整个广场,许多党的高级官员,包括新任第一书记吉纳迪·库尔宾,都聚集在那里,观察游行状况。

　　正在观察情况的党的官员中的气氛几近于恐慌了。这种规模和性质的抗议示威在苏联几乎闻所未闻,尤其在哈萨克斯坦,因为在各加盟共和国中,哈萨克斯坦素有最爱好和平与民族关系最为和谐之名。从莫斯科飞来安排库尔宾任职的代表们惊慌失措,不知道如何处置这一局面。他们环视周围,想找出一个替罪羊来加以谴责,最后,他们含糊地把矛头指向当地哈萨克部长们,指责他们听任那种民族主义情绪失控。但是,当地部长们本身已很感到惊慌失措,而他们又在如何应对上产生分歧。纳扎尔巴耶夫敦促大家要谨慎从事,在对示威者采取行动之前,应该对局势作细致的分析。他建议官员们应该走出去同群众接触,主动与他们进行对话。最初,这一建议没有人理睬。

作为第一书记的吉纳迪·库尔宾因为是上任第一天,听取了许多意见和建议,有一些简直是互相对立的。他那些从莫斯科来的随从,主要是来自克格勃和苏共中央委员会的官员,建议采用专制手段武力镇压示威者。为此目的,阿拉木图的苏联卫戍部队处于完全警戒状态,警察被命令把广场围在警戒线内,所有警察预备队也被召集起来。但是很快,这一战略部署开始出现了困难,因为很清楚,很多警察,特别是预备队员,是同情示威者的。例如,在邻近勃列日涅夫广场的关键的伏龙芝区,警察预备队排好队,准备拿着警棍向示威者发起攻击。为此目的,两卡车的钢棍被送到纳扎尔巴耶夫的前助手、伏龙芝区区长努尔泰·阿比卡耶夫的手里。但是,阿比卡耶夫怀疑,那些志愿者警察预备队员,很多人自身都是学者和知识分子,会愤怒地挥舞钢棍对付学生? 阿比卡耶夫回忆道:"我认为,这样做是完全错误的。我们不会这么做的。所以,我没有用钢棍来武装我们的志愿者警察,即使这样做意味着违反了中央委员会高级成员发来的命令。"

在12月17日这一天的阿拉木图,不断出现类似的命令、反命令和不遵守命令组成的混乱状态。苏联驻中亚军区的司令弗拉基米尔·罗波夫拒绝派他的部队到街上去,他对库尔宾说:"法律不允许我把部队派去干涉国内纷争。"毫无疑问,这一勇敢的决定防止了一场比最终发生的事件严重得多的流血冲突。但是,军方当时拒绝派部队去协助镇压示威者,只会使领导集团更加恐慌。他们主要担心的一点是,支持学生的工人会越来越多。为了缓解这个问题,库尔宾交代纳扎尔巴耶夫,要保证这场动乱不要扩展到该市的主要工厂里去。在完成这一任务后,纳扎尔巴耶夫又被交代按照他最初的建议去做,即同示威者开启对话。因此,纳扎尔巴耶夫在主管思想工作的书记卡玛利德诺夫、阿拉木图区党委第一书记门迪巴耶夫、最高苏维埃主席团主席穆卡希夫陪同下,来到勃列日涅夫广场的讲台边上。这4个人遭到越来越愤怒的群众的粗暴对待。

当官员们想要发表讲话时,起初他们受到口哨声、嘘声和要求同抗议者共用麦克风的干扰。过了一阵,勉强算得上对话的过程开始了。纳扎尔巴耶夫看来同学生们交流得比较融洽,很多学生呼喊他的名字,并称他为第一书记的候选人。但是,其他的名字,包括哈萨克斯坦内阁中俄罗斯族成员的名字也有人喊出来,因此,群众的选择看来就是当地人,而不是偏向某一民族属性的。示威者的主要情绪表现在大声地抱怨那位不知名者库尔宾的任命,然而也有一些抗议是特别针对最近辞职的库纳耶夫的,抗议他以权谋私,偏袒他的亲戚和他那小集团的成员。

越来越混乱的场面,使得那些在办公室里观看广场景象的党的高级官员们心慌意乱。有一道命令下来了,要求从政府安装在警卫线上的大扩音器里放高声波音乐,来盖过群众发表的讲话。这个做法激怒了群众,他们开始向讲台扔雪球、冰块和砖头。当纳扎尔巴耶夫正在讲话时,一块大石头击中了麦克风。大石头从扬声器上反弹开来,擦伤了他的脸颊,留下了一道难看的伤疤。这一受伤,加上群众的情绪变得越来越坏,迫使这位总理和他的同事匆匆撤离。

播放高声波音乐的做法,是莫斯科的高级官员直接命令的,他们一直同库尔宾保持着电话联系。在他们的怂恿下,库尔宾下令启用水枪,但用水枪浇灌学生的做法,非但没有熄灭他们的怒火,反而火上浇油,激起了学生们更大的怒火。人们注意到,群众里面越来越多的人喝起了伏特加酒,同时还有人引爆了自制的烟花,击中了库尔宾办公室的窗户。在向莫斯科作的报告中,这被说成了是"火箭袭击"。关于这件事情的报道使得米哈伊尔·戈尔巴乔夫在 12 月 17 日晚上直接同阿拉木图通话。他回忆道:"我们的秘密渠道告诉我,这次示威游行是哈萨克人在大学里精心策划的。有人还向我报告说,他们可能要冲击政府大楼。所以我决定采取行动。我要求立即同库纳耶夫联系。"

于是追踪到最近退休的第一书记的私人寓所,那里还配备着直通克里姆林宫的电话线。在通话时,戈尔巴乔夫对他的前政治局同事发起了火:"迪米加米德·阿克米多维奇,怎么回事啊? 你在干什么? 是不是你有意干的? 是不是背后都是你在操纵?"

库纳耶夫回答时连声否认,但加上了谗言,可能是针对纳扎尔巴耶夫:"不,不,不! 都是年轻人在闹,他们受到了某些人的鼓励,他们为了争权夺利而互相争斗。"

对于这种把游行示威的罪责推诿到他并未提名担任第一书记职务的人身上的企图,戈尔巴乔夫未予理睬。相反,他继续对库纳耶夫施压,给他发出了他不可能办到的最后通牒。他说:"我知道你的话对哈萨克斯坦人来说分量有多重。我知道贵共和国人民对你有多么尊敬。所以,我给你 40 分钟时间。如果你不能阻止住年轻人冲着政府大楼游行,那么,随后我会下令叫执法部门使用武力阻止他们。就这样!"

苏联总书记的这番话,听着来势汹汹,但对库纳耶夫没产生明显作用,他不想去对示威者施加什么影响。示威者正在开始自行解散,因为夜幕正在降临,夜里的空气很冷。但示威者的愤怒并没有烟消云散,正如第二天的事件所证明的那样。

当晚,新的一组克里姆林宫高级官员从莫斯科乘专机飞到阿拉木图。他们由政治局委员米哈伊尔·索洛门泽夫和共产党中央委员会组织部第一副部长叶夫根尼·托珠祖莫夫率领。专机上还有克格勃和内务部的高级官员。他们对局势作了评估，向他们在莫斯科的头头内政部长亚历山大·伏拉索夫作了汇报。伏拉索夫改变了部队司令员洛泊夫头一天谨慎的应付措施，下令内务部的精英特种部队出动。这些部队在 12 月 17 日夜里从远在俄罗斯的斯维尔德洛夫斯克、莫斯科和列宁格勒等城市的兵营里被空降到哈萨克斯坦。

到 12 月 18 日上午过了一半的时候，阿拉木图的大街上充满了约一万五千名游行示威者。他们的情绪典型地表现在集体唱哈萨克歌曲上，特别是"耶里麦"歌，那是 17 世纪的一首进行曲，激励游牧民的战士们鼓起勇气来反抗"准噶尔"入侵者。这些 20 世纪的抗议者们正需要同样的勇气，因为他们集合在勃列日涅夫广场上，警察和精英特种部队发动了精心计划的代号为"暴风雪行动"的攻击。

"暴风雪行动"秘密计划对纳扎尔巴耶夫是保密的。虽然他是共和国的总理，但他被排斥在决策过程外，决策过程掌握在莫斯科的那帮人手里，因为头一天示威者曾经大声呼喊他的名字，要他成为库尔宾的接替者。

因此，当警察和精英特种部队使用钢棍、警棍、军用铁锹和警犬来攻击抗议者时，纳扎尔巴耶夫只能越来越惊恐地看着这种景象。这次事件的一个年轻的独立观察者，16 岁的中学生努尔兰·卡帕洛夫，亲眼目睹了这一场动乱，因为他恰好可以从他父母的公寓阳台上俯瞰勃列日涅夫广场。他回忆说："那个场面极度混乱，鲜血横流。当士兵和军事警察冲入学生队伍时，我感到极度震惊。"

从眼前看来,这个行动驱散了示威者,代价是 2 人死亡,200 人受重伤。另一个令人伤心的代价是,心狠手辣的安全部队人员通过使用暴力逮捕了 8000 多人。因为监狱或警察局没有地方关押这么大数目的人,几乎所有被拘捕的人在 12 月 18 日夜晚都释放了。但是,他们中的许多人都惨遭毒打,放出来时衣衫不整,赤裸着上身,那可是十分寒冷的冬夜啊!这种残忍做法固然取得了立即制止在公众场合抗议的效果。但从长远看,民间的愤怒情绪开始在哈萨克斯坦和哈萨克斯坦以外的苏联境内蔓延。在随后 4 年里,这一后果在全苏联产生深远效应,因为其他的民族和民族主义运动都仿效阿拉木图抗议者的榜样,走上街头,反抗从莫斯科来的中央集权统治。

1986 年 12 月的事件后来被统称为"吉尔托克山事件"(哈萨克语中,吉尔托克山的意思是 12 月),这一事件的后果是,哈萨克斯坦变成了一个动荡不安的共和国。

[纳扎尔巴耶夫说道]悲剧在于错误地对年轻人使用武力。具有讽刺意味的是,之所以会出现示威游行,是因为大多数人发自内心、真心实意地相信米哈伊尔·戈尔巴乔夫一直在说的改革开放。但暴力镇压之后,他们完全失去了对苏联政府和制度的敬重。

*　　　　　*　　　　　*

纳扎尔巴耶夫仍然是哈萨克斯坦苏维埃共和国政府的第二号人物,但是和新来的第一号人物吉纳迪·库尔宾一道工作时,他局促不安,缩手缩脚,困难重重。在"吉尔托克山事件"的创伤之后,库尔宾非但不设法去安抚群众的情绪,反而要去搜捕那些他指责为该对游行示威负责的人。纳扎尔巴耶夫试图约束他的上司,不要采取这种行动。在 1987 年的头几个星期里,两位领导人一面喝着伏特加酒,一面进行了很多次坦率交谈。起初,库尔宾似乎愿意听取总理的建议。但是,他们之间的工作关系逐渐被下列三个因素破坏了:莫斯科的插手;许下太多空洞诺言的夸夸其谈的领导作风,以及背后诽谤和背后捅刀的氛围,这揭示了尽管他们外表上互相信任,但实际上嫌隙丛生。

1986 年 12 月的游行示威暴露出很多问题,莫斯科对于这些问题采取的应对措施是,指责他们"煽动民族主义",并采取强硬路线,认为那些该对煽动示威者负责任的人,应予清洗和惩罚。因此,他们进行了调查,要找出哪些学院是学生们到勃列日涅夫广场游行的主要来源地。那些学院的老师和院长都被解聘。最令人瞩目的牺牲者是主管高等教育的内阁部长库普扎沙尔·纳里巴耶夫。他受到指控的罪名是,批准招收过多的哈萨克族人进入大学,从而鼓励了哈萨克民族主义的发展。吉纳迪·库尔宾在内阁会议上作了详细的陈述,要求立即解除库普扎沙尔·纳里巴耶夫的职务。

值得赞扬的是,纳扎尔巴耶夫挺身而出,为这位受到围攻的同事进行辩护,他争辩说,大学里哈萨克斯坦族学生数目增加,一个因素是哈萨克斯坦人口数据统计表明,哈萨克族人出生率高;另一个因素是,按照新思路制订的一项方针鼓励在政府各部和工业部门录用哈萨克人。

[纳扎尔巴耶夫说]纳里巴耶夫先生担任部长只有三年。他执行的方针已经存在了很长一段时间,因此,为什么要责罚他一个人呢? 共和国的意识形态是我们大家一致同

意的,他只不过是执行指示罢了。因此,我认为不应该解除他的部长职务。为什么我们不能只给他一次书面警告,让他继续任职,以便帮助我们纠正在高等教育方面的各种缺点和弱点呢?

纳扎尔巴耶夫的抗辩好比是对牛弹琴。内阁里没有任何其他人站出来表达类似支持。教育部长意识到,投票肯定不利于他,他选择与其被人推下去,不如自己跳下去,所以他立即提出辞职。会议结束后,他立即在办公室清理他的个人物品,这时,他接到了总理的电话。纳扎尔巴耶夫说:"我很遗憾发生了这种事。但是,不要把它看得太过严重。请同我继续保持联系。我相信,有朝一日,我们还会在一起共事。"这番话可绝不只是表示一下个人的好意,它也是一种准确的政治预言。就在 3 年后,纳扎尔巴耶夫和纳里巴耶夫又在一道共事了,这位被解职的教育部长被召回去担任一项高级官方职务,即哈萨克斯坦国立大学的校长。

令人奇怪的是,一方面,库尔宾清洗高级职位上的哈萨克人;另一方面,他居然用政治上向哈萨克族人让步的办法来寻求平衡。他命令所有不会讲哈萨克语的政府官员马上开始学哈萨克语。库尔宾本人宣称说,在下一届中央委员会上,他将用哈萨克语提交第一书记的报告。但这两项诺言都没有兑现。那只不过是越来越普遍的浮夸政治作风的一部分而已,不会有什么结果。库尔宾非常重视召开大型地区性会议,会议结束时总是大张旗鼓地提出某些政策措施,但是从来都是"不知后事如何"。例如,他曾经宣布,哈萨克斯坦的住房短缺问题将在 5 年内解决——但是未见住房建设有何增长。他另一次宣布,粮食短缺问题将予解决——但是也未见农业生产有何增长。他还宣布过开展反对酗酒的斗争,设立若干禁酒区——但均很少或根本没有落实,相反,宣布了那些规定之后,酗酒问题出人意料更加严重了。同时,经济继续衰退,旷工现象一路飙升。普通老百姓害怕政府的时代过去了。对苏联中央集权表示憎恨和嘲弄的时代开始了。

*   *   *

　　吉纳迪·库尔宾加速了苏联政权黄昏的到来。在外表上,他就是一个俄罗斯政党官僚的典型代表——身体健壮、脸色红润、说话时语调气势汹汹,一眼就能判断出是个酒鬼。在态度上,他是一位老派的刻板的行政官员,他不明白,老一套不能再起作用了。他的有些命令就是个笑话,例如,他指示举办一个共和国捕鹅节,以便缓解商店里肉类食品短缺的状况。这是一个失算的行动,哈萨克编造了一个笑话说,这次行动唯一的牺牲品是一只胖鹅,他把自己射杀了。他的名字就叫"库尔宾鹅"。

　　第一书记的种种过失,使他同总理的关系变得更坏了。库尔宾步库纳耶夫之后尘,命令克格勃调查他的这位部下,还设法想把纳扎尔巴耶夫"提升"到莫斯科的官僚机构中去担任一个高级职务。但是,戈尔巴乔夫不愿支持这种建议。尽管有总书记保护,1987 年对纳扎尔巴耶夫来说,仍是一个困难重重和备受挫败的年头。它的最低点是,苏共中央在 6 月份发表了关于八个月之前在阿拉木图发生的游行示威的正式调查报告。报告的要旨是,指责库纳耶夫和他手下的部长们,牺牲了俄罗斯族人,不公正地把年轻的哈萨克人提拔到关键岗位上,复活"资产阶级的民族主义",以及鼓励"民族主义现象"的发展,它在抗议库尔宾的任命的游行示威中达到顶点。此外,报告尖锐地批评库纳耶夫在哈萨克斯坦政治生活中制造了"不健康气氛",导致哈萨克斯坦的经济增长在各苏维埃加盟共和国中是最低的。

报告发表一周之后,库纳耶夫被解除了他还保留的所有官方职务。这位前任第一书记在他向共产党中央委员会作的正式退休讲话中,满腔愤怒地攻击纳扎尔巴耶夫,说他造成了哈萨克斯坦所有麻烦,说他出于"对权力的渴望"而鼓动发生了 12 月事件。戈尔巴乔夫打断了中央委员会会议进程,让库纳耶夫闭嘴,并否认他的指控。但是,那些指控的提出是在如此公开的场合,这使纳扎尔巴耶夫感到莫大悲痛。这一攻击给他造成了精神上的压力,他的血压急剧升高,不得不被紧急送往克里姆林医院的心脏病急救室。许多目睹他戏剧性地被从中央委员会的会场上抬出的人认为,纳扎尔巴耶夫的事业也宣告终结了。哈萨克斯坦的内阁同事中,只有一个人不避嫌疑,专门到医院去看望他。这个唯一关心他的健康的探望者,就是来自阿拉木图的、他的老政治盟友玛努拉·阿克米托娃女士。她回忆道:"他告诉我说,他的心脏状况良好,血压问题只是一种临时反应。他跟我说,'别紧张,镇静自如,一切都会好起来'。"

但在哈萨克斯坦,一切并没有都好起来,尽管纳扎尔巴耶夫很快恢复了健康,戒了烟,完全恢复了总理一职的工作。经济还是持续下滑,对吉纳迪·库尔宾表示不满而又带有民族主义情绪的风言风语日益增长。由于在苏联其他地区出现了民族问题,例如,波罗的海沿岸诸共和国发生了动荡,在莫斯科,"帕姆亚特"(一个同鲍里斯·叶利钦有联系的俄罗斯民族主义组织)组织了示威游行等,这种情形愈演愈烈。11 月,米哈伊尔·戈尔巴乔夫出版了他的书——《改革:我国和全世界的新思路》。纳扎尔巴耶夫是该书中提出的改革哲学的一位坚定支持者。但他担心缺乏改革的具体措施建议。他关注的核心问题是,既然共产党没有设立议程来改变自己,它怎么可能改变苏联的经济状况?

> [纳扎尔巴耶夫回忆道]我们接下来就看到党的领导存在同样的缺陷。党完全缺乏自我批评,也不愿意听取批评和警告。如果党没有一个足以胜任的智库,想要提出认真的改变建议,实在无能为力。

在哈萨克斯坦,纳扎尔巴耶夫是唯一的用改革和开放思路进行过认真思考的重量级政治人物。他要为他的共和国获取更多的自治权,对于在某些有限领域试行西方市场经济的可能性,他很感兴趣,但是,他是在哈萨克斯坦留在苏联的背景内看待这些潜在的变化。米哈伊尔·戈尔巴乔夫回忆道:"当时我认为纳扎尔巴耶夫是一位忠实的同盟者。他对我总是非常坦率。他要求改革,同时他看到,苏联如果分裂,将是一场大灾难。他的看法是完全正确的。"

分裂的种子萌生得太快,特别是在 1987—1988 年的哈萨克斯坦。在每况愈下的形势面前,库尔宾表现出是一位不合格的和不得人心的管理者。1988 年 1 月在阿拉木图举行的党的全委会对他来说是一场灾难。作为第一书记,他试图用高傲的"分而治之"的办法,对关于经济事务的批评采取"事不关己,高高挂起"的态度。他试图鼓动一个部长反对另一个部长,且又提拔内阁里面纳扎尔巴耶夫的潜在对手以孤立他,但是事与愿违,这些办法最后都引火烧身。结果是,库尔宾正在削弱自己的权力,而不是获得权力。事态的发展正在悄悄地损伤他自己,而不是不忠实的下属，或持不同政见的学生们。纳扎尔巴耶夫在内阁里采取的姿态是模棱两可的。在公开场合，他竭力支撑正在挣扎中的第一书记，私底下，则承认库尔宾的日子已经屈指可数了。莫斯科的共产党领导逐渐也得出同样结论。1989 年 5 月，苏联人民代表大会投票提升吉纳迪·库尔宾担任克里姆林宫的一个新职务，即奥威尔式（按：指国家集权主义）的人民监察委员会主任。这意味着，哈萨克斯坦苏维埃共和国第一书记的领导职位现在空缺了。

理论上，这一空缺可以由克里姆林宫的绝对命令来填补。实际上，在 1986 年 12 月示威游行的经历之后，如果莫斯科还想用高压手段强行任命一位非哈萨克族局外人的话，将会是政治上的一场灾难。没有人比戈尔巴乔夫更明白这一点。

> ［戈尔巴乔夫说］我们必须纠正我们在任命库尔宾问题上犯下的错误。那是我们在处理民族关系上犯的第一个大错误，我决心不再重犯这种错误。我们都已接受，应该由哈萨克族人来管理自己的共和国，我们给他们权力，决定谁将是他们的新领袖。

因此，在新的第一书记被选出来以前，从高层来的殖民统治方法，意外地被基层的民主协商的过程所取代。这一次，他们从哈萨克斯坦社会的广泛阶层中征询对任命的建议，包括从人民代表、地区官员、市政官员、知识界的舆论制造者、各工厂的工人团体，甚至从街上行走的普通公民中征询。只有在这么广泛地收集意见之后，才召开哈萨克斯坦共产党中央委员会会议，来决定第一书记的人选。采用无记名投票的方式，通过自由投票来作决定,这在苏维埃所有共和国历史上还是第一次。选举在1989年6月1日进行。纳扎尔巴耶夫获得了压倒性多数的票,连很多原来反对他的人也支持他,赢得了这次投票的胜利,成为哈萨克斯坦新的领导人。

*　　　　*　　　　*

对于所取得的胜利,新的第一书记感到满意,但谈不上喜悦兴奋。

> [纳扎尔巴耶夫说]我知道,我必须使一切发生翻天覆地的变化才行,但是只有很少一点时间。我最优先考虑的三件事是:巩固稳定的局势和民族之间的和谐,制订并执行经济改革的规划,以及确定共和国当局和莫斯科之间究竟怎样进行权力分配。

治愈1986年12月的伤痕,是纳扎尔巴耶夫刻不容缓、马上要应对的挑战。在面对这一挑战时,他在个人人格上和政治上都表现出了出色的才干。他的第一个突破性进展是,同迪米加米德·库纳耶夫取得了和解,这是在前第一书记的夫人逝世后发生的。按照哈萨克斯坦传统,纳扎尔巴耶夫访问了丧失亲人的家。库纳耶夫用激动的拥抱迎接来访者,低低私语说:"原谅我,请原谅我。"纳扎尔巴耶夫同样大受感动,回答道:"不,应该是我请求你的原谅。请问,你是不是原谅我了?"

库纳耶夫的亲属和许多支持者都亲眼目睹了这次交流。交流结束了两位哈萨克领导人之间的分裂状态。从那个时刻以后,他们一直保持着良好关系。纳扎尔巴耶夫给他的前上司提供了一些小小的待遇,包括提供一辆汽车和司机,以及给他的管家分配一套小公寓房,而在库尔宾统治时期,这些都是拒绝提供的。愈合创伤过程中更大的挑战是,如何安抚许多哈萨克人,他们对于苏联处理 12 月示威者的方式耿耿于怀,怒火冲天。他们之中的一些人已被公开审讯并判处长期监禁。其中有一个被告在拘留期间去世,成为一个民族的殉难者。还有,对于苏联关于1986 年 12 月事件的官方报告,人们中间弥漫着愤慨之情。这种情绪演变成巨大的政治压力,要求对勃列日涅夫广场的游行示威事件重新做调查。纳扎尔巴耶夫同意这一要求,作了最大努力用开放的精神来制定委员会的职权范围。

> [纳扎尔巴耶夫说]我从一开始就意识到,如果委员会要能处理好这个问题,那么,必须用最为彻底和最为开放的办法来组建委员会。委员会还必须得到授权,可以接触所有的官方文件,约谈它所希望与之交谈的任何官员。无论委员会的结论会多么严厉,这是它能够干好这件事的唯一办法。

就在新的调查委员会开始调查工作之时,纳扎尔巴耶夫也在努力把重建式的改革引入哈萨克斯坦的经济之中。他的措施之一是,在阿拉木图的食品店里试行自由市场定价。这被称为"租赁制度",它允许私营企业租用商店,放置他们直接从当地农民手里收购来的高质量产品,然后按市场价格出售这些产品。这是一个有争议的制度,因为它导致那些质量明显较好的商品价格亦相应升高。马上有人批评纳扎尔巴耶夫在"推行资本主义""剥削穷人和领养老金的人"。但是,他果断坚毅,矢志不移,坚决维护他的政策。据哈萨克斯坦主管农业的部长会议副主席埃里克·古卡索夫回忆,纳扎尔巴耶夫在内阁会议上说:

"这是走向市场经济的第一步。我们必须开始向这个方向往前冲，以便给人民提供上乘的质量、充足的供应和更好的服务。"

当纳扎尔巴耶夫正在向前冲的时候，莫斯科有人却正在试图逼迫戈尔巴乔夫后退。1989 年 7 月，总书记宣布，他想要把政治局里反对改革的保守的顽固分子清除出去。顽固分子对戈尔巴乔夫的权威发起挑战，他们得寸进尺，步步为营，最开始，他们争辩说，全苏联正在出现越来越多的不满，而这正是由于改革而引起的。在政治局里持这种观点的带头人是叶戈尔·利加乔夫，他要求限制媒体，镇压他所称的"反共团体"。纳扎尔巴耶夫立场鲜明地反对利加乔夫，他指责利加乔夫"害怕民主化"，"对待不同意见完全是传统的否定态度"。

1990—1991 年期间，整个苏联都爆发不满。波罗的海沿岸各共和国的大街上持续不断地出现动乱；由于格鲁吉亚领导人爱德华·谢瓦尔德纳泽从政治局辞职，第比利斯出现骚乱；在乌克兰和俄罗斯，都发生了民族主义的示威游行。哈萨克斯坦不可能不受这些运动的影响，米哈伊尔·戈尔巴乔夫称这些运动为"民族主义的黑势力"。阿拉木图是 1986 年 12 月民族主义不满情绪最早爆发的地点，1990 年 2 月，抗议者又走上了街头。尽管调查委员会关于 1986 年事件的调查工作进展良好，但是不耐烦的示威者们仍在大声疾呼，要求马上完全为勃列日涅夫广场事件后被解除职务的人、受惩罚的人和被关进监狱的人恢复名誉。纳扎尔巴耶夫同情这些要求。他给委员会写了一封信，表示他同意这些要求，并阐明他个人对危机发生原因的评估。

调查委员会于 1990 年 9 月发表了调查报告，其结论几近于宣布抗议者是无辜的，谴责苏联当局和安全部队镇压示威游行。纳扎尔巴耶夫对这些结论表示欢迎，并在稍后发表了一项政令，正式为因参与 1986 年 12 月事件而遭到起诉的人恢复名誉。他还把 12 月 17 日定为每年的该事件纪念日,称该日为"哈萨克斯坦共和国民主复活日"。

[纳扎尔巴耶夫说]绝不应该忘记曾经发生过的事件。最重要的一点是,勃列日涅夫广场上的那些可怕时刻应永远起到警示作用,警告掌权者不应该那样去对待人民群众和公众舆论。

*　　　　*　　　　*

在调查委员会关于 1986 年 12 月事件的报告发表之后,纳扎尔巴耶夫对公众舆论的反应,使他赢得了"民主派"称号的美誉。同样的标签也适用于鲍里斯·叶利钦,他从党的统治阶层中脱颖而出,成为俄罗斯越来越得人心的人物。此时,这两位领导人是否真正不可动摇地相信民主进程,还是令人怀疑的。但是,他们的民主派支持者赞扬他们两人是类似的精神领袖,他们敢于批评苏联的中央集权制度的种种缺陷。

到了 1991 年夏天,对那些缺陷的不满情绪达到了新高潮,叶利钦当选为俄罗斯苏维埃共和国总统。戈尔巴乔夫的权威日益削弱。

[纳扎尔巴耶夫回忆道]正是在这个时候,叶利钦和我变得真正亲近了。我们自从 1986 年以来就相识了,但是,现在他已是俄罗斯的第一号人物,而我已是哈萨克斯坦的第一号人物,我们开始定期在克里姆林宫以外的地方见面。我们两人都向对方说过,就我们所知道的苏联而言,它的日

1991年5月,纳扎尔巴耶夫与苏共中央总书记米·谢·戈尔巴乔夫访问科克舍套州

　　子快要结束了。但是,我们在商讨一项计划,保留一个作为
自治共和国联盟的新的苏联。

　　这是一项被称为"诺伏·奥加勒伏"的计划,是戈尔巴乔夫
几个月前提出的。纳扎尔巴耶夫在第一次会议上就支持这一计
划,因为他坚信,某种形式的自愿的联盟是必要的,这符合所有
苏维埃共和国最大的经济和政治利益。7月初,戈尔巴乔夫在
诺伏·奥加勒伏召开了第二次会议。在纳扎尔巴耶夫、叶利钦
和戈尔巴乔夫进行的讨论中,最重要的部分是新的苏联政府变
化的必要性。

　　三位领导人一致同意,必须更换政治局里一些顽固的保守
派。应解职的首要人选是国防部长季米特里·雅佐夫,克格勃
主席弗拉基米尔·克鲁契科夫和总理瓦林丁·巴夫洛夫。叶利
钦建议纳扎尔巴耶夫接替巴夫洛夫的职位,担任重建后的苏联

的新任总理。戈尔巴乔夫接受这一建议，但是纳扎尔巴耶夫坚持维持他原来的职位。在主要讨论的休息期间，戈尔巴乔夫要求同哈萨克总统进行私下会谈，请求纳扎尔巴耶夫解释一下，为什么对担任苏联总理职务表示犹豫。纳扎尔巴耶夫说："我有一些条件。首先，我必须走访所有的共和国，包括哈萨克斯坦，要求他们在各自的议会里投票赞同我的提名。如果他们真的支持我，我还必须采取一些特殊的措施。这样，我必须主管所有的经济政策，你不能来干预这些事务。"

戈尔巴乔夫问道："那还有什么可以留给我干的？"

纳扎尔巴耶夫回答道："你还是总统。你处理国际事务。"

戈尔巴乔夫不能同意这种减少总统职权的做法。但是，权力正在不可阻挡地从他手里溜走，这本身可以证明，如果没有其他的——那个时候不可预见的——力量的干预，纳扎尔巴耶夫很可能最终会大获全胜。三位领导人之中，只有一个人对那种看不见的力量有一种直觉。当在诺伏·奥加勒伏关于重建克格勃的讨论继续进行时，叶利钦突然对着天花板做了极其夸张的手势，似乎在警告他的两位总统同事，他们的谈话可能被窃听了。戈尔巴乔夫认为这种担心是荒唐的，而拒绝考虑。他愤慨地说："你怎么能想到这种事？ 我是苏联的总统。"但是，叶利钦不幸而言中。这三位主要头头还蒙在鼓里的是，克格勃的窃听装置的确把他们谈话的每一个字都录了音。因此，在听到计划要把他们都解职之后，克格勃主席克鲁契科夫、总理巴夫洛夫和国防部长雅佐夫即开始组织政变，来推翻苏联政府和苏联总统，这绝不是一种巧合。

*　　　　　*　　　　　*

在对于反对他的阴谋毫不知情的情况下，戈尔巴乔夫于

8月4日动身去克里米亚海边的伏洛斯乡村别墅度假两周。叶利钦也已经把对于窃听的担忧忘到爪哇国去了,决定在8月的最后一个周末,去拜访他在苏联的权力政治中新交的知音纳扎尔巴耶夫。这两位总统处于节日的欢乐气氛中,但首先,他们还有严肃的工作要做。8月16日,他们签署了俄罗斯和哈萨克斯坦之间的双边友好条约,包括两个共和国之间的贸易和经济合作协议。他们还建议采取一项联合行动,解决亚美尼亚—阿塞拜疆的冲突问题。最重要的是,他们还签署了几项协议,目的在于加强在即将出现的新"联盟条约"之下,各共和国之间合作和共处的切实可行性。这些协议的名称,比如"单一经济领土"和"主权国家联盟的稳定性保障",似乎是在表明,两位总统对于贯彻诺伏·奥加勒伏原则是认真的。在他们的私下交谈中,叶利钦和纳扎尔巴耶夫乐观地认为,条约将给签约国最大的自治权,同时又维持了最低限度的结构,这种结构可以使苏联免于分裂,维护各共和国之间有序的经济活动。

为了祝贺顺利完成一件大事,两位总统决定放松一下。在出游的头一天晚上,他们到达阿拉套山脉的米迪欧区。在参观这座城市著名的乐器博物馆后,两位领导人互相敬了酒,然后坐下来欣赏周六晚上的非正式音乐会。叶利钦一时冲动,决定客串一下。他对他的一位助手说:"把我的碰匙(按:一种打击乐器)取来。"一套长柄碰匙拿来了,这位俄罗斯领导人加入了乐队的打击乐器组,先是轻轻敲打乐器,接着又热情洋溢地敲打当地姑娘的头部,虽然敲打并不总是符合节奏。次日,叶利钦更加尽情地享受生活乐趣。第一站是潘菲洛夫国家培育赛马的种马场,纳扎尔巴耶夫向他的尊贵客人赠送了一匹极好的黑种马。在为这匹马的健壮、奔速和俊美祝了好多杯酒之后,叶利钦宣布说,他要当场试骑他的新骏马,命令马上备上马鞍。

纳扎尔巴耶夫问俄罗斯总统的卫士长:"他以前骑过马没有?"

回答道:"没有。但无法阻止他。"

用了四个身强力壮的侍卫,才把身材魁梧的叶利钦抬到马鞍上,马两旁各有两人支撑住他,另有两人扶住了马不动。那匹马同那不安分的骑者不完全合作。纳扎尔巴耶夫回忆道:"我从未见过这种状况。叶利钦真是喝醉了。他一会儿滚到马鞍这一边,一会儿滚到那一边,他的卫士们尽最大的努力扶着他不滚下来,而那匹马则又是踢腿,又是用后腿直立起来。真是很危险。"

由于喝了太多的伏特加酒,叶利钦想去尝试更大的危险。纳扎尔巴耶夫盛情款待的下一个旅游点是塔尔加峡谷,那是海拔比阿拉木图更高的山谷河流壮观的汇流处。峡谷里冰冷的溪水一泻千里,而且泡沫翻滚。叶利钦执意要到溪流中游泳,大家苦口婆心劝他小心,他却完全不以为然,他的理由是,他经常在莫斯科河里游泳,水温刚刚在冰点之上,对此他已经习以为常。当这位俄罗斯领导人开始脱衣服时,纳扎尔巴耶夫大惊失色。他当然比他的客人更了解湍流以及水面底下状如锯齿的岩石的危险性。他回忆道:"虽然哈萨克的传统意味着,客人的愿望对主人来说就是法令,但是这一次,我要破例违反这种传统。"但是,这番话却不足以挡住俄总统在峡谷湍流旁边爆发出来的欲望。

纳扎尔巴耶夫反对说:"你不能在这里游泳。你会被冲到岩石上去的。"

叶利钦叫喊道:"不,我一定要游。"

两位领导人已经争论得脸红脖子粗了,双方的警卫人员灵机一动,采取了一种临时的办法。他们匆匆忙忙在浅水区建立了一条坝,围出一块水势较为平缓的区域,这样,激流就不会把游泳者冲走。水温是冰冷刺骨的 8 摄氏度,峡谷里的激流狂野不羁,但叶利钦纵身跳入水中,而且安然无恙。后来喝了更多的伏特加,身子才慢慢暖和过来。现在这已成了一个传奇。

　　骑马和游泳这两件激动人心的事,使叶利钦的行程大大延迟。送别午宴也推迟了。纳扎尔巴耶夫为他的客人精心准备了一处毡房,用完告别午餐后他睡了一个下午觉。当叶利钦终于从毡房里钻出来后,他又要了几杯酒。喝过以后,他再也站不起来了。纳扎尔巴耶夫回忆道:"我不得不命令警察把机场清空,这样,就没人会看见俄罗斯总统的这种状态。我们不得不连拖带拉地扶着他走上舷梯,进入机舱。"

　　等到叶利钦的飞机起飞赴莫斯科时,已经是 8 月 18 日晚上 8 点,比原来仔细筹划的起飞时间下午 5 点晚了 3 个钟头。

　　也许正是这 3 个钟头的耽搁,救了鲍里斯·叶利钦的命。因为,根据这位俄罗斯总统数年后对他的几个助手讲的故事,就在他在塔尔加峡谷游泳时,政变密谋者正在莫斯科采取推翻苏联政府的第一波行动。据叶利钦说,最早的一项命令,也是最恶毒的命令,是密谋者在 8 月 18 日上午发给哈萨克斯坦西部阿克丘宾斯克军事基地的苏联防空部队的。命令说,有一架飞机将于下午 5 点从阿拉木图飞往莫斯科,必须把它打下来。

　　基地的士兵们及时做好了准备,打算按照命令发射地对空导弹。但下午 5 点,并没有飞往莫斯科的飞机起飞。士兵们等待了一两个钟头后,把发射架放下来,使导弹处于不能发射状态,因为政变头头们没有给予应对变化的应急命令。结果,鲍里斯·叶利钦在 8 月 18 日晚上安全飞返莫斯科,而纳扎尔巴耶夫则在阿拉木图官邸的床上美美地睡了一觉。两人做梦都没想到政变头头们正在策划的勾当,因而当两人次日醒来时,面对的是高度戏剧性的场面和政治动乱。

第七章　政变和解体

在叶利钦离开阿拉木图后的次日上午,到了9点钟,纳扎尔巴耶夫正十分罕见地酣然大睡。突然夫人萨拉冲进卧室,把她丈夫叫醒,说了一番令他惊慌失措的话:"我刚才听说米哈伊尔·戈尔巴乔夫生病了。他已主动辞职。副总统亚纳耶夫接班了。"

纳扎尔巴耶夫打开床头收音机,收听莫斯科广播电台的清晨新闻。播音员说,他正在按照"紧急状态委员会"的授权播报。接下来是以该委员会(迄今从未听说过的机构)的名义发表的声明,声明称,正在采取严厉措施防止苏联分裂。根据新闻的说法,戈尔巴乔夫已病入膏肓,无法主持各种事务,因此,副总统吉纳迪·亚纳耶夫已接替他的职务。

纳扎尔巴耶夫立刻表示怀疑。当他发现他的通向克里姆林宫的热线电话已经接不通,而他的司机也没来接他去办公室时,"发生政变了"的预感大为增强。纳扎尔巴耶夫问他的夫人:"家里有没有任何会不利于我的东西,他们可能会设法利用这些东西来对付我?"所谓"他们",指的是克格勃的特务,纳扎尔巴耶夫预计他们会来逮捕他,这应该是政变步骤之一。

当司机开着官方的总统豪华轿车抵达他的官邸,并道歉说由于轿车出现一个小小的机械故障而迟到时,这一紧张状况才略为缓解。到办公室后,纳扎尔巴耶夫发现,他手下的人并不比他知道得更多。莫斯科广播电台的公告是他们唯一的消息来源。

8月19日(星期一)上午将近10点钟(莫斯科时间早晨7点钟),鲍里斯·叶利钦打来电话。哈萨克斯坦总统问道:"鲍里斯·尼古拉耶维奇,那里发生什么事了?"俄罗斯总统回答说:"我不知道。"他的声音由于头天酒喝多了显得含含糊糊。"但我认为,这是一次真正的政变,我们必须准备应对最坏情况。戈尔巴乔夫已被抓起来了。坦克正开进莫斯科。"纳扎尔巴耶夫问道:"你在哪儿?"叶利钦答道:"在我的乡村别墅。"接下来他补充说,他正要去俄罗斯议会大厦,也就是广为人知的白宫。他继续说:"什么事情都可能发生。最主要是我们应该站在一起,反对这个紧急状态委员会。"

几分钟后,纳扎尔巴耶夫接到这个神秘的委员会领导人副总统吉纳迪·亚纳耶夫的电话,他想了解哈萨克斯坦对莫斯科消息的反应。纳扎尔巴耶夫没有给予回应,而是连珠炮似地追问戈尔巴乔夫的情况。他在哪里? 他的状况怎么样? 他到底发生什么事了? 回答闪烁其词,言不及义,但他至少保证,戈尔巴乔夫还在克里米亚的乡村别墅,并无性命之虞。不过,接下来亚纳耶夫滥用他的信誉已经超过极点,他坚持说,戈尔巴乔夫已经同意"紧急状态委员会"正在采取的新措施,并且支持该委员会的看法,"国家必须恢复秩序"。在进一步追问下,亚纳耶夫声称,戈尔巴乔夫已完全赞同"紧急状态委员会"的行动计划。

纳扎尔巴耶夫回忆,当他听到副总统令人难以置信的说法时的震惊心情时说:"我从来不对亚纳耶夫抱很高评价,但我也从来没敢设想过,他竟如此厚颜无耻,撒这样的弥天大谎。"就在两天前,纳扎尔巴耶夫刚刚同身体完全健康的戈尔巴乔夫就与新联盟条约有关的各种问题作了长谈,他知道,他听到的所谓苏联总统放弃了他一直为之奋斗的各项政策的说法,一定是歪曲了事实真相。

在政变发生的第一天上午,纳扎尔巴耶夫还难以发现自行宣布成立的苏联新政府的真相。在他听到克格勃的首脑克鲁契科夫从莫斯科打来的电话后,他对事件将对哈萨克斯坦发生的影响感到更加焦虑不安。克鲁契科夫用"屈尊俯就到近乎傲慢无礼的语调"暗示,他在适当时将给这位哈萨克领导人在"新领导班子"中安排一个高级职位。这是纳扎尔巴耶夫后来回忆时说的。这位克格勃首脑把情况说成是不容争论的符合宪法的既成事实,他说,苏联中央当局的所有权力都已合法地移交给了"紧急状态委员会"。由于这个权力机构手里握有权力,可以调动苏联军队去任何一个共和国,纳扎尔巴耶夫担心,"新领导班子"可能会动用军事力量来回应任何民族的示威游行或动乱。

纳扎尔巴耶夫除了担心,脑子里容不下任何别的东西了,他在8月19日(星期一)下午2点召开了哈萨克斯坦内阁紧急会议。他把上午同副总统亚纳耶夫、克格勃主席克鲁契科夫和总理巴夫洛夫谈话中所能得到的信息全部通报给了部长们。这些谈话中,最令人不安的一点是,打来电话的人里面,没一个人能回答纳扎尔巴耶夫提出的问题,那就是,苏联的哪些地方将实行紧急戒严状态?根据广播电台新闻的说法,紧急状态的权力将会引入到"国家的某些地区"。在纳扎尔巴耶夫看来,这一含糊不清的说法对哈萨克斯坦是危险的,因为"紧急状态委员会"可以用这个权力胁迫任何共和国、地区或城市。

在阿拉木图的内阁会议上,大家意见不一,各怀心思。有些部长明显惊魂未定,有些则采取俯首帖耳态度,认为应当毫不怀疑地执行莫斯科新领导的命令。但是,多数人倾向于采取对于新"苏联政府"发布的各项指示暂时不予理睬的政治立场,至少要等到它宪法上的合法性得到确认之后。

无论是在内阁会议上,还是几个小时后,在对哈萨克斯坦人民的电视讲话和广播讲话中,纳扎尔巴耶夫认为有两件事具有绝对优先性。第一,保护他的共和国不受莫斯科政变首脑滥用权力的影响。第二,防止出现任何种族主义或民族主义的行为苗头,以免被"紧急状态委员会"当作下令调遣军队的口实。

在 8 月 19 日晚的广播谈话中,纳扎尔巴耶夫一开始就呼吁保持克制,他说,在这危机时刻,这有绝对必要性,"因为我们之中任何人的感情用事、考虑不周的行动,都可能成为燃起社会动乱的星星之火"。他明确警告不要重复出现阿拉木图 1986 年 12 月那样的游行集会,敦促所有政治组织"把政治分歧放在一边,采取理性的和负责任的立场,不要让对抗发展起来"。纳扎尔巴耶夫在向哈萨克斯坦国内人民提出保持冷静和不要上街滋事的要求后,接下来又向另一部分不同听众,即驻扎在共和国的各军事单位和准军事单位发表讲话。他说道:"我向驻扎在哈萨克斯坦领土上的军队、克格勃机构和内务部机构中服役的人员呼吁,遵守宪法规定。我想要特别强调下列事实,即在哈萨克斯坦并没有实施紧急状态。"谈话结束时,他声明,他支持"强化共和国的主权,民主原则和维护联盟"。

这是一次技艺高超的广播谈话,争取了时间,缓解了紧张状况,达到了目的。在共和国政坛上和该地区的军队和克格勃的司令身上,占主导地位的是心中固有的慎重,纳扎尔巴耶夫的讲话投合了这种慎重心态,因为那些人一定都在大惑不解地关注着莫斯科事件的发展。事实上，政变组织者并不一帆风顺。当副总统亚纳耶夫于 8 月 19 日晚上第二次打电话给纳扎尔巴耶夫，寻求他对"紧急状态委员会"的支持时，纳扎尔巴耶夫已看得很清楚了，副总统的努力失败了。纳扎尔巴耶夫以坚定不移的反对态度对苏联副总统说，他从戈尔巴乔夫手中接管国家元首职务的行动是非法的，违反了苏联宪法。亚纳耶夫回答时气急败坏、毫无顾忌，他说他接受这一观点，但是政治不让你洁身自好，而结局可以证明手段的正当性。他又说，他的委员会的权力合法性，总会被最高苏维埃以这样或那样的方式加以追认。

纳扎尔巴耶夫对破坏宪法行动的明目张胆承认，感到很震惊，他加倍努力决心挫败这个政变。次日，他撰写了一份措辞强烈的个人声明，抨击"紧急状态委员会"行动的合法性，该声明最后说：

> 如果我们沿着这条不正当的、目无法纪的路继续往前走，人民不会宽恕我们。最重要的是，在这个困难的日子里，我们希望听到米哈伊尔·戈尔巴乔夫本人的意见。他必须亲自出来证实，他已没有能力履行赋予他身上的职责。

8 月 20 日，这一声明由纳扎尔巴耶夫在哈萨克斯坦广播电台和电视台宣读。这使哈萨克斯坦成为继俄罗斯之后谴责政变的第二个共和国。虽然关于纳扎尔巴耶夫持反对立场的新闻被莫斯科压制了，但是，他的声明被国际媒体传播到了全世界。哈萨克斯坦面对政变阴谋者毫不妥协的对抗立场，对鲍里斯·叶利钦和他的追随者是很大鼓励，大批叶利钦的追随者正在莫斯科的街道上示威游行。

　　8月20日下午,叶利钦使用莫斯科和阿拉木图之间唯一没被切断的高频通讯线路与纳扎尔巴耶夫通了话。叶利钦在称为"白宫"的俄罗斯议会大厦里的电话上讲话时,情绪十分激动。他说,政变首脑们正在策划用坦克攻击他的办公处。他恳求纳扎尔巴耶夫尽他的一切力量阻止这场流血冲突。纳扎尔巴耶夫马上表示愿意飞到莫斯科去,和政变首脑们当面对质,但叶利钦果断反对这一提议。俄罗斯总统劝告他说:"努尔苏丹,别迈出你自己的共和国一步! 在目前形势下,你的家乡就是你的坚固堡垒。"

　　叶利钦发出这一警告时使用的颤抖语调,令纳扎尔巴耶夫感到极度紧张。

　　　　[他回忆道]我敢说,叶利钦真的惊慌了。我知道,在政变结束后,他告诉所有人说,他从未感到害怕,但我从那次电话中,听到了他声音中的恐惧,特别是当他三番五次要求我"尽你的一切努力挡住他们来攻击我"时。

　　纳扎尔巴耶夫能够从阿拉木图采取的唯一行动是,打电话给"紧急状态委员会"的成员们,严厉警告他们放弃他们所谓攻击"白宫"的计划。他首先打电话给克格勃的首脑弗拉迪米尔·克鲁契科夫。

　　纳扎尔巴耶夫在电话中的开场白是:"发生什么事了? 我作为苏联领导人之一我有权知道!"

　　克鲁契科夫回答说:"我们正在重建法律和秩序。你知道这个国家的情况有多糟糕。在莫斯科,罪犯和抢劫者正在街道上四处游荡。我们不得不把局势控制起来。这就是我们正在做的事。"

纳扎尔巴耶夫问道:"戈尔巴乔夫在哪儿?"

克格勃的首脑回答道:"戈尔巴乔夫知道这一切。当我们重建了法律和秩序时,他就会返回莫斯科。如果有一位像你这样的强人取代戈尔巴乔夫负责这里的事务,所有这一切就绝不会发生。"

纳扎尔巴耶夫的愤怒每时每刻都在增长,他呵斥说:"别对我来这一套。我来问你一个问题:你们是不是在策划攻击议会大厦?"

克鲁契科夫否认有这样的计划,但口气并不令人信服。他说:"不,怎么可能会有什么攻击!但那里的人正在互相残杀,我们必须恢复秩序。"纳扎尔巴耶夫开始发火了。他高声喊叫说:"如果你们滥杀无辜的话,那么,所有其他苏维埃共和国都会起来反对你们。"他还补充说,他已经同其他共和国的领导人都谈过,他们都一致联合起来反对政变。

纳扎尔巴耶夫第二个电话打给吉纳迪·亚纳耶夫,但这位副总统看来并没有掌控局势。因此,在重复了各共和国持反对立场的警告后,他联系上了"紧急状态委员会"里的最关键人物,即控制莫斯科街上的坦克和士兵的国防部长季米特里·雅佐夫。

纳扎尔巴耶夫和雅佐夫是朋友。他们的家庭是世交,曾多次互相拜访过。"我认为他是一个好人,一个诚实的人",纳扎尔巴耶夫回忆道。纳扎尔巴耶夫通过电话向国防部长提出恳求,在提出恳求时,他结合了政治强度和私人情谊。在再一次描述哈萨克斯坦和所有其他加盟共和国强烈反对政变的情况后,纳扎尔巴耶夫问道:"你是怎么卷入这件事里面的? 季米特里·雅佐夫？现在你打算怎么办？"

苏联国防部部长用几乎是绝望的哀告的语调回答说:"我不知道。我被这些蠢货拉下水了。你有什么建议？"

纳扎尔巴耶夫抓住了这个机会。他精神振奋,声调提高,力所能及地劝他的老朋友避免出现流血冲突。

纳扎尔巴耶夫开始劝说道:"你是战争时期的大英雄。你曾经作为特种部队营的营长参加过战斗。而且,你现在既为人父,又是祖父了,难道你还准备下令向莫斯科街头的妇女和孩子们开枪吗？难道你要用年轻人的鲜血来玷污你的手吗？那些年轻人的唯一罪行,不过是站在'白宫'前面保护他们的总统,让'白宫'不受别人的攻击。"

雅佐夫回答道:"我只是把坦克开进莫斯科,但是我没有下达更多命令。"

纳扎尔巴耶夫建议说:"忘掉那些命令吧。你应该逮捕组织这次政变的那些人。但是首先你应该马上把坦克撤出莫斯科。"

看来,这一建议被采纳了。因为此后不到 20 分钟内,叶利钦的亲密助手之一打电话给纳扎尔巴耶夫,向他报告说,原来正向"白宫"开进的坦克已经停止向前推进。在接下来的 4 小时内,越来越多的示威者涌上街头,而士兵们则离弃了他们的作战队伍。当叶利钦攀爬到一辆坦克上面,向群众发表令人难忘的演说时,形势变得越来越明朗了,公众对于政变的支持已经瓦解冰消。

虽然纳扎尔巴耶夫兴高采烈,因为没发生任何流血冲突,对于叶利钦以及他在"白宫"内外的支持者的严重威胁看来已经不存在了,但下一步的事态发展还不能确定。在哈萨克斯坦,所有通往外部世界的电话线都被莫斯科切断了。因此,纳扎尔巴耶夫只能在办公室里通过观看美国 CNN 电视台的卫星新闻报道,来跟踪整个形势。他脑子里的最大问题是:政变组织者们下一步将怎么走？戈尔巴乔夫的命运将会怎样？而这两个问题的答案会合二为一,并在同一个地方出现,是纳扎尔巴耶夫始料未及的。设想阴谋策划者会飞到克里米亚去寻求被推翻总统的保护,这种想法实在异想天开,不可能进入纳扎尔巴耶夫的脑海。但事情恰恰就这样发生了。

8 月 21 日傍晚,米哈伊尔·戈尔巴乔夫从克里米亚伏洛斯的别墅里给纳扎尔巴耶夫打了电话。当纳扎尔巴耶夫听到苏联总统活着的声音时,他因喜悦而眼里噙满泪水,因为他一直担心总统已被政变组织者们杀害了。听到戈尔巴乔夫的声音让纳扎尔巴耶夫情绪高昂。尽管苏联领导人的声音缓慢发颤而单调,而不是过去讲话时的审慎而铿锵有力的声音。纳扎尔巴耶夫回忆道:"我永远忘不了他表现出焦虑的暧昧语调,不可能不体谅巨大打击给这个人带来的痛苦。"

戈尔巴乔夫还没有被惊吓到不对纳扎尔巴耶夫表示感谢的程度。他说话时口才虽然照样流利但却微微发抖,他感谢哈萨克斯坦的总统和人民坚定不移地支持自由和民主的原则,他还赞扬他们按照宪法忠诚于合法选举的苏联当局。接着,出现了荒诞不经、令人惊愕的一幕,戈尔巴乔夫说,曾经试图反对他的几个政变首脑,包括雅佐夫和克鲁契科夫,正在他的别墅前厅,等着见他。他已经同意见他们,但是有一个条件,他要先同一开始就反对政变的两位总统——叶利钦和纳扎尔巴耶夫——谈一下。

在这一次持续不到 10 分钟的历史性通话之后,纳扎尔巴耶夫三天来头一次开始放松下来。在他的助手看来,他似乎陷入了某种暂时的神智迷离状态,因为他在办公室里坐着纹丝不动,明显地对什么都视而不见、听而不闻,甚至连他的工作人员进办公室,想同他说话,他都不予理睬。

晚上九点半,纳扎尔巴耶夫从这种恍惚中醒了过来,他忽然想起来,在哈萨克斯坦,他是唯一确切知道政变已经结束了的人。他看了一下表,又瞥了一下电视屏幕,他意识到,正是共和国晚间新闻播出的黄金时间。他想,这是多么好的时机,去做一次总统电视讲话,公布戈尔巴乔夫已恢复职位而政变已经破产的消息。

纳扎尔巴耶夫和他的助手匆匆忙忙赶到阿拉木图的中央电视台,起初,电视台的技术人员和现场管理人员简直难以相信会在此时接待纳扎尔巴耶夫一行。他们的晚间新闻刚播出了一半,但当活生生的总统到达演播室时,他们迅速改变了想法,说,打断节目,插入现场直播没问题。当镜头对着纳扎尔巴耶夫时,他发表了引起轰动的消息。总统的开场白是,"我刚刚同米哈伊尔·戈尔巴乔夫通了电话。他身体健康,已经恢复履行他的职责"。接着他发表了一段简短的即席演说,简要介绍了他同已恢复职位的苏联领导人的谈话,重点强调戈尔巴乔夫对于哈萨克斯坦人民的坚决忠诚的态度表示感谢。纳扎尔巴耶夫感谢电视观众面对这次危机时,处变不惊和坚定不移的反应。他信心满满地对他的人民说,事件已经以大获全胜而结束。

纳扎尔巴耶夫做完他的即席广播讲话,立即离开演播室,电视台的制片人追了上来,坦率地告诉他说,由于他的出现出人意料,大家慌作一团,竟然忘记了为他录像。不费吹灰之力,他们就把总统劝回到镜头前,重复了一遍他的讲话。这一次妥善地录了像,随后在许多新闻节目中重复播出。

　　[他回忆说]我回去时情绪很高。尽管时间已晚,但几乎所有的政府成员和我的助手都还在我的办公室里。我一向规定,我的办公室里不准放酒,而这时不知从哪里冒出来了一瓶香槟,这次我没有拒绝。

　　纳扎尔巴耶夫理所当然地该喝香槟了。在危机可能一触即发的三天里,他运用他的政治判断,打了几个合适的电话。他一开始就公然反抗政变组织者。出于信念和本能,他支持了胜利者鲍里斯·叶利钦和他领导的人民。纳扎尔巴耶夫的最佳成就也许是,他在动乱的每一阶段,都同哈萨克斯坦人民建立了信任的联结关系。他们回应了他的领导,接受他的劝告,保持平静,相信他的电视讲话。在共和国即将面临的、更深层次的——如果不说是戏剧性的——危机中,总统和人民之间的这种联结关系,帮了哈萨克斯坦大忙。

　　在苏维埃联邦政治更宽广的舞台上,这种信任的联结关系随着克里姆林宫和各共和国之间的关系日益加速瓦解而消失。戈尔巴乔夫返回莫斯科,但很快就发现,虽然他还在位,但权力没了。有些政变组织者已经自杀或逃亡,剩下的被逮捕起来了,填补他们在政治局的空缺一事,证明了戈尔巴乔夫已处于无能为力状态。实际上,所有新的任命都是叶利钦定的。有几次,戈尔巴乔夫选定了一位政治局委员人选,只不过几天之后,在叶利钦坚持之下就出局了。纳扎尔巴耶夫有时在这种权力斗争中起些调解作用。例如,当戈尔巴乔夫任命米哈伊尔·莫伊塞耶夫将军担任苏军总参谋长这一关键职位时,叶利钦强行解除了他的职务,因为他想要安排自己的人,夏帕西尼科夫元帅。还是纳扎尔巴耶夫出面提名弗拉基米尔·罗波夫将军,才使大家达成妥协,结束了这个冲突。纳扎尔巴耶夫回忆道:"罗波夫是一个好人,在 1986 年 12 月阿拉木图发生的事件中,他面临压力要他动用军队去镇压学生时,他拒绝了,显示出他的勇气。"而选择罗波夫并不是折中的结果,这个选择有力表明,纳扎尔巴耶夫的判断和决策过程,深受五年前在勃列日涅夫广场发生的示威游行事件的影响。

在政变事件后,人事问题虽然在克里姆林宫举步维艰,但是对于苏联的各加盟共和国来说,比之于正在爆发的宪政危机,它还是第二位的。纳扎尔巴耶夫对苏联面临问题的态度在初期很有建设性,而不是破坏性的。

[这是挫败政变之后头几周他对局势的看法]很明显,这个帝国已经垮了,现在我们必须从废墟中爬起来,尽可能减少损失,以便开始建设一个脱胎换骨的新型国家。在我看来,当时我们有取得成功的好机会。

本来有很多机会可以成功地重建一个新型苏联,但是这些机会都被鲍里斯·叶利钦破坏掉了。俄罗斯政府不仅全面接管了联盟政府的权力机构和各个部委,叶利钦本人还就联盟的前途发表了一系列蛊惑人心并考虑欠周的声明;这些声明势必引起四邻共和国首都的巨大担忧。这些声明中最具爆炸性的一项是,叶利钦发出最后通牒,俄罗斯保留对其他共和国,特别是乌克兰和哈萨克斯坦,提出领土要求的权力。

纳扎尔巴耶夫被这种明显地威胁到哈萨克斯坦生存的言外

之意吓坏了。他多次给叶利钦打紧急电话,叶利钦对他的朋友之忧虑的回应,不是前后不一,就是难以置信。

[纳扎尔巴耶夫回忆道]坦率地讲,叶利钦不能为他的行动作出可以理解的解释,最后推脱说,这是他的新闻秘书做的不幸的声明。很自然,对于共和国疆域这一如此重要的问题采取这种推脱的做法,我是很不满意的。

在叶利钦的声明制造的高度紧张的气氛中,苏联的最高苏维埃——全联盟的议会——在 8 月 26 日召开了特别会议。具有讽刺意味的是,本次会议是由几天以前流产的政变组织者召集的,本来是为了使"紧急状态委员会"的夺权行动合法化。现在议会的代表必须处理一个完全不同的紧急状态,即叶利钦企图利用政变后的混乱状态为俄罗斯谋利。在哈萨克斯坦和大多数其他共和国看来,叶利钦似乎想要建立一个由俄罗斯支配的"联邦",而这个联邦将不会尊重毗邻国家的领土完整和主权。

8 月 27 日,在议会第二天的会议上,纳扎尔巴耶夫发表了一个极具胆识的讲话,它几近于直接挑战叶利钦提出的建立由俄罗斯领导的"联盟"的帝国主义计划。纳扎尔巴耶夫首先提醒他的议员伙伴说,他一向支持戈尔巴乔夫的建议,签订一个基于诺伏·奥加勒伏原则之上的新联盟条约,接着,他突然发起了攻击。在引用安德烈·萨哈罗夫的观点说联盟应该是一个由平等的共和国组成的共同体之后,他宣布:

对我们来说,现在到了理解这番话的真理性时刻了。对我来说,很清楚,新建的联盟不再是一个联邦……新的联盟不应该再设任何联盟内阁、任何联盟会议,除了各共和国正式审议并同意过的关系外,再也没有别的东西了。今天,是我们面临的关键时刻,我无法想象,哈萨克斯坦还可以在任何别的基础上与其他共和国建立联盟。……我们永远不会同意成为别的地区的"附庸",永远不会同意去当别人的"小兄弟"。我们将在享有平等权利和机会的基础上加入联盟。

在纳扎尔巴耶夫坐下后,议会主席阿纳托利·卢基亚诺夫作了悲观评论:"这正是关键所在!纳扎尔巴耶夫一向赞成统一,而如果这是纳扎尔巴耶夫的立场,那苏联就完了。"

事实上,纳扎尔巴耶夫在尽最大努力拯救苏联,虽然他想要苏联以截然不同的形式存在,其缩写名字由 USSR 转变为 FUSR,即"主权共和国自由联盟"。他热情地坚信,哈萨克斯坦和所有其他共和国都享有独立的权利。但是,他认为,各共和国应该继续作为民族国家的经济共同体而统一在一起,使用单一货币,即卢布,奉行共同的贸易政策。纳扎尔巴耶夫说:"也许我比其他任何领导人都更加明白,所有我们这些经济体可以互相融合到何种程度。"他担心的另一个主要问题是苏联核武器的前景,很多核武器是在哈萨克斯坦秘密试验和储存的。1991年8月,在纳扎尔巴耶夫议事日程中,处于支配地位的是这些军事、经济和主权问题,其范围之广怎么夸大也不过分。随着事态以惊人速度向不可预测的方向发展,在山雨欲来风满楼之时,在主要角色中,他最为清醒,目光如炬,预见到了暴风雨注定要来,而这一年还没结束,这场风暴就摧毁了苏联。

就在这时,有一位外国观察家会见了纳扎尔巴耶夫,对他的

纳扎尔巴耶夫与英国前首相撒切尔夫人会面

见识和政治才干有着良好的印象,她就是玛格丽特·撒切尔。8
月 31 日,这位英国首相在应邀赴东京作演讲的途中,在阿拉木
图做中途停留。纳扎尔巴耶夫向来访客人介绍了哈萨克斯坦全
国发生的翻天覆地变化。他告诉撒切尔,他的共和国转向了自
由市场经济,他又补充说,几天前,他辞去了苏联政治局的职务,
也辞去了哈萨克斯坦共产党第一书记的职务。这位铁娘子向他
简要介绍了她的政府的自由市场经济政策,说:"总统先生,看
来你正从共产主义转向撒切尔主义。"这一评论是对哈萨克斯
坦及其总统正在走的政治路程的具有预见性的描述。

　　9 月 2 日,苏联人民代表大会召开全会,但是没有波罗的海
沿岸三个共和国——爱沙尼亚、拉脱维亚和立陶宛出席,因为这
三个国家业已宣布独立,并得到国际社会广泛的外交承认。克
里姆林宫的政治气氛犹如一条正在沉没的大船,因为谣传其他
共和国也将宣布独立。但是,纳扎尔巴耶夫仍在艰难地抗争,以

维持船不下沉。他说道:"依我看来,主要任务是,尽力挽救它以免遇难,阻止不断增长的离心力破坏经济关系,这种经济关系几十年来一直把我们这些共和国联结在一起。"实际上,这意味着力图建立一种体制和程序,以便走向某种形式的经济联盟。因此,成立了一个"跨国经济委员会",该委员会协议同意,准备拟定一份经济联盟条约草案,供 10 月 12 日在阿拉木图举行的会议讨论。纳扎尔巴耶夫作为这次会议的东道主和主要协调人,取得了一些短暂成功。仍然留在联盟中的 12 个共和国,有 11 个出席会议,并且取得鼓舞人心的进展。会议就超过 25 份详细的条约文件达成了协议,内容分别是关于诸如成立关税联盟、设立统一的经济空间、支付联盟以及单一货币等。会议一致同意,安排各共和国元首于 10 月 18 日在莫斯科会面,签署条约的最后文本。

对纳扎尔巴耶夫来说,不幸的是,在阿拉木图达成的各项协议未能维持一个礼拜。6 天后举行莫斯科会议时,上次与会的 11 个国家元首中,只有 8 个出席。3 个缺席者中最重要的一个是乌克兰总统列昂尼德·克拉夫丘克。他正处于总统选举过程中。他只有顺应激进的民族主义潮流,才能赢得大选。在那种气氛下,他不可能去签署任何类型的协议,因为这种协议可以被他国内的选民解释为退回到屈从苏联殖民霸主的时代。克拉夫丘克使纳扎尔巴耶夫感到失望,但是他同样因为叶利钦的态度而灰心丧气,无论是在政治上还是在个人关系上,叶利钦变得与戈尔巴乔夫越来越针锋相对,不共戴天。尽管有这些困难,但纳扎尔巴耶夫继续在为建立某种形式的经济联盟而斗争,这种经济联盟效法欧盟的路线,在经济合作大家庭中,国家主权是保留的。

[他回忆说]我们在 1991 年 10 月、11 月一直在艰难地行进,但是我们未能就任何问题达成协议。我能看出来,关键问题是要促使戈尔巴乔夫同叶利钦和解,我个人曾尽力设法缩小他们两人之间的分歧。我劝他们单独会见一下,设法克服个人的对立情绪,理由是,整个国家期望他们这样做。但是,戈尔巴乔夫同乌克兰领导人的关系几乎也一样坏。大家都越来越清楚,这三方根本不可能就任何事情达成协议。

在 12 月 1 日乌克兰举行全民公投,决定该国将走向彻底独立后,戈尔巴乔夫、克拉夫丘克和叶利钦这一敌对的三角之间的分歧,更变得不可调和,令人绝望。同一天,纳扎尔巴耶夫再度当选为哈萨克斯坦总统,但他仍然承诺支持建立一个主权国家联盟的计划。他回忆道:"同时我警告我国人民,如果计划失败,我们必须准备实行完全的自治。"

戈尔巴乔夫做了最后一次努力,来拯救建立主权国家经济联盟的计划。12 月 9 日,他在克里姆林宫召开一次首脑会议,出席者有包括俄罗斯、乌克兰和哈萨克斯坦在内的苏联各加盟共和国的总统。纳扎尔巴耶夫仍然期望出现奇迹,这一建议中的联盟能够实现。他在 12 月 8 日会议前一天飞到莫斯科。但纳扎尔巴耶夫刚刚抵达机场,就接到正在白俄罗斯访问的叶利钦的电话。他路过那个共和国,就是为了同该国总统斯坦尼斯拉夫·舒什科维奇进行会谈,而且还将同乌克兰总统列昂尼德·克拉夫丘克会谈,显然这一切都是为了在俄罗斯—白俄罗斯—乌克兰之间达成共同的谈判立场,应付第二天同戈尔巴乔夫的首脑会议。

叶利钦在电话里一开头就解释说,他同克拉夫丘克和舒什科维奇正一起在白俄罗斯,很快就要在勃列日涅夫的名叫"贝洛夫兹卡亚—普希亚"的旧狩猎别墅中共进晚餐。

叶利钦接着说:"你也过来吧,和我们一道用餐吧。"

纳扎尔巴耶夫一瞬间曾想到,他可以接受这一邀请,因为他的飞机正在跑道上,他可以在 1 小时之内飞到白俄罗斯。但是,他要先了解一下这次晚餐的目的。

他问道:"为什么?"

叶利钦回答道:"因为我们刚才已经建立了一个'独立国家联合体'。"

纳扎尔巴耶夫吓了一跳。

他反对说:"但是,我们不正是要在莫斯科一起讨论这些事吗?"

叶利钦回答道:"来吧,飞过来,我们将要谈这件事。我们都坐在这里了,一切都就绪了,但是我们需要你的签名。"

纳扎尔巴耶夫更加惊讶了。

他说:"等一下,你们就这样子要我来签字? 我必须先研究一下再说。"

叶利钦回答道:"我们自己都没有真正读过它。我们刚刚坐下来,就签字了。"他那种玩世不恭的态度就好像那不过是餐厅发票之类的细节而已。

从叶利钦说话时的欢快声调、背景中一阵阵笑闹声和频频碰杯声,纳扎尔巴耶夫意识到,晚宴前的喝酒碰杯正在欢快进行。他要求说明一下,建立"独立国家联合体"条约的情况。叶利钦把白俄罗斯总理维契斯拉夫·克比奇叫来接过电话,克比奇一开口就说了句言不及义的废话:"这里的气氛很热烈、很友好。"

纳扎尔巴耶夫变得很冷静、很认真。他不厌其烦地劝说克比奇把另外三位总统已经签字的文件读一下。当纳扎尔巴耶夫聆听他们的条约的条款后，他大为惊讶，协议中把联盟的中央当局的角色完全取消了。他对那种解释，即取消那些束缚是出于来自乌克兰的压力，完全不能信服。纳扎尔巴耶夫认为，达成这种交易背后一定另有文章。他的评估是："交易的核心是叶利钦和戈尔巴乔夫之间的交恶。看来，主要目的是确保那位不幸的苏联领导人的权力完全被褫夺，使他一无所有。"

纳扎尔巴耶夫越来越反感这个已经签署条约的政治集团的成员的动机，他追问他们怎么能够证明他们行动的合法性。他们的回答是，苏联是在 1922 年由四方组成的，四方是——俄罗斯、乌克兰、白俄罗斯和外高加索（由于它已分裂成不同的共和国，故已不存在）。因此，作为现存的三个原始的创立者，他们认为自己拥有宪法权利来解散他们的国家创立的法律实体。纳扎尔巴耶夫说，这不能成为有效证明，因为在 1922 年到 1940 年期间，另有包括哈萨克斯坦在内 12 个共和国加入了该联盟。在没有征求曾经同意参加该联盟的成员意见之前，俄罗斯、白俄罗斯和乌克兰怎么能够授予自己权力来解散范围这么广的组织呢？

不管有没有宪法合法性，这些论证对于正在白俄罗斯勃列日涅夫狩猎别墅中"热烈而友好的"三位总统来说，丝毫不起作用。因此，纳扎尔巴耶夫放弃了同他们进行对话的努力。于是，他给叶利钦的副总统亚历山大·鲁茨科伊打电话，试图对他进行进谏。这毫无用处，因为鲁茨科伊对他老板签署的条约毫不知情。这位副总统暴跳如雷，激烈地抱怨说，他被叶利钦撂在了莫斯科,而叶利钦悄悄地去了白俄罗斯,只有第一副总理吉纳迪·波布里斯和外长安德烈·科济列夫陪同。这两人是负责处理条约文本的,但是他们对鲁茨科伊什么也没有说。

纳扎尔巴耶夫下一个通话者是更为暴怒且同样毫不知情的戈尔巴乔夫。他要了解那三位总统在白俄罗斯搞什么名堂,当他听到坏消息的基本情况后,他简直愤怒到了极点。纳扎尔巴耶夫本人对那场交易的偷偷摸摸的性质也感到愤怒,但他一向是个现实主义者,还是能够看出那场交易也还有些可取之处。"独立国家联合体(CIS)"同他在几周之前建议的"主权共和国自由联盟(FUSR)"大同小异,并无实质之别。他说:

> 现在很清楚,苏联已经走到头了,但是还是需要有某种东西来取代它。三位总统在白俄罗斯达成的协议是一种可能的解决办法。但是我坚持,它必须是一种公开的条约,其他前苏联加盟共和国将可以自由加入。它必须是公正的。据此理由,我认为,我们应该把我们正在做的事情告诉其他共和国的领导人和戈尔巴乔夫。一项秘密交易对我没有丝毫吸引力。

12 月 9 日本是为苏联各加盟共和国领导人安排的莫斯科首脑会议的日期,当天上午,纳扎尔巴耶夫接到通知说,叶利钦单独一人从白俄罗斯飞来。显然,狩猎别墅协议的另两位签字人已经决定,俄罗斯总统将代表他们的共同立场。

纳扎尔巴耶夫在电话中把这消息告诉了戈尔巴乔夫,并问他:"那么,我该怎么办? 是不是回家去?"

苏联领导人坚持说:"不,来吧。"

所以纳扎尔巴耶夫在戈尔巴乔夫克里姆林宫办公室同他见了面。两人交谈了几分钟，阅读没有他们参加的在白俄罗斯所达成的条约文本。后来，叶利钦到了。戈尔巴乔夫语调中勉强压住了愤怒，立即开始质问他。

"你们这样就达成了协议？但是，对于核武器怎么处理？"

叶利钦沉默不语。

"军队怎么办？公民国籍的事情怎么办？"戈尔巴乔夫追问说。

叶利钦不作答。

气氛越来越紧张，这位苏联总统连珠炮似地提出各种问题。"独立国家联合体"将来如何作为贸易国家进行合作？它们是否将设立边界线并相互收取关税？卢布是否能继续作为它们共同使用的货币？人民群众在这些新独立的国家之间是否仍被允许自由往来？如果不允许的话，那么很多其亲属居住在不同的共和国的家庭怎么办？

叶利钦无法回答这些问题中的任何一个，最后，他发起了脾气。他咆哮着说："这算是什么，审问吗？"纳扎尔巴耶夫担当起了调停者角色。他并没有平息事态，但是至少阻止了两个愤怒总统的拳脚相向。后来气氛逐渐平静下来，但是戈尔巴乔夫和叶利钦之间的分歧变得更大了。虽然同戈尔巴乔夫的讨论结束时，纳扎尔巴耶夫说他将对所有情况都加以研究，他们不久将再次会面，但是，他清楚地看出来，分裂已经无法避免，矛盾已经不可调和了。在前苏联加盟共和国的前景中，不再有苏联总统的角色了。

纳扎尔巴耶夫现在开始重点关注比联盟解体更糟糕的事。这是一种非常实在的可能性，在苏联当局撤出的空间里，会爆发斯拉夫族同穆斯林之间令人痛苦的对抗。依照条约,俄罗斯、乌克兰和白俄罗斯组成一个"独立国家联合体",而这意味着,将会出现一个强大的斯拉夫族集团。随后,中亚地区的土库曼斯坦、乌兹别克斯坦、吉尔吉斯斯坦和塔吉克斯坦这些突厥语族穆斯林共和国成立他们自己的集团,只不过是时间问题罢了。

> [纳扎尔巴耶夫说]明显地存在一种危险,这一局势可能发展成为两个集团之间的某种公开对抗,而且它对哈萨克斯坦也会产生潜在的灾难性后果,因为我们的人口组成,既有俄罗斯人,他们是斯拉夫族,又有本地哈萨克族人,他们来自突厥族、游牧民族和穆斯林的背景。人民群众愿意和平共处,但他们的分歧可能会被俄罗斯民族主义者所利用。

纳扎尔巴耶夫迅速行动,以挡住各共和国之间发生斯拉夫—穆斯林分裂的可能性。他给所有中亚共和国的领导人都打了电话,请他们一起来开一次紧急会议。他渴望避免造成一种这件事是他主动倡议,或者会议是由哈萨克斯坦主导的印象。因此,他说服了土库曼斯坦总统主持了 12 月 13 日在他们首都阿什哈巴德的会议。然而,这位土库曼斯坦领导人把一项决议案列在会议议程的第一项,呼吁建立"突厥斯坦联盟"——中亚各共和国和哈萨克斯坦联邦。纳扎尔巴耶夫害怕的斯拉夫—突厥—穆斯林分裂的第一个举动现在摆到了桌面上。

阿什哈巴德首脑会议的讨论一直进行到 12 月 14 日凌晨 4 点钟。纳扎尔巴耶夫频频被叶利钦打来的电话打断,叶利钦反复敦促他劝说中亚五国加入"独联体"。从叶利钦那里来的压力现在反而受到欢迎，因为它正好是应付土库曼斯坦要求成立"中亚联邦"这一压力的解药。纳扎尔巴耶夫娴熟自如地打出他的牌，把"独联体"的方案说成是比成立一个单独的联邦更可取的替代方案。最后，当阿什哈巴德清真寺宣礼塔的黎明宣礼钟声响起时，这些亚洲领导人作出了决定。他们选择参加"独联体"，条件是，它们都要被认为是同俄罗斯、白俄罗斯和乌克兰一样的平等创始成员。另外一项要求是，叶利钦、克拉夫丘克和舒什科维奇三位总统应该来阿拉木图，出席 12 月 21 日的正式仪式，所有创始成员的国家元首将在仪式上签署成立"独立国家联合体"的条约。

对纳扎尔巴耶夫来说，12 月 21 日是一个历史性的日子。这一日子不仅开启了哈萨克斯坦作为一个国家而正式独立，它也提供了一个国际舞台。正是在这个舞台上，苏联被送进了历史，而为"独立国家联合体"所取代。这一事件政治上和外交上的重要性是不言而喻的，有近 1000 名外国记者、摄影记者和电视摄制组人员飞来阿拉木图，报道这一仪式。纳扎尔巴耶夫形容这一场景说："我们是在履行 20 世纪最重要的决定之一。苏联死亡了。替代它的是 15 个羽翼丰满的、完全独立的国家。"

在阿拉木图庆典上最令人瞩目的缺席者是米哈伊尔·戈尔巴乔夫。72 小时之后，即 1991 年的圣诞节，他辞去了苏联总统的职务，放弃了他手里握有的仍然不可小觑的军事权力，没有任何抗争或任何严重抗议。也许，在这些戏剧性事件中，戈尔巴乔夫是一个最客观的参与者，在为本传记而对他进行的采访中，他回顾并评价了纳扎尔巴耶夫在现代世界史上最具有支配力的权力集团之一的解体中所扮演的角色。

[戈尔巴乔夫回忆说] 我们之间有分歧,但我尊重纳扎尔巴耶夫,他作为领导人在重大问题上一直是对的。他是第一批认识到苏联必须进行改革的人之一,也正是他一直坚持到最后还在反复抗争,防止苏联完全垮塌,因为他知道那将是一场灾难。他在这两方面都绝对正确。我们仍在为应对这场灾难的后遗症奋斗。同时我还可以说,纳扎尔巴耶夫在应对这场灾难的时候,比苏联其他新独立的国家都做得更好。

第八章　独立的阵痛

哈萨克斯坦在灾难中走向独立,它的多民族人口的大多数人,在听到自己不再是苏联公民时,并不欢欣鼓舞,而是震惊不已。1992 年新年即将来临,第一任总统努尔苏丹·纳扎尔巴耶夫面临的各种问题风起云涌。国家生存的机会,乐观地看并不确定,悲观地说,几乎不存在。

国际观察家中的乐观派认为,哈萨克斯坦大概可以存在十年。悲观者担心,它很快就会崩溃。威胁并非来自外国侵略者的军事入侵,而是积重难返的任何一个问题的爆发,都可能引发内乱。不稳定的深层次原因范围极广,从失控的通货膨胀到正在发酵的宪政危机,以及政府已经无力发放工资和养老金、莫斯科的好战行为、两百多万俄罗斯族人的移出、缺乏经验的议会使总统的改革纲领陷于瘫痪、不安全的国际边界、史无前例的游行示威反对该国境内谢米帕拉金斯克核试验基地和核贮存库等等。纳扎尔巴耶夫奋力拼搏应对这些现实挑战,他应对挑战的过程,也是哈萨克斯坦国家独立的阵痛。

1992 年到 1994 年,席卷哈萨克斯坦的极度通货膨胀,残酷地证明了一句谚语:"俄罗斯打喷嚏,邻居就得肺炎。"纳扎尔巴耶夫曾希望,哈萨克斯坦国家经济的健康发展,只是一个和以他的朋友鲍里斯·叶利钦为首的俄罗斯政府维持合作关系的问题。但这种乐观想法显然已不合时宜。即使哈萨克斯坦同俄罗斯保持着 90% 以上的贸易,但在莫斯科的新统治集团眼里,仍然无足轻重。证明这一点的第一件事情发生在 1992 年 1 月 2 日,俄罗斯代总理叶戈尔·盖达尔一下子就取消了所有的价格管制。纳扎尔巴耶夫本人正在逐步采用自由市场的思路,但这一举动的速度之快、完全保密以及范围之广,确实令他大吃一惊。他指责盖达尔"只善于破坏,而不善于建设……根本不懂实际,只会本本主义。他没在工业部门待过多长时间……他不明白工业部门管理人员的心理学"。

商品的价格一路飙升,哈萨克斯坦消费者的心理发生了恐慌。在盖达尔的"炸弹"爆炸后的几周内,纳扎尔巴耶夫试图维持价格管制的经济,但由于俄罗斯—哈萨克斯坦 4668 英里的边境地区投机者的肆无忌惮,他不得不在 1 月 16 日、24 日和 30 日连续快速地提高基本用品的价格,最后在 2 月初全部放弃管制。

商店里空空荡荡的架子只是问题的一部分。当年度通货膨胀高达 2600% 时,另一个严重问题出现了,消费者没现金去购买甚至是价格已经非常低的商品。这是因为俄罗斯国家银行是所有卢布银行货币的垄断供应者,它的莫斯科管理者本身也严重缺乏卢布。哈萨克斯坦的现金流通额在他们的名单排序上不在前列。尽管纳扎尔巴耶夫给国家银行行长和叶利钦总统个人打了电话,哈萨克斯坦的货币供应还是枯竭了。对于一个很少使用支票、根本没信用卡的国度来说,这是一场灾难。因为缺现金,发不了工资和养老金。国家的商业和金融系统处于停滞状态。成千上万家大大小小的商业机构停止了贸易活动。数月之内,养老金领取者和工人怒气冲天。而政府虽然承受着公众的强烈不满情绪,但无力采取任何补救措施缓解紧张局势。

纳扎尔巴耶夫对老百姓的困境怀着强烈同情,但外表上他还得表现出冷静态度。这两种心态的结合,有助于他同他的小范围顾问群体和大多数老百姓的交流沟通。

认真听取顾问意见,长期以来一直是纳扎尔巴耶夫作为政治家的一个突出特点。刚独立时他面临的一个问题是,缺乏具有自由市场经济经验的国内顾问。在这场危机中,他那些老派的前共产党官员是没用的。因此,他求助于年轻的学者,至少他们曾经在莫斯科的大学里从理论上学习过资本主义的各种模式。其中一个学者名叫塞立克·阿卡诺夫,独立时年仅29岁,他曾在莫斯科经济和财政学院学习过自由市场的思想。另一个更年轻的也在俄罗斯受过培训的经济学、数学家,名叫乌米尔扎克·苏基耶夫。总统把他们俩和另外四五个年轻哈萨克人塑造成他个人的经济政策智库。这个小组还从国际货币基金组织和世界银行得到外来指导,成为纳扎尔巴耶夫的危机处理小组。

[阿卡诺夫回忆说]我们在阿拉木图总统办公室地下两层的地下室工作。我们总是晚上9点去见他。和总统的每次会见都是高度互动的交流,对我们专门为他撰写的短文和摘要,总统总是接二连三地提出问题。有时候,我们的讨论充满学术味道。在总统特别关心的研究——“市场经济中,政府应该怎样发挥作用?”的专题上,他想要知道多种可能选择。在更多情况下,我们的讨论都是围绕着,如果某个特定的政府部门或地区做错了事,该采取什么样的行动措施来应对等等实际问题。这些交流特别令人兴奋,我们必须精心准备,因为总统时时刻刻都在十分尽心地和我们对话。

纳扎尔巴耶夫的管理方式是让这些聪明的年轻人，作为理论和实际行动计划的过滤器，以把哈萨克斯坦从俄罗斯经济崩溃造成的困境中拉出来。这种非正式的"边干边学"的交流成了高级部长和官员的"最高经济理事会"的预备会议。总统主持理事会会议，并准许他手下的"年轻突厥人"直言不讳地批评被认为无所作为的政府部门。

[苏基耶夫回忆说]他支持我们开诚布公，直言不讳，特别是涉及诸如削减政府开支等问题时。但是，一天过去后，我们意识到，我们自己不过是在纸上谈兵，只有总统才有经验懂得，怎样做才能找到政治上的可行性。

政治上的担子主要落在纳扎尔巴耶夫肩上。一旦他被他的年轻顾问说服，他的革命性新政策，比如供应学派经济学、私有化、削减开支和自由市场等，就会作为正确战略向全国大力宣传。他在行动中的强项是，满腔热情地投入新政策的执行中，他讲话时富有热情，这使他能同甚至最不愿意听他讲话的人交流。他的最大弱点是，他几乎没什么东西可给领不到工资的工人和领不到养老金的退休人员，以及普通老百姓。他们不能理解这场严重危机和带来的痛苦。

有三个因素使纳扎尔巴耶夫能挽狂澜于即倒。第一个因素是，国家经济危机的规模之大和速度之快，激发了人民群众寻求生存的本能。总统了解人民，他正确地估计到，他们民族的坚忍个性，将支持他们渡过后苏联痛苦时代的黑暗冬天。但他也估计到，群众之所以能够接受这一局面，部分取决于危机中的第二个因素——这就是他必须有能力去解释正在发生的事，他委婉地称为"过渡时期"。因此,纳扎尔巴耶夫把他的大部分时间,花在用各种可以想得到的形式与公众接触上,从出席乡村会议到向全国作电视广播讲话,应有尽有。这种广泛的沟通有一个固定不变的见证人,他就是总统新闻秘书伊戈尔·罗曼诺夫。

　　[罗曼诺夫回忆说]我跟着纳扎尔巴耶夫走遍了全国。从不害怕走出去,同人民群众谈话,是他的最好品质。有时候他去一个"阿吾勒"(村子)里转时,看到年长的人手举标语牌,上面写着"我们要养老金"。他停下车,走出去,恳请示威者离开寒风刺骨的街道,和他们一起走进屋子,向他们解释为什么他们的养老金暂时发不出来。卡拉干达的一个煤矿发生罢工时,他直接下到矿井里。在井下,他与没有领到工资的矿工进行交谈,回答他们的问题,一待就是8个钟头,虽然事倍功半,矿工们最后还是回去工作了。除了这种面对面的会谈,他还经常通过媒体进行交流。每个月有一次,他上电视举行记者招待会,实况转播。没有时间限制,直到最后一个问题提完,他才离开电视台。

　　通过密集而热情的公共交流,纳扎尔巴耶夫赢得了时间。在这场戏剧中,他还获得了第三个因素的帮助——哈萨克斯坦人民理解到,承受这种苦难的并不仅仅是他们一家。莫斯科媒体(几乎所有报纸、广播电台和电视频道都使用俄文)的统治地位意味着,他们对于整个苏联的经济灾难一视同仁,都充分而详尽地加以报道。在批评生活水平急剧下降的火力中,首要目标并不是国家元首,这是同一份苏联遗产的一部分。纳扎尔巴耶夫在这一传统的帮助下,设法使自己不受政府部长们有目共睹的无所作为的影响。许多部长由于不称职而被解职。其他部长的工作做得差强人意，但是必须担任总统避雷针的角色，把公众的愤怒转移到自己身上。这个国家的第一任总理塞尔格·特里钦科就是一个例子。

[他回忆说]我当然知道，大家如此愤怒的原因。我头痛的事里面这排在第一位，我常常在半夜里醒来，从早到晚担心一件事。让我发愁的问题其实很简单——我们怎么给街上的人发工资？

* * *

其实这个问题根本不可能在哈萨克斯坦国内找到答案，因为对纳扎尔巴耶夫提出的给予公平待遇的要求，俄罗斯政府高级官员采取了完全不理睬的态度。而莫斯科能做的只有一件事，就是发放现金，这些现金是在诸如贸易交易等常规业务中对哈萨克斯坦人民、公司和政府的欠款。

[纳扎尔巴耶夫回忆道]负责管理俄罗斯经济的官员开始让他们自己处于优先地位，阻碍向哈萨克斯坦支付现金。那里有一批所谓的改革者，如盖达尔、索金、费多洛夫、沙克莱等人，公开宣称扔下"需要补助的哈萨克斯坦"这个包袱有利于俄罗斯，最终不可避免地要我们爬回到他们提出的条件上，不给我们任何政治上的保障或独立。他们认为，迫使我们"跪着往后爬"，是恢复苏联原状的办法之一。

纳扎尔巴耶夫无法轻易改变来自莫斯科的这一公开政治议程,尽管他绞尽脑汁与鲍里斯·叶利钦维持着友好的个人关系。不幸的是,叶利钦总统的权力由于酗酒而逐渐受到限制。1993年初发生的一件事可以说明这一点,当纳扎尔巴耶夫飞往莫斯科出席国家元首峰会时,他得到消息说,叶利钦不能见他,因为叶利钦正在巴维卡私人乡村别墅里"戒酒"呢。最终的安排是,纳扎尔巴耶夫乘直升机去那里看望他,但送行的克里姆林宫的助手告诫他说:"看在上帝的份上,你到那儿后,千万不要给我们的总统伏特加。"

当纳扎尔巴耶夫在一个寒冷冬天的上午到达巴维卡时,他发现叶利钦独自一人在那里,身上紧裹着厚厚的大衣,在他的私人乡村别墅外面,池塘冰面上戳破的窟窿边上钓鱼。纳扎尔巴耶夫很同情这位令人怜悯的孤独人物,他找到一根鱼竿,走到天寒地冻的室外,坐到他的东道主旁边。在这种雪窖冰天的冬日,两位领导人在冰上同一个窟窿里钓鱼,这时,盘踞在叶利钦脑袋中的最重要的事,不是俄罗斯—哈萨克斯坦首脑会议的议程,而是抓住机会,劝说纳扎尔巴耶夫帮他找到一些伏特加。叶利钦为了寻找禁止他喝的酒,建议他们两人走到别墅隔壁纳扎尔巴耶夫住的招待所去,因为他敢肯定,一定会为他的客人准备贵宾用的电冰箱,里面装满了食品和饮料。叶利钦的私人保健医生意识到将会发生什么事,于是在他们的领导人后面拼命追赶。这几位私人保健医生以一种典型的警察风格追赶他们,终于比两位总统早几秒钟到达贵宾用的电冰箱前,这一幕真是令人捧腹。叶利钦看到令他垂涎三尺的酒从他手里被抢走,立即火冒三丈,他那样子总是很可怕。这时,纳扎尔巴耶夫的一位随从从皮箱里拿出几瓶哈萨克伏特加,他才终于冷静下来。这件事最终以一个欢快的夜晚而结束,但它表明,俄罗斯总统和他的政府之间已经相距很远了。

尽管纳扎尔巴耶夫和他的总理塞尔格·特里钦科竭尽全力去稳定哈萨克斯坦经济并争取获得足够的卢布供应,但他们不得不承受不断的挫折和来自莫斯科的变化无常的回应。

> [纳扎尔巴耶夫回忆说]这段时间的俄罗斯经济政策完全不可预测。面对货币供应上的巨大困难,我们被迫多次专程去莫斯科,"挖来"一些现金支付工资,而根本谈不上满足经济上的全面需求。整个 1992 年夏天和秋天,这种莫斯科之行一直在进行。

这番话远远未能描绘出下述情况的全景,即在哈萨克斯坦领导人正在为经济生存而奋斗时,他们不得不遭受来自莫斯科高级官员的背叛、敲诈、索贿以及欺凌。实际情况是,哈萨克斯坦不得不为高斯银行的货币控制付出代价,高斯银行是控制所有卢布供应的莫斯科中央银行。危机继续存在,而为"挖出"即使是远远不够充足的流动资金,也要付出高得离谱的代价,这一切使纳扎尔巴耶夫和他的经济顾问小组,开始认真考虑哈萨克斯坦发行自己货币的问题。

后面有一章将全面介绍,纳扎尔巴耶夫是怎样被迫脱离卢布区,又是怎样发行称作"坚戈"的新货币的。但要理解莫斯科的许多关键人物为什么在这件事上,以及在哈萨克斯坦为了经济生存而奋斗的整个传奇故事中表现得如此恶劣,就必须了解该国民族关系紧张的问题,特别是俄罗斯族和哈萨克族之间的摩擦。

在许多俄罗斯人眼中,哈萨克斯坦根本就不是一个民族国家。这一敌视的观念源于这一新生国家的人口统计状况。从历史角度看,哈萨克游牧民族在 20 世纪初期曾经占人口总数的90%。但到了 20 世纪 80 年代,哈萨克族人只占生活在哈萨克斯坦 1700 万人口的 29%。他们比俄罗斯族人要少,俄罗斯族人是居民中比例最大的,占 34%。对于哈萨克族人统治的恐惧,不是俄罗斯族人独有的,构成这个国家人口的许多民族中的其他民族也很担心,这些民族包括日耳曼人、乌克兰人、白俄罗斯人、波兰人、保加利亚人、车臣人、朝鲜人、土耳其人、华人、克里米亚鞑靼人、摩尔多瓦人、亚美尼亚人和 50 多个其他民族的人。由于斯大林的政治清洗和赫鲁晓夫的开发处女地政策,苏联的领导把这些族群中的很多人都流放到哈萨克斯坦广袤的土地上,并且压制了他们的民族认同。但是,随着哈萨克斯坦的独立和苏联统治铁腕的消失,这些族群之间世代相传的相互之间的恐惧仇视开始重现。在哈萨克斯坦建国的头几年里,纳扎尔巴耶夫最困难的问题之一,就是要处理好这种紧张关系。

哈萨克斯坦第一任总统本人,对于民族多元化的宽容和尊重由来已久,这对这个新生国家的文化和精神很有好处。这一点可以追溯到他的孩提时代,他生活在一个多民族的乡村里,还有他在讲俄语的乌克兰求学的时光,以及他在卡拉干达·马格尼特卡炽热的高炉旁当炼钢工人的岁月。守卫在炼钢炉旁干活的工人来自不同民族。回忆起他父亲阿比什对于来到切莫尔甘的移民家庭的欢迎和合作态度是多么得人心时,纳扎尔巴耶夫总是充满自豪感。有其父,必有其子。而且,对外来人友好正是哈萨克族人的传统。纳扎尔巴耶夫在这个问题上乐于引述他心目中的两位英雄的名言。一位是 18 世纪的哈萨克诗人、哲学家阿拜,他对美好生活的指导意见有这样一句:"了解另外一个民族的语言和文化,使一个人能够与该民族处于平等地位……如果他们的希望和担忧贴近他的心,那么他就决不会对他们冷眼旁观,漠不关心。"

纳扎尔巴耶夫引述的另一位圣贤是"苏菲派"诗人科德扎·阿赫迈特·亚萨维,他写道:

> 先知有这样一个愿望:
> 如果有一天你遇见陌生人
> 不要伤害他
> 上帝不会喜爱居心残忍的人

这些话镌刻在位于哈萨克斯坦南部突厥斯坦市亚萨维的墓碑上。迄今,他的陵墓坐落在当地清真寺内,是世界各地来的伊斯兰朝圣者经常访问和朝拜的圣坛。纳扎尔巴耶夫不是一个虔诚的穆斯林,但是作为政治家,他抓住了这些诗行的精义,用它们来安抚那些族群,使他们的焦虑涣然冰释,因为他们担心在新成立的国家里,他们的宗教权利会受到损害。

安抚那些忧心忡忡的人们,是纳扎尔巴耶夫担任总统头几年的主要工作,尤其是因为其他声音引起了俄罗斯族人的关注。亚历山大·索尔仁尼琴曾在哈萨克斯坦的一个苏联集中营"古拉格"受过监禁,他出了一本小册子,呼吁把该国的北部地区并入俄罗斯、乌克兰和白俄罗斯境内,以便成立一个新的苏联。索尔仁尼琴的建议在阿拉木图和其他城市引起了示威游行。另一位著名的俄罗斯族善辩者、右翼政客弗拉吉米尔·日里诺夫斯基也在阿拉木图(无巧不成书,他就在该市出生)促发了街头抗议,因为他多次发表激烈演说,要求把他称之为"俄罗斯土地"的"北部哈萨克斯坦"划归俄罗斯。

在民族论争中,哈萨克一方也出现了同样带有极端性质的声音。有一些当地出身的议会成员想要通过一项法案,规定只有土生土长的哈萨克人才享有完全的政治权利。这些民族主义者还建议修改宪法,规定非哈萨克族人不得担任包括总统和最高部长理事会主席在内的最高级职务。纳扎尔巴耶夫听到上述消息时吓坏了,因为他任命的第一个内阁成员,总理谢尔盖·特里钦科,就是一位俄罗斯族人。总统回忆道:"我必须坚决击退这种虚伪的爱国者。我一再提醒那些议员们,我们正在修改的宪法必须能够团结人民,而不是以民族为基础分裂他们。"纳扎尔巴耶夫不论在私下谈话中,还是在公开声明中,都咬定青山不放松,坚持这一路线。独立几个月后,他的一个长期的个人助手弗拉基米尔·尼推荐一个当地人担任总统手下的工作人员,这位助手加上一句说:"他是一个朝鲜族人。"因为尼本人是朝鲜族人,说这句话的本意是想申请人获得加分。但出乎他的意料,纳扎尔巴耶夫斥责他说:"停止你那个'这个民族'或'那个民族'的想法!民族出身在哈萨克斯坦不再管用了。我们是一个大家庭。"

＊　　　　＊　　　　＊

尽管纳扎尔巴耶夫的长期愿望是大家庭里的民族和谐,但在短期内,有些人数庞大的民族群体正在离开这个大家庭。哈萨克斯坦法律明文规定允许自由迁移后,200多万俄罗斯族人迁走了。第二批最大的迁移者是40万日耳曼人。这种大规模迁离,对纳扎尔巴耶夫寻求稳定的努力是一个沉重打击。用他们的脚来投票反对哈萨克斯坦的许多俄罗斯族人和日耳曼人是

· 174 ·

经理和技术人员。这些人员的离去在农业、工程、工业和矿业等经济部门造成了灾难性的人才流失。在独立后三年内，该国的人口从 1760 万减少到 1520 万，人才严重流失，纳扎尔巴耶夫为此感到很苦恼。他把这些人的迁走归咎于"遭受某种心理上的压力……他们惶恐不安，返回他们自己的国家去了"。这还不是全部原因。他们当中很多人之所以搬离，是因为长期以来就渴望返回自己的祖国。另外一些人则受到某些夸大其词的故事的影响，这些人期望着自己同样会受到他们即将返回的社区的热情欢迎。但是，引发迁离的最具影响力的因素是，哈萨克斯坦的经济前景过于暗淡。纳扎尔巴耶夫本人也默认了问题的严重性，他说："由于 20 世纪 90 年代初期的突出特征是经济和政治混乱，导致迁离的状况愈演愈烈。"

政治的混乱由于总统和议会之间的对立而起，纳扎尔巴耶夫没有预见到这种状况。他期待着制定一项"基本法"将会是一件比较容易的事，他希望这项基本法"将跟上新的现实和前景，概括以往多少代人的经验，从而建立起对更美好未来的信心。"说起来容易，做起来难。独立后马上面临的问题是，这个国家的宪法已经过时了。1978 年制定的哈萨克斯坦苏维埃共和国宪法，是在勃列日涅夫时代的莫斯科制定的，完全不适合作为奔向自由、民主和资本主义的新国家。13 年前苏联的权力正如日中天时颁布的东西，同 1992—1993 年哈萨克斯坦的状况之间的矛盾是如此巨大，旧宪法的部分内容简直滑稽可笑。例如，第六章的条款规定了已不存在的共产党的权力和统治权。而1978 年宪法最不可行的部分是一切权力归议会，当时称为"最高苏维埃"。与此相比，被认为是政府的行政首脑的总统，他的权力则模糊不清不明确。总统的职权只被一项称作"国家主权宣言"的法律用宽泛的政治术语授予,而该法律是在 1990 年 10 月由最高苏维埃仓促间用相当不准确的语言制定通过的。

　　纳扎尔巴耶夫确认制定新宪法是他最优先考虑的工作之一。他设立了"宪法委员会",由他亲自主持,其任务是起草主权国家哈萨克斯坦的第一部宪法。委员会由 35 名成员组成,包括议员、部长、法官、学者、律师以及前共产党和前共青团的代表。宪法委员会的成员兼容并蓄,他们所提意见涉及的面宽泛无边,最终,这个机构进行的讨论没有达成任何实质性结果。纳扎尔巴耶夫对于缺乏进展越来越感到灰心丧气。委员会在基本的宪法法律大纲上都达不成协议时,他的改革日程就停滞不前了。但委员会大多数成员真心认为,最重要的一件事是,继续维护最高权力属于最高苏维埃即议会这一原则。纳扎尔巴耶夫明显带着某种愤慨情绪说:

　　　　气氛变得紧张起来……委员会的多数成员认为,他们的主要目标是维护旧的共产党机制,最高权力归于顶峰的最高苏维埃。他们对于就替代建议进行公开对话和讨论没有思想准备。很清楚,向前推进越来越困难。

　　事实上,议员们看来在向后退,而不是向前进。这在一定程度上是因为他们的出身背景,决定了他们的最高苏维埃议员的身份立场。从民族成分看,大多数议员是俄罗斯族人。他们升到这样的位置,并不是经过普遍认可的民主程序,而是由于共产党人的任人唯亲。大多数人是从集体农庄或工业企业车间里的工人委员会这样的基层提拔起来的。这就意味着,哈萨克斯坦的立法委员是由一群老派的、提拔过高过快的农庄工人和体力

纳扎尔巴耶夫:哈萨克斯坦的缔造者

劳动者组成的,他们还停留在共产主义哲学和实践的那个时光隧道中。他们大多数人都喜欢纳扎尔巴耶夫个人,但完全不理解他在政治上想做的事。因此在总统的改革和议员们的反响之间存在一段不可逾越的鸿沟,这个鸿沟常常被议会里的各种幻想所掩盖,但对实际经济状况于事无补。例如,1993年议会对哈萨克斯坦农业部门的失业危机作出的反应是,通过一项法令,给年龄达到45岁的拖拉机手和奶牛场工人发全额退休金。他们甚至还通过了花费更昂贵的法律,给生态遭到破坏的农民土地发放巨额补偿费。纳扎尔巴耶夫注意到,这种"我投票,别人付款"的态度变得根深蒂固了,他尖锐地批评说:"最高苏维埃是按照下列原则工作的,即'我们颁布法律,分配钱款,然后由政府来执行,如果它愿意执行的话'。"

议会用无视现实的民粹主义思想行使职权而不负任何责任,这种做法是没有可持续性的。但是,在1992年到1993年初,纳扎尔巴耶夫仍固执地抱着一种希望,希望通过交流把理智灌进议员的脑子里。因此,他投入到一场磨嘴皮子的斗争中,花了大量时间恳求最高苏维埃的议员通过宪法改革的法案,这场改革将为许多事项创立基本的法律权利,其中包括财产拥有权、议会责任以及总统职权等。不幸的是,这个任务等于是去教恐龙跳舞。这一批老派人物的脑子里根本容不下这些概念:法治、土地个人所有制、两院制立法机构、总统有权解散议会以及议会有权弹劾总统等。1992年到1993年期间,纳扎尔巴耶夫同最高苏维埃之间进行了一场耗时漫长而又令人精疲力竭的对话,它的一位近距离观察者是鲍尔江·穆卡米德加诺夫,一位在哈萨克斯坦国立大学任教的29岁的法律教授,他以前在莫斯科法律和法理学院学习过。穆卡米德加诺夫是一个年轻的法学专家小组的成员,纳扎尔巴耶夫把这个小组当作他个人的宪法改革智库小组。这个小组的重要性可以和"年轻突厥人"小组相提并论,后者是他在经济问题上最重要的顾问团。

> [穆卡米德加诺夫回忆说]我陪同总统出席了他和最高苏维埃代表们举行的多次会议。我看着他日复一日地向议会360名议员解释为什么哈萨克斯坦需要一部新宪法。但是,这些议员坐在那儿,面无表情,两眼茫然。他们对他所说的话,连一知半解都达不到。在总统讲话后,这些老派人物就在自己中间议论起来,他们说:"为什么我们不修改一下老宪法就得了?""为什么我们需要外国来的投资?""为什么要准许私人拥有国家的土地?""为什么我们还需要弹劾总统?""为什么最高苏维埃需要两院?"这些话都挫伤了总统的心。

纳扎尔巴耶夫起初想用幽默来掩饰他的心灰意冷。他很会用笑话和故事来劝诱那些顽固不化的议员们。但是,即使他花了不成比例的大量时间同他们交谈,他仍无法使他们改变对于宪法改革的过度谨慎的保守主义态度。纳扎尔巴耶夫回忆道:"有段时间,我常常挖苦地说一个笑话,我在最高苏维埃度过了整个工作日,只是为了回家来处理国家的更为紧迫问题。"

总统和议会之间的僵局用一种粗糙的妥协办法暂时得到了缓解。这就是制定了1993年的宪法。实际上,这对纳扎尔巴耶夫来说是一次失败,因为他为了使法律获得通过,不得不放弃他一直敦促的大部分要求,诸如财产权、语言平等权以及许多其他变革。

纳扎尔巴耶夫作出让步有三个主要原因。第一个是,他作为总统能用的时间和耐心不够了,他有那么多的迫在眉睫的全国性问题需要去处理。第二个是,他不愿在哈萨克斯坦的公众舆论中制造一次大分裂,因为当时其他邻邦正在显示,关于基本法律的争吵可能引发暴力,甚至引发内战。当纳扎尔巴耶夫观察到这些地区的动乱时,他开始喜欢讲一个关于游牧家庭的警世故事。这个含义深刻的故事,用他自己的话来表述如下:

> 有一天,这个游牧家庭中年老的父亲去世了。他的儿子们决定平均分配遗产。当他们分配完了父亲留下的羊、骆驼、马和家具后,每个人对分到的东西都很满意。但是,他们突然记起了父亲还有一个铜炖锅。谁将拥有它?他们不能把炖锅分成几半,因为他们谁也不愿让步,他们开始为炖锅争斗了起来。打斗了很长时间后,他们最后决定和解。但到这时,他们已经丢掉了一切。他们所有的羊、马和骆驼都走光了。唯一留下的是那口炖锅,但谁也不需要它了,因为他们没东西可以炖了。

纳扎尔巴耶夫讲起故事来总是绘声绘色,娓娓动听,喜欢用一句道德教训来结束这个寓言故事:"哈萨克斯坦不要犯同样错误。"正是这种哲学给了他第三个理由在他与最高苏维埃的冲突中作出让步。他认为一个临时的或过渡性的宪法总比沿用现有的 1978 年宪法好一些。他可能是对的,虽然最低纲领式的 1993 年基本法被证明处处不合人意,它只不过延迟了锐意改革的总统和故步自封的议会之间宪政危机的发生。纳扎尔巴耶夫在制定一部能够产生实效的宪法方面下一阶段遇到的麻烦,将在后面的章节中记述。

为什么总统要费九牛二虎之力推行宪政改革？原因之一是，纳扎尔巴耶夫决心要建立哈萨克斯坦作为一个国家的合法性。尽管在国内宪政和经济方面遭受了挫折，国家得到的外国政府承认，却使哈萨克斯坦的国家合法性，在国际道路上迈开了脚步。不过，这一优先策略也遇到了很大问题，因为哈萨克斯坦在国际舞台上毫无经验可言。

白手起家执行外交政策，是纳扎尔巴耶夫的另一项主要挑战，因为哈萨克斯坦从来就没与别的国家建立对外关系的文化。外交联系、国际组织成员，同外国政府的协议、条约，所有这些都没有过，甚至于能够干外交工作的人才资源都没有，因为这些事一直都是由苏联处理的。在这种完全缺乏经验的真空中，这个国家独立后在外交事务方面的最初行动只是场独角戏。独立后，纳扎尔巴耶夫的第一道外交命令，下达给了他政府中的一个人，也就是派驻在哈萨克斯坦境外的唯一官员。他就是卡纳特·绍达巴耶夫，他当过旧的哈萨克斯坦苏维埃共和国的文化部部长，自 1990 年起，他作为纳扎尔巴耶夫同米哈伊尔·戈尔巴乔夫联系的私人代表常驻莫斯科。1991 年 12 月末，他接到总统的命令，要他争取从尽可能多的外国政府那里获得对哈萨克斯坦的外交承认，绍达巴耶夫不知道怎么来执行这项任务。他所做的是，听取他在苏联外交部工作的一位友好的哈萨克族人的建议。此人名叫卡西姆-若马尔特·托卡耶夫，他在阿拉木图中学毕业后，进入莫斯科国立外交学院接受培训从事外交工作。在强化学习中文后，托卡耶夫被分配到苏联外交部远东司工作，在 20 世纪 80 年代，曾数次奉派在北京大使馆长驻。当绍达巴耶夫找他帮忙寻求对哈萨克斯坦的承认时，托卡耶夫对职业外交的诀窍有足够的了解,他起草了适当的请求文件致一些外国政府,并把文件送交那些国家驻莫斯科的大使馆。对这些正式的承认请求的反应令人鼓舞。包括所有欧盟和东盟主要国家在内的四十多个国家,在哈萨克斯坦诞生半年之内就承认了独立的哈萨克斯坦。联合国也授予了哈萨克斯坦成员国资格。纳扎尔巴耶夫对这一反应很高兴,作出很大努力来欢迎外交部长和大使们访问阿拉木图。而他最活跃的外交活动保留给了三个大国,即中国、俄罗斯和美国,因为哈萨克斯坦未来的安全主要靠这 3 个大国的良好意愿。第一个承认哈萨克斯坦独立的国家是土耳其,它是在 1991 年 12 月 16 日,即哈萨克斯坦宣布独立的当日就作出决定的。土耳其这样做当然出于它自身的利益考虑。

在那些大国中,中国人对新成立的哈萨克斯坦帮助最大。当卡西姆-若马尔特·托卡耶夫在 1991 年 12 月把请求承认的照会送交莫斯科的使馆区时,中华人民共和国大使馆给了他最令人鼓舞的回应。这是北京最高当局对纳扎尔巴耶夫的积极立场,而这种立场让双方一拍即合。

早在学生时代,纳扎尔巴耶夫就对中国抱有非同寻常的好奇心。他还是卡斯克连学校十几岁的学生时,就同一个北京的学生交了笔友。虽然这种笔友关系不久逐渐疏远,乃至于不了了之,但纳扎尔巴耶夫一直对中国抱有浓厚兴趣,他通过报纸杂志的报道,关注中苏关系一波三折的路程。到了 20 世纪 80 年代中期,中苏关系开始改善,1985 年 9 月,苏联政治家组成一个代表团,对北京进行了一次官方访问——这是近四分之一个世纪以来第一次派出这样的代表团。那一年,纳扎尔巴耶夫 45 岁,新近被任命担任哈萨克斯坦苏维埃共和国的总理,他想方设法成为该代表团的一个成员。虽然代表团名义上由年老的莫斯科议员莱夫·托尔库诺夫率领，但是真正起了团长和主要会谈者作用的是纳扎尔巴耶夫。在讨论中，他的年富力强、充满活力以及对新思想的接受态度给中方对话者留下了深刻印象。1991年9月，纳扎尔巴耶夫对北京作他的第一次官方访问时，这些好印象有增无减并得到强化。北京给予纳扎尔巴耶夫红地毯待遇，把他看作未来的政治领导人。

中哈双边关系的开启比任何人预想的都来得快。作为独立的哈萨克斯坦的总统，纳扎尔巴耶夫立即把与中国谈判定为最优先考虑的事项之一。1992年2月，他派他的总理塞尔格·特里钦科前往北京。卡西姆–若马尔特·托卡耶夫陪同他作为主要顾问和翻译。在代表团启程前，纳扎尔巴耶夫已经确定了哈萨克斯坦在令人头痛的台湾问题上的立场，宣布台湾是中华人民共和国不可分割的一部分。这为总统与中国领导人之间建立良好个人关系和政治关系铺平了道路。他告诉托卡耶夫说："我准备定期同他们会晤，也许每年一次吧。"托卡耶夫作为汉学家的才能，使他获得机会于1992年被任命为副外长。几个月之后，他又被提升为外长。

纳扎尔巴耶夫于1993年10月赴北京进行他的第一次总统访问，大出东道主中国人意料的是，他自愿提出了旨在解决边界问题的建议。纳扎尔巴耶夫在这个问题上能够作出愿意同中国领导人，特别是中华人民共和国主席江泽民，建立良好关系的姿态就非常引人注目。在同北京方面进行了首次实质性谈判后，纳扎尔巴耶夫评论说："我们有共同语言。"（一种隐喻）从那次会见后，此前令人觉得棘手的哈萨克斯坦—中国的边界问题不断取得稳步进展，以至于最终划定边界了，并在1,760公里边界的具体细节上达成一致。

在独立后的头几年,纳扎尔巴耶夫与俄罗斯领导人的关系可没达到这种稳定程度。在 1991 年到 1993 年期间,莫斯科的政治掮客对待哈萨克斯坦的态度,用反复无常这个词来形容也许还是最客气的,在某些时刻和某些事件上,一些贬义词如专横、攻击成性、诡计多端、背信弃义,可能更为合适。唯一没变化的是,在两国之间过山车式的动荡不定的双边关系中,纳扎尔巴耶夫还是设法同鲍利斯·叶利钦之间维持着友善谅解的关系。

纳扎尔巴耶夫与俄罗斯总统叶利钦对话

在俄罗斯—哈萨克斯坦早期关系跟跟跄跄之时,两位总统属下的官员之间可没有那种热情友好。许多莫斯科级别较低的官员把哈萨克族人轻蔑地称为"那些乡巴佬"或"那些游牧人",对他们施以各种恐吓和欺辱。俄罗斯第一任驻阿拉木图大使鲍里斯·克拉斯尼科夫是这种态度最为典型的代表。一位观察家形容克拉斯尼科夫是"一个老派的共产党官僚",他根本没有外交技巧。卡西姆-若马尔特·托卡耶夫担任外长期间,曾经在阿拉木图同这位使节做过多次奇怪交谈,他回忆道:"他(按:指俄大使)经常对我说,总有一天叶利钦会被推翻,那时他们和纳扎尔巴耶夫之间就不会再有这种特殊关系了,苏联将会重新恢复,哈萨克斯坦将复归原位,成为一个苏维埃共和国。"但是,克拉斯尼科夫大使同新上任的俄罗斯总理维克多·切尔诺梅尔金之间进行的一次交谈在外交上才最荒诞不经。1992年12月,这位新任总理对哈萨克斯坦做第一次官方访问。当俄罗斯领导人的飞机在机场降落后,在地面上迎接他的第一个人,是他自己政府任命的代表。鲍里斯·克拉斯尼科夫开口说:"我是俄罗斯大使。"切尔诺梅尔金总理装着很惊讶,问道:"你是谁?"克拉斯尼科夫重复说:"我是俄罗斯大使。"切尔诺梅尔金继续问道:"你是什么意思?你到底是什么人?"接着,他对这位运气不佳的使节发出连珠炮式的粗口,最后才用每个人都听得清清楚楚的声音奚落他说:"如果哈萨克斯坦认为它自己是独立于俄罗斯的一个外国,那么它最好三思而后行。"

在这些事务上纳扎尔巴耶夫的表现令人钦佩,他不理睬切尔诺梅尔金和莫斯科来的其他领导人这种出口伤人、哗众取宠、无理取闹的做法,而是集中精力处理实质性事务。有一些问题在1992年3月两国总统签署的哈萨克斯坦—俄罗斯条约中解决了。叶利钦不得不驳回他手下官员针对这个条约的许多反对意见,他们不喜欢条约中关于保证尊重两国的领土完整和承诺互不干涉内政的条款。但是,条约是大而化之的,而不是具体的,因此,有关边境、公民权利、分离主义运动和卢布区等方面都继续存在问题,而最重要的是,卢布区在20世纪90年代一直处于动荡不定的紧张状态。因为纳扎尔巴耶夫对俄罗斯的政治思路和莫斯科的领导人了如指掌，所以，他是这艘哈萨克斯坦国家大船的娴熟舵手，使这艘大船驶过了那些危险水域。托卡耶夫回忆道："他始终明白，他必须与俄罗斯保持良好关系，但在最初年代，保持良好关系很大程度上取决于纳扎尔巴耶夫与叶利钦之间的关系。"

有一个至为重要的事情，它有可能会损及哈萨克斯坦与中国和俄罗斯这两个强邻的关系，甚至可能对这种关系造成毁灭性伤害。这个问题既可能使哈萨克斯坦与华盛顿的关系变好，也可能会使这种关系变坏。这件事可能不像经济和宪政问题，能随时激起民众情绪或千百万人的游行集会。但这件事的确把纳扎尔巴耶夫推上了国家与国际安全事务的顶峰。这是哈萨克斯坦经过痛苦独立以来，对他个人领导才能的最严酷考验。他不得不解决的问题是：怎样处理长期试验和储藏在哈萨克斯坦土地上的巨大核武库。

第九章　要核武，还是不要核武

　　解决哈萨克斯坦的核未来这个非常棘手的问题，是哈萨克斯坦独立后，纳扎尔巴耶夫总统面临的当务之急。由于他的仁爱心灵和政治家头脑之间造成的内心冲突，在他的立场上问题变得尤其复杂，从感情角度说，纳扎尔巴耶夫长期主张停止一切核试验，撤除哈萨克斯坦领土上的所有核武器。但从政治上看，无论在国内还是国际，无核化都存在着反方压力。此外，裁减此类军火，决策过程从方法和技术上都需要极其谨慎。因此，纳扎尔巴耶夫就任总统后，不得不有所克制。他放弃了依照本能应立即作出放弃核武器的政治表态的打算。而代之以与核大国的精巧外交小步舞，以便为哈萨克斯坦争取最大限度利益。纳扎尔巴耶夫在后来的核谈判中微权妙用的过程，很好显露了他既是一个政治家也是一个普通人的品格。

　　要理解纳扎尔巴耶夫对核试验和核武器的态度，必须从他青年时代的经历开始，从他引人注目的政治生涯之前开始，当他还是切莫尔甘村的一个9岁小学生时，苏联最高当局作出一项战略决策，决定把哈萨克斯坦东北部的谢米帕拉金斯克地区作为核武器的主要试验场。1949年，苏军在谢米帕拉金斯克地区（该地区的面积大小和整个威尔士差不多）进行了第一次空中核试验。在早期进行的热核爆炸中，有些热核武器的当量比在广岛投下的核弹当量大二十倍，进行试验的那些年代，关于爆炸对动物和人的生命造成的可怕后果的故事传遍了整个草原。在谢米帕拉金斯克地区居民中,哈萨克人占了99%,他们都因此而胆战心惊。由于该地区游牧民族遭受了最严重辐射,死产（婴儿出生时已死亡）、畸形、癌症和脑部疾病等层出不穷;尤为重要的是,谢米帕拉金斯克周围的这个区域在哈萨克文化中备受崇敬,几乎被当作圣地,因为它是享有盛誉的诗人阿拜的诞生地;同时哈萨克部落认为人和土地之间有一种自然的——即使不是神秘的——联系,而这种联系一下子被有悖常理的核试验破坏了。这激起了整个哈萨克民族的愤怒。

首次感受到谢米帕拉金斯克社区居民的怒火中烧,纳扎尔巴耶夫还是一个铁米尔套的年轻炼钢工人。有一次他参加卡尔卡拉林斯克的一个野餐会,那是一个距核试验地点约四十英里的田园诗般的乡村地区。出席野餐会的当地家庭成员描述说,在神秘爆炸后,他们看到了天空中令人惊恐的闪光,刹那间地动山摇,房屋摇摇欲坠,令人惊魂不定。但他们心有余悸,不敢谈论这些经历,更不用说把这些事和军事试验联系在一起。因为从1950年到1990年间的苏联,对核试验信息的任何透露,当局都视作犯罪行为,会被判处死刑。

尽管有死刑威胁,年轻的哈萨克人还是会谈论到在谢米帕拉金斯克发生的肆无忌惮的恶行。纳扎尔巴耶夫在卡拉干达·马格尼特卡当炼钢工人的头几个月里,与一位冶炼业同学图勒泰·苏莱曼诺夫结下了毕生友谊。这位同学来自德格伦山山脚下的一个家庭,那座山正处在核试验场的中央。苏莱曼诺夫13岁时,父亲死于脑癌症;两年后,姐姐死于白血病;二妹变成弱智;三妹一辈子都忍受核辐射给她额头造成的痛楚。苏莱曼诺夫一家的痛苦经历给纳扎尔巴耶夫留下了深刻印象。三十年后,他参与国际核裁军谈判时,就举了谢米帕拉金斯克的这些活生生的恐怖例子。

抚养他在卡拉干达的全家人时,纳扎尔巴耶夫也有另外一种关于核爆炸的体验,即使这个家离谢米帕拉金斯克有二百多英里远。作为父亲,他看到他的女儿们被爆炸引起的震颤吓得魂不附体,她们冲进他怀里,尖叫着说:"爸爸,爸爸——发生地震了!"后来他回忆说:"我们逐渐适应和接受了这种一次又一次的新'地震',并把它当作苏联现实的一部分。"

现实是,在冷战引起的核军备竞赛期间,哈萨克斯坦的广大地区变成了武器试验场。在 1949 年到 1989 年期间,核爆炸的频率是每三周一次。在 40 年间,共进行了 752 次爆炸,78 次是在地面上,26 次在空中,而其余的都在地下进行。这些试验定期举行,散发了大量辐射物,对自然环境以及居民健康造成了毁灭性后果。

由于对在谢米帕拉金斯克核爆炸试验活动作了最严厉的军事保密规定,哈萨克斯坦没有一个人清楚了解核计划的真实性质和规模。纳扎尔巴耶夫回忆说:"我已经做到总理这个位置了,他们对我还是什么都不说,而我敢肯定,我的前任第一书记迪米加米德·库纳耶夫,即使当了苏联政治局委员,也从没人向他通报过相关情况。这些问题被当作至关重要的国家安全问题。只有军方最高领导才掌握。"

这堵保密墙在苏联的"开放"时代开始出现裂缝,尤其在 1986 年乌克兰发生切尔诺贝利核灾难事故后。切尔诺贝利事故的后果是 47 人死亡,超过 4000 人由于受到辐射而得了癌症。据纳扎尔巴耶夫和后来担任他顾问的科学家说,谢米帕拉金斯克核爆炸试验的长期后果,"等于至少是两次切尔诺贝利事故"。虽然纳扎尔巴耶夫没有掌握那个时代的准确统计数字，因此他并不知道，在谢米帕拉金斯克地区进行核爆炸试验给环境造成的辐射物质的总量，是切尔诺贝利核反应堆泄漏的数量的两倍之多，但是，他作为另一个拥有核设施的共和国的总理，在听到关于乌克兰灾难的有限通报后，还是大为吃惊。他回忆说："当我发现在谢米帕拉金斯克发生的具体情况时，我不能用语言来表达我的出奇愤怒和仇恨心情，我恨那些在哈萨克斯坦进行核爆炸试验的人，他们竟然完全不顾人的安全。"

在切尔诺贝利事件发生几个月后，纳扎尔巴耶夫接到一项超出常理的冷酷指示，要扩大谢米帕拉金斯克试验场的土地面积，他火冒三丈，怒不可遏。这件事发生在 1987 年 1 月，纳扎尔巴耶夫接到莫斯科的一位国防部高级官员代表苏联部长会议打来的电话。那位官员说，现已决定在哈萨克斯坦东部塔尔迪-库尔干地区建立一个新的核武器试验场。他还补充说，新近任命的哈萨克斯坦苏维埃共和国第一书记吉纳迪·库尔宾已经同意了这个项目。给纳扎尔巴耶夫打电话的人继续说："所以，我们现在迫切需要一些土地。请你组织一下，拨出一万到一万二千公顷土地。还有，请准备好接待将军们和专家们组成的代表团，他们将做具体准备工作。"

纳扎尔巴耶夫很震惊。他回答说："对不起，你有没有苏联共产党中央委员会和政府的具体决议。你是否曾经和塔尔迪-库尔干地区的任何人做过商量？而且，我作为哈萨克斯坦政府的领导人，为什么头一次听到这件事？"

"那有什么关系！"那位官员厉声斥责说，显示出他已经火冒三丈了，居然还有人敢质疑苏联军事机关的要求。"这个项目已制定好了，中央委员会已同意了。万事俱备，只欠东风。我们把文件送交给你,你只要签字就行了,怎么交代你,你就怎么做!"

纳扎尔巴耶夫也火了,他反击说:"对不起,我不会签署这样的文件。而且,我将正式请求你们重新考虑这件事。"

"你去试试看!"莫斯科那一头的声音开始咆哮了,接着电话就挂了。

纳扎尔巴耶夫打电话给吉纳迪·库尔宾,他是纳扎尔巴耶夫的顶头上司,由莫斯科任命的哈萨克共产党第一书记。但由于1986年12月发生了反对他的史无前例示威游行,库尔宾的政治地位已相当脆弱,而他和纳扎尔巴耶夫的关系也很紧张。

纳扎尔巴耶夫问:"吉纳迪·库尔宾,我刚接到通知说,莫斯科决定在共和国境内建立一处新的核爆炸试验场,并且说你已同意了。这是真的吗?"

库尔宾回答道:"是有这么一次谈话,但是据我回忆,那次谈话说的不是建立一处新场地,而是扩建老场地。为什么你这么关心啊? 有什么问题吗?"纳扎尔巴耶夫解释说,确实有大问题。对于核试验,哈萨克人的反对立场已经越来越公开了。宣布建立一处新的核试验地区,特别是在邻近阿拉木图的数百平方公里的地区,为此而消除所有村庄,迁走所有住户,中止农业生产,一定会激起公众普遍反对。库尔宾没有与纳扎尔巴耶夫就其评述作争辩,但很明显不愿作出任何努力来支持他的总理。第一书记显然忧心忡忡,他的反应是:"为什么你要反对核试验? 军方将会把我们两人的职务都解除掉,如果我们试图阻止他们的话。"在后面的谈话中,他竟然说道:"那好吧,如果你真的反对新场地,那你就试试,看能不能阻止它吧。"他自己和这个问题保持了距离。

纳扎尔巴耶夫意识到,他只能单枪匹马应战了,他开始向中央军事机关的官员和共产党中央委员会的书记们恳切陈词,以期改变他们的决定,反对这个项目,但没取得任何进展。然后,纳扎尔巴耶夫采取了不同寻常的举动,试图和戈尔巴乔夫谈,在哈萨克斯坦建立一处巨大的新的核爆炸试验场地是件愚蠢的事。这位苏联领导人对讨论这个项目没兴趣,这也许意味着,第一书记的权力并没有扩展到足以挑战军方计划的地步。

在绝望情绪下,纳扎尔巴耶夫决定采取非常规策略。在哈萨克斯坦,他有一个老政治盟友塞尔贝克·绍卡玛诺夫,他担任建议中的新试验场所在地塔尔迪-库尔干地区的负责人。纳扎尔巴耶夫同绍卡玛诺夫进行了私下谈话,向他通报了军方计划,并对他作了一个最出人意料的指示。

[总理说]塞尔贝克,只要能确保正在计划建立这个试验场的传言广为散布,你怎么做都可以。还有,在未来几天,要确保做到召开某种自发的群众大会,抗议这件事,一定要达到足够阻止这件事的程度。

绍卡玛诺夫对这个奇怪建议,即要他开始泄露军事机密并鼓励公众举行示威游行,感到有些紧张。他反对说:"如果这样做,你我都会丢掉工作。"纳扎尔巴耶夫一句话把他顶了回去,他说:"如果你不去做,你肯定要丢掉工作,因为我就会解雇你。"

面对这种压力,绍卡玛诺夫只好服从命令。纳扎尔巴耶夫回忆说:"他做得很好,不辱使命。"几天内,一条消息传遍了塔尔迪-库尔干地区,说该地区将要建立一处更大的核爆炸试验场。在纳扎尔巴耶夫透露了卫生部关于谢米帕拉金斯克地区癌症发病率特别高的秘密统计数字后，公众的对抗情绪有增无已。当地的克格勃官员看到公众愤怒和对抗情绪如此高涨，开始感到害怕，并把他们的担忧汇报给了国家安全系统的高级领导。纳扎尔巴耶夫从阿拉木图把他自己总理一级的公文发送给苏联政府许多部门的高级官员，警告说，抗议很严重，很容易升级到1986年12月动乱的水平。最终，莫斯科得到了信息。这个项目悄悄地被取消了。

纳扎尔巴耶夫巧妙地安排了对新核爆炸试验场地的反抗行动，这一事件表明，他已经开始远离一个忠实的地方共产党领导人化身的角色，而且其速度之快，程度之大，令人咋舌。他正在从幕后走出来，虽然并非明目张胆，但他正在成为一个哈萨克民族主义者。在公众场合，他履行共和国政府首脑的职责，但同第一书记吉纳迪·库尔宾的协作关系却不甚协调。诚然，他们已变得互相厌恶了，而随着库尔宾命令克格勃对于纳扎尔巴耶夫的开支状况开启新一轮调查时，这个关系更是每况愈下。

纳扎尔巴耶夫所以侥幸度过在库尔宾的前任迪米加米德·库纳耶夫时期的前一轮调查，并不只是由于米哈伊尔·戈尔巴乔夫最后保护了他，他能躲过讨厌的克格勃的骚扰性调查，和他的沉着应对有很大关系。他的财务支出问题从未受到质疑，更没有受到有任何不端行为的指责或控告。但是整个1987年到1988年期间，他的个人行动和总理办公会议，都遭到克格勃人员的秘密监控和窃听。

[纳扎尔巴耶夫说]我感觉到他们的行动。我在莫斯科的朋友警告过我好几次，甚至明确对我说："要小心啊！"

但我认为那些指控存心不良。他们是在库尔宾与我之间制造紧张关系。两位党的负责人意见分歧、各持己见时,整个政府就要摇摇欲坠了。

随着苏联军方在20世纪80年代后期进行了更多地下核试验,哈萨克斯坦的另一端也被摇动了。1989年2月,一次地下核爆炸发生了严重的核辐射泄漏,这引起了公众在阿拉木图"作家大厦"外面的示威游行,其领导人是著名诗人奥勒扎斯·苏莱曼诺夫。两年前,就已发生过针对1987年在塔尔迪-库尔干多角形核爆炸试验设施扩充的抗议行动,公众的痛苦情绪已经首次浮出水面了。这是内华达-谢米反核运动的开始,这次运动得到群众的广泛支持,不仅仅得到来自以作家和记者为核心的人们的支持,也得到来自哈萨克斯坦社会各阶层的支持。纳扎尔巴耶夫个人的同情心和政治嗅觉完全跟这些抗议行动保持同步,他私底下给了抗议行动相当多的支持。苏莱曼诺夫在阿拉木图选区输掉苏联最高苏维埃的竞选后,因失败而感到尴尬焦虑。而纳扎尔巴耶夫及时建议他去竞选谢米帕拉金斯克选区的一个空缺席位,把多角形核试验场问题作为竞选中的最重要议题。纳扎尔巴耶夫还承诺谢米帕拉金斯克地区的高级官员也会支持他。奥勒扎斯·苏莱曼诺夫受到这种鼓励后,马上以谢米帕拉金斯克选区最高苏维埃代表的候选人的名义参加了竞选。由于纳扎尔巴耶夫的幕后影响,苏莱曼诺夫获得了提名,并赢得了选举,从而给他自己和他的反核主张建立了一个强有力讲台。

1989年5月30日,纳扎尔巴耶夫在莫斯科最高苏维埃全体会议上发表讲话,把他自己对核爆炸试验的观点公开表达了出来。由于纳扎尔巴耶夫作为议会议员或者说哈萨克斯坦马廷斯克-依里斯克选区的代表的地位,被安排在国内问题的一般辩论中发言。在公共论坛上讨论核政策绝对史无前例,这就是开放的时代。当在改革的设计者米哈伊尔·戈尔巴乔夫坐在讲台几英尺外,眼镜框在弧光灯照耀下闪闪发光时,纳扎尔巴耶夫抓住了这次机会,引起了听众的轰动和惊叹。他说:

> 我要谈一下 1949 年以来就投入使用的谢米帕拉金斯克核试验场问题,核试验是从空中爆炸开始的。该地区的人口从那时起已翻了两番。但军方试图使我们信服,核试验对人的健康实际上是有利的。我们理解这是今天一个国家不可或缺之事,但必须就原子弹爆炸对环境带来的影响作真正深入的分析。而且,其结果必须向人民公开。

这番话还远远算不上是吹响了核裁军的响亮号角,甚至还不是要求停止核试验。但从讲话的环境来说,这个演讲是一次勇敢的首创。虽然还没见到对这番话公开而直接的攻击,但纳扎尔巴耶夫很快发现自己已成为批评和人身攻击的对象。一些最高苏维埃代表,其中有一些穿着戎装,在议会大厦的前厅和走廊里,用满怀敌意的评语猛烈攻击哈萨克领导人。纳扎尔巴耶夫被指责为"出卖"(虽然出卖给谁并不清楚),"公开地将家丑外扬",最严重的攻击是说他"破坏苏联的国防能力"。然而,动荡不安的政治现实是:苏联正在自己毁坏自己。

在 1989 年末到 1990 年初的冬天,莫斯科的保守派和改革派之间的斗争势头正在日益扩大,同时,在各加盟共和国里,要求更大自治权的呼声也一浪高似一浪。祸不单行,经济危机和政治危机同时发生,而种族之间的流血冲突加剧了危机,加快了滑向混乱。纳扎尔巴耶夫回忆道:"最动荡的一年是 1990 年,有时候,似乎整个苏联都着火了。"他本人则是这个动荡的最大赢家,作为把权力更多地下放给各加盟共和国行动的一部分,他在 1990 年 4 月 22 日被最高苏维埃选为哈萨克斯坦第一任总统。如果戈尔巴乔夫和其他为纳扎尔巴耶夫的提升出力的人,以为他们任命了一位唯命是从的领导人,他会按照事事最优先考虑苏联的原则来治理该共和国,那么,他们很快就发现,他们犯了个大错误。因为纳扎尔巴耶夫在当选为总统的一个月内,就采取了一项政治行动,这个行动动摇了莫斯科权势集团的核武器军事机制的核心。这是 1990 年 5 月下旬在阿拉木图举行的一次国际会议,会议的名称是"和平选民反对核军备"。出席会议的有来自哈萨克斯坦各地和世界上 30 个国家的反核运动参与者。会议的高潮是在阿拉木图举行了一次争取和平的游行,随后又在谢米帕拉金斯克和卡拉干达举行了类似的群众游行。后面的抗议集会得到卡拉干达煤矿超过 13 万矿工的支持。

[纳扎尔巴耶夫回忆道]多少年来,我们只是在城市和乡村里等着原子雨的降临,一下子,聚集了这么多年的恐惧与沉默,全部爆发出来了,人们发表了许多即席讲话。突然间,似乎整个哈萨克斯坦和它的全体人民都致力于一个唯一目标——对核爆炸试验说不!

即使苏联政府已处于虚弱不堪的状态,它仍然存在着一种意志,想要挡住哈萨克斯坦蓬勃兴起的反对核活动的潮流。纳扎尔巴耶夫被召到莫斯科,同共产党主管军事工业综合体的书记奥莱格·巴克拉诺夫、苏联部长会议主席尼古莱·雷日科夫和在 1990 年 3 月被正式任命为苏联总统这个新职位的米哈伊尔·戈尔巴乔夫等人举行紧急会晤。在其中的一次会议上,戈尔巴乔夫敦促纳扎尔巴耶夫说:"把人们的情绪平息下来。他们会听你的。国家需要三到五年时间把事情安排妥当。然后我们就会关闭试验场。"

纳扎尔巴耶夫解释说,面对当前哈萨克斯坦公众舆论,这样的拖延行不通。他告诉克里姆林宫领导人说:"你们当初进行这些试验时,就应该为当地居民建立一套补偿机制。至少应该准备好医院、不受污染的饮用水的供应,以及放射性尘埃的恰当的防护措施。"

戈尔巴乔夫说:"我们来做这些事吧。"

纳扎尔巴耶夫回答说:"但现在太晚了。人们不可能偃旗息鼓。唯一的解决办法是关闭整个核试验场。"

苏联军方领导人没有表现出任何愿意接受哈萨克斯坦领导人提出的"唯一解决办法"的态度。事实上,莫斯科宣布,将在 1991 年秋天,在谢米帕拉金斯克场地进行三次核爆炸试验,这就像给了纳扎尔巴耶夫一个耳光。但是,另一种爆炸,即政治上的爆炸,阻止了上述计划。这就是 1991 年 8 月 19 日至 23 日发生的反对戈尔巴乔夫的政变。在这次事件发生后,纳扎尔巴耶夫看到了并抓住了他的机会。

[他回忆道]政变的失败完全改变了形势。由于中央权力大大削弱,我现在有权一劳永逸地结束核试验。8 月 29 日,我发布了一项总统令,禁止在哈萨克斯坦领土上进行任何种类的进一步核试验。

苏联军方别无选择,只有屈服于纳扎尔巴耶夫先发制人的打击。总统令在阿拉木图发布的同一天,新任苏联国防部长叶尔吉尼·沙博什尼科夫宣布说,计划在谢米帕拉金斯克进行的三次进一步的核爆炸将转移到北极的诺伐雅·赞姆里亚试验场进行。哈萨克斯坦长达40年的核试验噩梦开始终结了。

*　　　　*　　　　*

纳扎尔巴耶夫在1991年首次接触到的这个恢弘的核故事还远远没有结束。那一年12月,苏联解体正进入最后阶段时,国际军事和政治领导人脑子里萦绕不去的关键问题之一是:这一正在消亡的超级大国的核武器怎么办——尤其是可能不在莫斯科掌控下的那部分怎么办?

俄罗斯总统鲍里斯·叶利钦声称自己是苏联军事力量的继承者,在由他授权发出的秘密简报中,1991年12月,纳扎尔巴耶夫第一次知道了哈萨克斯坦领土上配置的大规模毁灭性武器的全貌。他回忆说:"通报给我的信息对我来说是初次听到。它原来是严格保密的,只有苏联红军的最高级军官才知道。"这一秘密的透露使纳扎尔巴耶夫感到震惊。他得知,就火力而言,哈萨克斯坦是1200多枚洲际弹道导弹(ICBM)的核弹头的看管者。这一核武库包括104枚SS18洲际弹道导弹,每枚导弹配备有10个MIRV核弹头(射向多个独立目标的可重返载体),射程约为12000公里。这些导弹储存在全国各地148个地下发射室,最大的数量集中在阿克莫林斯克、柯兹勒奥尔达和谢米帕拉金斯克。它们在苏联军队的"战略火箭指挥部"(RVSN),即苏联最高军事指挥官的管控下。此外,哈萨克斯坦还是苏联第79空军师的基地,该师拥有40架熊H6和H16型飞机机群,飞机装备有远程炸弹和导弹。这些部队和武器的总数使哈萨克斯坦成为世界上第四大核武器储存地,紧紧跟在美国、俄罗斯和前苏联在乌克兰的基地之后。相比之下,英国、法国、中国加在一起,也比储存在哈萨克斯坦的核弹头少。纳扎尔巴耶夫现在发现,自己突然成了一个继承了数量庞大的令人可怕的核武器的国家总统。在视察那些基地和导弹发射场时(特别是阿克莫林斯克发射室,拥有巨型的 SS18 型洲际弹道导弹,它在西方以"撒旦"而知名),他充满了不祥的预感。

[纳扎尔巴耶夫回忆道]在我国领土上存放着一排排令人恐怖的弹道导弹,还有许多独立核弹头,这真是见了魔鬼一样吓人。仅仅是个头之大,就已经令人心惊肉跳。一看到那些"魔王"的巨大个头——34 米高,3 米直径,我就感到浑身不舒服。那些导弹放在那儿,唤起我心头的害怕和恐惧。我有一种感觉,不知什么时候,它们会带着撒旦式的不可预测性,掉转头来对准它们的主人。

＊　　　　＊　　　　＊

作为哈萨克斯坦核武器的主要"新主人",各种各样的处理建议在纳扎尔巴耶夫的耳边充斥。本国同胞们虽然在反对核爆试验方面能齐心协力,但令人惊异的是,在关于核武器的国家政策方面却众说纷纭,莫衷一是。其中一派是鹰派,他们主张哈萨克斯坦应维持一支永久核攻击力量,作为对潜在的侵犯本国边境安全的侵略者的威慑。另一派是讨价还价派,他们主张保留核弹头若干年,直到从核大国那里交换来哈萨克斯坦的主权安全保障时为止。还有一派是鸽派,他们呼吁立即进行单方面的全方位核裁军。纳扎尔巴耶夫听到这些不协调的声音后,他引用了一句哈萨克谚语说："收留你吗？但你是一个恶魔！赶走你吗？但你是一个宝贝啊！"他的思路是，首先要承认处理哈萨克斯坦的核武器是一个复杂问题，解决这个问题必须经过谨慎谈判，而且，如果可能的话，争取得到全国的一致支持。正如纳扎尔巴耶夫所说："我们别无选择，只能走上一条困难的道路，需要通过一场大辩论来评估各种结论和反面论据、怀疑和恐惧，就哈萨克斯坦是否要成为一个有核国家的问题进行反复权衡。"

这场大辩论并不只限于哈萨克斯坦的政治家和公民。甚至在独立前，纳扎尔巴耶夫都得到了全球领导人的建议，诸如玛格丽特·撒切尔、乔治·布什总统和他的国务卿詹姆斯·贝克等人。美国国务卿在 1991 年 12 月 11 日即哈萨克斯坦成为独立国家的五天前，到阿拉木图作首次访问。贝克由美国驻莫斯科大使罗伯特·斯特劳斯陪同。纳扎尔巴耶夫邀请他的客人到他家里用家庭晚餐。晚餐期间，由他的女儿达莉佳钢琴伴奏，有人唱哈萨克和美国歌曲，接着，好几次用伏特加为纳扎尔巴耶夫所称的"美国—哈萨克战略联盟"祝酒。后来，他解释为什么这样一种联盟是必需的。他描述了哈萨克斯坦的边境受到的俄罗斯扩张主义的潜在威胁，他说道："如果你走访我国各地，你就会看到俄罗斯儿童殴打哈萨克儿童。我本人也经历过类似的事。同他们相处可真不容易。"

詹姆斯·贝克发现纳扎尔巴耶夫"特别聪明能干"，对于他们的恐惧表示同情和理解。美国国务卿概述了他所谓的"五项原则"，美国相信这"五项原则"可以控制后苏联时代这个地区的共处进程。这些原则是：尊重现存边界，尊重民主和自由选举，尊重少数民族和人权，尊重国际法和国际义务，以及尊重符合民主价值观的自决权。纳扎尔巴耶夫很快意识到,这些观念有助于保护他的国家不受俄罗斯民族主义者的伤害。贝克回忆道:"但是,看来他对这些原则中的民主元素兴趣不大。"于是,贝克给他的主人一个警告说,维护全部五项原则是至关重要的,不仅是为了获得美国的政治支持,为了获得美国的经济援助也必须如此。

讨论到此,纳扎尔巴耶夫建议他的客人可以去享受一下"班雅"即蒸汽浴。虽然这是哈萨克人常见的款待客人的办法,但在做桑拿时进行外交讨论,对美国人说来却是一种新奇做法。作为桑拿浴仪规的一部分,纳扎尔巴耶夫拿起一捆桦木细枝,开始敲打贝克光着的背,以便毛孔舒张开来,增加热气的疗效价值。大使走出蒸汽室,对站在外面的一帮安全人员开玩笑说:"给我接通美国总统的电话! 他的国务卿被剥光了衣服,正在挨哈萨克斯坦总统打。"

随着夜晚逐渐消逝,真相已经大白,原来美国政府一度极为担心的是,独立后的哈萨克斯坦可能会变成一个无赖国家,军事部门会自行掌控苏联的核武器。纳扎尔巴耶夫对这种发烧的担心浇了冷水,就像他对桑拿浴室里滚烫的石头浇冷水一样。他打消了美国客人的疑虑,哈萨克斯坦根本没有加入核大国的军事俱乐部的热情,实际情况是,它没掌握有关技术的能力,也无力负担在自己领土上维持导弹的费用,此外,他是一个长期以来自始至终都反对在自己国家安装核设施的总统。同时纳扎尔巴耶夫也表明,他不会声明放弃拥有哈萨克斯坦的核武器,而不得到任何回报。他回忆说:"我一开始就寻求安全保障。"詹姆斯·贝克知道,让美国答应成为一个与俄罗斯有着 3500 英里共同边界的苏维埃共和国的保障者,这无异于天方夜谭,他试图用强硬语言使提出这一要求的纳扎尔巴耶夫冷静下来。谈话结束时,他发出严厉警告说,哈萨克斯坦每储存一枚弹道导弹,美国都有三颗导弹瞄准。纳扎尔巴耶夫回敬说:"我可不会被这个吓到,不管怎样,问题不在这儿。在任何事情上,我们都要在平等的基础上作决定。首先,我们必须知道,哈萨克斯坦拆除这些武器将会得到什么回报?"

在美国能把这些桑拿谈话转变成建设性的裁军日程之前,世界上其他国家已开始打开一条通向纳扎尔巴耶夫的大门的路,来讨论同一个问题。从 1992 年 1 月起,外交使节源源不断地到达阿拉木图,有时一天来两个使节。

[纳扎尔巴耶夫新任命的外交部长图勒泰·苏莱曼诺夫回忆道]他们所有人,甚至像卢森堡和马耳他这样小的国家的部长,都问我们同一个问题:"你们将怎样处理你们的核武器?"我给他们的标准回答是:"我们正在同我们的伙伴就这一问题进行磋商。"

苏莱曼诺夫是哈萨克斯坦第一任外长部长的合适人选。总统本人对他极为信任,因为从 20 世纪 60 年代,他们在卡拉干达·马格尼特卡炼钢厂一道工作时就是朋友。苏莱曼诺夫后来的职业生涯是在苏联的外交行业,作为一个可信赖的工作人员,他被委以重任。他最有资格参与和外国代表团就核裁军问题进行的讨论,原因之一是,他本人曾是哈萨克斯坦悲剧性的核历史的牺牲品。正是在炼钢厂工作的时候,纳扎尔巴耶夫第一次听到他的朋友讲起他家庭的遭遇,他的心被深深打动了。这个谢米帕拉金斯克家庭幸存的儿子,现在是哈萨克斯坦的外长,在纳扎尔巴耶夫的鼓励下,向来访的外国政治家描述苏联的核爆试验计划给他个人带来的影响。

> [苏莱曼诺夫回忆道]我会告诉他们,我看到我家乡土地的上空发生了爆炸,其光亮使人睁不开眼睛,接着,看到凶险的蘑菇云向我们飘移过来。我向他们描述,从那些蘑菇云中是如何落下灰色的薄片灰烬的,动物发疯,牲口哞哞叫,马匹变得歇斯底里。我们也胆战心惊,因为我们看到了爆炸引起的即时后果,例如,我们后院里的管道从槽里弯曲地迸出来。时间一长,就会对人的健康造成巨大危害,我的父亲和我的一个小妹妹年纪轻轻死于癌症。我另两个妹妹一辈子的生活被核辐射引起的脑病和身体上的疾病毁了。

纳扎尔巴耶夫坚持,要让来访的外长们,诸如英国的道格拉斯·赫德、德国的汉斯-迪特里希·根舍、法国的罗兰德·迪马和美国的詹姆斯·贝克等,亲耳聆听苏莱曼诺夫亲眼见到的谢米帕拉金斯克的恐怖情景,以便能够理解为什么哈萨克斯坦全国都憎恨本国的核历史。纳扎尔巴耶夫还坚持,哈萨克斯坦不想要一个有核未来。哈萨克斯坦国内有一种呼声,类似于哈萨克斯坦的新保守主义者的呼声,他们呼吁本国年轻的、未受训练的军队去掌控那些导弹,因为它们就是国家独立的核威慑力量。纳扎尔巴耶夫丝毫不为这种呼声所动。一些国家的使节秘密同他接触,敦促这位总统保留核武库,纳扎尔巴耶夫同样不屑一顾。这些使节中,有一位递交了利比亚领导人穆阿迈尔·卡扎菲的一封辞藻华丽的信件,请求纳扎尔巴耶夫"为了伊斯兰的利益"而继续拥有核武库。另一位从中东石油富产国来的使节,提出愿意给哈萨克斯坦提供 60 亿美元,以支付保存核武库所需的费用。纳扎尔巴耶夫认为这种建议荒谬可笑,不值一谈。他需要国际上的承认、尊重、投资和安全。这些目标与保存核武库不相容,因为保存核武库将使哈萨克斯坦迅速沦为一个被遗弃的流氓国家而陷入孤立。因此,出于政治现实主义以及道德理想主义的考虑,纳扎尔巴耶夫下定决心,引导他的国家进行核裁军。

1992 年 5 月 10 日,纳扎尔巴耶夫与联合国秘书长布特罗斯-加利会面

在这一核裁军战略中,最有帮助的伙伴是俄罗斯人和美国人。两个超级大国都大力相助,而在早期阶段,莫斯科的军事领导人给了最大实际援助。

[苏莱曼诺夫回忆说]一旦俄罗斯人意识到我们对待裁军的态度并非儿戏,他们就爽快地给我们提供信息和支持。我的对手,俄罗斯外长安德烈·科济列夫,尤其对我们

纳扎尔巴耶夫在纽约联合国大会第47届会议上讲话

助益良多。在所有层面上，我们的关系都是良好的，而在这件事情上，我们同俄罗斯人的关系比同美国人的关系要亲密得多。即使我们在卢布和边界问题上同莫斯科存在巨大障碍，但在所有的核问题上，我们能够做到并肩作战，精诚合作。

这种亲密合作的一个标志是，纳扎尔巴耶夫于 1992 年 5 月飞赴华盛顿就核问题同美国政府进行谈判时，途中在莫斯科稍作停留，同鲍里斯·叶利钦举行了会谈。纳扎尔巴耶夫回忆道："这不只是一个礼节性的问题。我需要了解，他对在我国领土上的武器问题所持的立场。我们两个共和国领土上的导弹究竟何去何从，是我们两个人应该共同决定的问题。"

在他继续飞向华盛顿时，纳扎尔巴耶夫在他的官方团组中增添了一位新成员，华西列维奇将军，他是俄罗斯总参谋部的一位关键人物，也是苏联某反弹道导弹部队的副司令。他将作为哈萨克斯坦总统的特别顾问参加即将举行的谈判。

美国人对纳扎尔巴耶夫的立场越来越焦躁不安，称他为"核问题拒不合作者"，而且在记者吹风会上示意，六个月前他曾在桑拿讨论中承诺把他的国家变成无核国家，但现在他食言了。这种看法过于简单化。为了从华盛顿拿到实实在在的东西，纳扎尔巴耶夫确实采取了一些策略，但他的战略目标并没有任何变化。他的策略是提出他称为走向全面核裁军的"第三条道路"。在他1992年4月致乔治·布什总统的信中，他提议哈萨克斯坦应该定性为一个"暂时的核国家"。他想要延迟签署"核不扩散条约"，直到美国和其他核国家做到给予哈萨克斯坦安全保证时为止。

纳扎尔巴耶夫的迟疑促使美国国务院加快了外交小步舞的速度，跳起了快速进行曲。詹姆斯·贝克组织了同俄罗斯、乌克兰和其他主要核国家的紧急谈判。其结果是，当纳扎尔巴耶夫到达华盛顿时，所有其他关键成员国都已同意了条约的条款。即使如此，在纳扎尔巴耶夫访问的头两天，即5月17日和18日，他住在与白宫只有一街之隔的布雷尔宾馆里，他同乔治·布什总统的约见被推迟了三次，直到最后确定哈萨克斯坦的核地位的复杂谈判完成为止，詹姆斯·贝克去了布雷尔宾馆四次。纳扎尔巴耶夫回忆道："那位俄罗斯将军一直坐在我旁边，给我提建议，纠正我所犯的错误。"

纳扎尔巴耶夫同布什总统进行了几次会晤，包括一次到白宫的私人官邸里的家庭访问，最后，纳扎尔巴耶夫承诺签署"核不扩散条约""战略武器裁减条约"，同俄罗斯合作，把120枚

1992 年 5 月 22 日,纳扎尔巴耶夫与美国总统乔治·赫伯特·沃克·布什会面

SS18 型核导弹从哈萨克斯坦领土上移走。作为回报,纳扎尔巴耶夫离开华盛顿时达成了关于援助、贸易和能源合作的一揽子交易;美国的雪佛龙公司将向哈萨克斯坦的油田投资 100 亿美元;美国承诺,如果哈萨克斯坦遭到侵略威胁,美国将根据联合国宪章采取一切可能措施。虽然这个保证与纳扎尔巴耶夫一直寻求的全方位的安全保证相比,还相去甚远,但他终于从谈判中得到好的结果,可以对大家有个交代了。一项直接后果是,两天后签署了里斯本议定书。按照这项协议,哈萨克斯坦、乌克兰和白俄罗斯承诺(在与俄罗斯和美国进行合作之下),在十年之内交出在他们国内的所有核武器。本来,对于这些苏维埃共和国内存放的核武器之后事如何,国际上充满了担忧疑问,而现在对这种不确定性的担心开始烟消云散了。纳扎尔巴耶夫在这场游

戏中扮演了足智多谋的说客角色,这场游戏结束时,达到了他一开始就孜孜以求的最佳道德和军事效果。

　　虽然解决裁军问题的原则是 1992 年 5 月 22 日在里斯本确定的,但是其具体做法和技术细节的商定却又进行了很多个月——其中,有几次戏剧性场面。而每一次,纳扎尔巴耶夫都在舞台中央。1992 年 11 月,他在阿拉木图接待了美国国会代表团的访问,该代表团由参议院军事委员会主席山姆·纳恩和参议院对外关系委员会成员理查德·卢格尔率领。纳扎尔巴耶夫要为从哈萨克斯坦 40 米深的地下发射井搬走导弹寻求财务补偿和具体帮助。他还想要为 1200 枚核弹头里的浓缩铀的价值获得应有付款。在艰难的谈判过程中,纳扎尔巴耶夫用他掌握的错综复杂的细节影响了来访客人,最后,美国人制定了纳恩-卢格尔计划,该计划将从国会资金分拨约 8 亿美元,支付仍然拥有核武器的三个苏维埃共和国哈萨克斯坦、乌克兰和白俄罗斯的所需费用。

　　下一个访问哈萨克斯坦的重要美国客人是克林顿政府的新国务卿沃伦·克里斯托弗。他在 1993 年 10 月来到阿拉木图,带来一亿四千万美元的一揽子计划的第一批拨款。这是纳恩-卢格尔废核计划的第一步,使沃伦·克里斯托弗感到沮丧的是,纳扎尔巴耶夫婉拒签署这项协议。在他表态拒绝之前,他们进行了三个小时会谈,会谈中,他给国务卿上了一堂地理课。纳扎尔巴耶夫在来访客人面前摊开了一张大地图,指出哈萨克斯坦北边有俄罗斯,东边有中国,南边有伊朗,它们对哈萨克斯坦呈包围之势。"这就是我们需要安全保证的原因",哈萨克斯坦总统说,他承诺将签署协议——但是只能在同克林顿总统会见时签。纳扎尔巴耶夫所以采取拖延策略,一个原因是,他想要在总统级别上做生意,以争取获得政治声誉。另一个原因是,他出于本能感觉克里斯托弗并不是克林顿政府中的实权派。这位美国国务卿作了长时间努力,想劝说纳扎尔巴耶夫改变主意,但徒劳无功,最后,他不得不承认失败,答应将来安排两国元首的签字仪式。克里斯托弗在失败的谈判结束时说了一句懊恼的话:"总统先生,你真是一个强硬的家伙!"《纽约时报》记者在关于这次访问全程的报道中开门见山,直言不讳:"哈萨克斯坦总统今天在政治上玩了美国一把,并且大获全胜。"《纽约时报》的通讯说,纳扎尔巴耶夫固执己见,要求举行"一次与克林顿总统面对面的、盛况空前的仪式。他根本不在乎款项拨付要到协议签字以后才能到位。这位五十三岁的前工程师渴望要在国内外表现得像个第一流领导人,他认为这样一次合影更为重要。"

纳扎尔巴耶夫确实在 1994 年初得到了他在白宫合影留念的机会,但他必须先同副总统阿尔·戈尔签署裁军协议,戈尔于 1993 年 12 月抵达哈萨克斯坦。好事多磨。先是阿拉木图机场有雾,耽误了一些时间,接着又遇到了一些突发情况,纳扎尔巴耶夫不得不中断同副总统的会谈,因为他必须去镇压一批反对国家核政策的哈萨克斯坦保守派议员的反叛行为。赶上议会就审批"核不扩散条约"进行辩论。一批强硬派用最后一分钟对条约表示反对,几乎使同美国副总统日程已经推迟的会谈差点儿进行不下去。最后,议员们在听取了纳扎尔巴耶夫情绪激昂的讲话后,进行投票表决,终于以 238 票对 1 票批准该条约。获胜后,纳扎尔巴耶夫为美国客人举行了庆祝晚宴。他从桑拿外交扩大到冬不拉(按:乐器名称)外交,用哈萨克斯坦民歌曲调款待副总统一行,他和他的女儿达莉佳表演了二重奏,他自己边弹边唱。阿尔和提普尔·戈尔两人唱了"铃儿响叮当"(按:美国圣诞歌曲）作为答谢。这次庆祝活动以双方发表讲话而结束，讲话中，戈尔对纳扎尔巴耶夫发出正式邀请，邀请他八周后赴华盛顿拜访克林顿。

1994 年 2 月 14 日，哈萨克斯坦总统纳扎尔巴耶夫和美国总统比尔·克林顿签署了民主伙伴关系宪章

在与 1994 年 2 月 14 日情人节相映成趣的气氛中，纳扎尔巴耶夫开始了他的白宫政治爱情之旅。在椭圆形办公室的会谈后，举行了有电视实况转播的新闻发布会，发布会上，克林顿赞扬哈萨克斯坦在消除它的核武器并加入《不扩散核武器条约》方面所取得的进展。纳扎尔巴耶夫获得的意外好处是，克林顿宣布将美国的援助增加到四亿美元，外加一个避免双重税收的协议，这对正在哈萨克斯坦投资的 70 家美国公司非常重要。

在这种总统间的亲密交往和光鲜亮丽的场景背后，有一件事很独特而当时还处于绝密状态，即美国—哈萨克斯坦之间的

1997 年 11 月 18 日,哈萨克斯坦总统纳扎尔巴耶夫和美国总统比尔·克林顿签署哈美关系联合声明

核合作扩大了,其代号为"蓝宝石行动"。这项合作始于数月前提供的一份清单,清单中列出了仍然存放在哈萨克斯坦领土上的全部核原料,包括为 SS18 型导弹配备的最高级别的核弹头。

这份清单引起了两项特殊发现,看来苏联早已把它们都忘到九霄云外了。第一个发现是,在哈萨克斯坦东部靠近乌斯特-卡门诺戈斯克市的乌尔巴冶炼厂里,存放着一批高浓缩铀。第二个发现是,在谢米帕拉金斯克一处很深的升降井里有一些尚未引爆的放射性钚。两件事都需要纳扎尔巴耶夫亲自处理。

核武器检验员在哈萨克斯坦专家的帮助下列出的清单表明,在乌尔巴的核废料处理厂一批过去不为人知的存货中,包括 600 公斤的武器级高浓缩铀。这批铀是足以制造至少 20 枚核弹头的爆炸性原料。纳扎尔巴耶夫立即把这一发现报告给莫斯科负责核事务的军事当局。他们的不屑一顾反应让他目瞪口呆,对于这批足以致人死命的储存铀他们一点儿都不在乎,实际上,他们说:"那都是你们的。"

> [纳扎尔巴耶夫回忆说]俄罗斯人一定知道所有与这批核原料相关的信息。毕竟,苏联一直是一个国家,核储存的所有记录一定放在莫斯科的某一地方。开始,我以为这批武器铀的储备是 20 世纪 60 年代对中国开战的苏联军方秘密计划的一部分。为此目的,他们在哈萨克斯坦东部各地修建了不少地下基地。但不管原来的目的是什么,我最后的结论是,军方根本就是丢失了纪录,忘却了储存在乌尔巴的武器级铀。他们明确地说,那都是我们的,我们可以自由地来处理那批储存。

纳扎尔巴耶夫知道哈萨克斯坦没有技术资源来处理这批武器级铀,他通过外交渠道向华盛顿传达了这个信息。这促成了美国国防部长威廉·J.佩里对阿拉木图的紧急访问,后来,他信口开河地声称,是他对史上最大最具毁灭性的失控的核武器采取了有效预防措施。实际上从来不存在什么"核武器",储存的铀一向是在严格的安全条件下保存的。但美国中央情报局和国家安全局窃听到的传言说,一个伊朗恐怖主义小组获悉乌尔巴武器级铀的储藏处以后,正在商量如何把手伸到那儿去。这种零散的情报,虽然不足为信,但在华盛顿的安全分析人员中却迅速引发了恐慌情绪。从理论上说,他们的担忧很有道理,因为即使是几公斤的武器级铀落到恐怖分子手里,其后果都可能是灾难性的。举个例子说,如果"基地组织"使用乌尔巴储存铀的

1%即6公斤铀来攻击世界贸易中心,曼哈顿的大部分地区就会变成一片废墟。

　　而实际发生这种潜在灾难的可能性并不存在,因为国防部长佩里和总统纳扎尔巴耶夫之间的协作如此之好,又如此之快。在他们的联合命令下,"蓝宝石行动"以迅雷不及掩耳之势实施起来,就像间谍电影里扣人心弦的戏剧性场面一样。一旦美国专家获准进入乌斯特-卡门诺戈斯克这座"封闭之城"的乌尔巴冶炼厂,他们就追寇入巢,探知这批"已忘到九霄云外去了"的600公斤铀出自苏联海军20世纪60年代的一项计划,目的是要建造一种革命性的新型反应堆,装备核潜艇。设计这种反应堆是为了生产核燃料棒,它可以装备苏联潜艇,使它能够潜得更深,在水下停留时间更长,行进速度比美国海军的任何潜艇节速都快。这个项目的花费实在过于高昂,苏联科学家戏称之为"金鱼",因为用金子制造的潜艇在成本上难以望其项背。最终,反应堆失败了,"金鱼"从未去海里畅游,这项规划不得不被放弃,武器级铀被转移到1000个钢制圆筒里,存放在乌尔巴的地窖;它一直被存放在那里,已有20多年,虽然无害,却被忘得个干干净净。

　　纳扎尔巴耶夫可能是继列昂尼德·勃列日涅夫之后第一个获悉这一项目的政治领导人。哈萨克斯坦总统毫不犹豫地决定马上处理这批足以致人死命的、浓度为90%的浓缩铀。他以现行价格把这批浓缩铀出售给了美国人(接近9千万美元),把它运到了美国,美国人同时承担了这批浓缩铀的运输责任。所以,1994年11月的一个周末,一队C5运输机飞抵阿拉木图。31位美国海军的专业人员用一个事先编好的故事,说他们是"原子能管理局"的成员,把这批铀转装到较小的核材料罐里,装上C5

运输机,把全部货物运回到田纳西州橡树岭的一处核设施里。只有在那些核原料的最后一拨运达目的地后,国防部部长佩里才于1994年11月25日在华盛顿记者招待会上宣布,"蓝宝石行动"顺利结束。克林顿总统在那一天从白宫发出的信中,告诉纳扎尔巴耶夫说:"你应该受到世界的赞扬……这次重要行动,扩大了两国之间日趋成熟的伙伴关系中的信任程度。"

纳扎尔巴耶夫有远见的核外交使他赢得了其他许多国家的进一步赞扬,对哈萨克斯坦长期的国家安全来说,这些国家关系重大。在"蓝宝石行动"结束十天后,他在布达佩斯举行的"欧洲安全和合作组织"(OSCE)首脑会议上又获得了进一步成功。在那次会议上,叶利钦总统、克林顿总统和英国首相约翰·梅杰签署了一份协议书,即"关于哈萨克斯坦核保障备忘录"。两个月后,1995年2月,在北京宣布了类似声明的中文版本,该声明涉及为包括哈萨克斯坦在内的无核国家提供安全保障。这些协议的效果是,国际上承认哈萨克斯坦是一个无核国家,是"核不扩散条约"的签署国。它还规定国际社会对于侵略或侵略威胁将提供潜在保护。纳扎尔巴耶夫在这些国际会议以及相关声明发表后评论说:"作为总统,我感到自己已经满足了我的国家的需要。"

*   *   *

在核前沿方面,在谢米帕拉金斯克试验基地的长篇故事结束前,国内冒出来最后一个意外事件,需要纳扎尔巴耶夫谨慎处理。这件事是,他们发现,埋在地下130米深处的第108-K竖井里还有未引爆的400吨爆炸力的钚炸药。纳扎尔巴耶夫称这一深藏井里的放射性爆炸物为"被遗忘的试验场的非婚生子"。1991年5月,在高度保密条件下,苏联科学家准备把它用作引爆物,而成为 FO－100－SZLR 爆炸试验计划的一部分。但是,1991 年夏天,苏联发生了政治动乱,包括那次反对戈尔巴乔夫的流产政变,导致爆炸试验推迟了。接着,纳扎尔巴耶夫 1991 年 8 月 29 日发布总统令,禁止在哈萨克斯坦进行一切核试验。而虽然依照官方宣布,谢米帕拉金斯克作为核试验场已完全关闭。但谁也没想到,深埋在 No.108－K 井里的未引爆的钚炸药仍秘密存在。

毁掉深埋在地下的核爆炸物,是一件异常复杂的行动。纳扎尔巴耶夫首先关心它会不会自行爆炸。虽然专家们再三打消他的疑虑,但他仍半信半疑,尤其是他的主要顾问一面说"没任何危险",一面又说,如果靠近钚炸药附近作地下挖掘,也有爆炸可能。

在考虑了各种方案——包括把钚炸药转运到俄罗斯去——之后,纳扎尔巴耶夫决定,万无一失的处理办法是,用化学物质把它销毁在地下井里。因此,在 1995 年 5 月 31 日,用 400 公斤化学爆炸物销毁了"108－K 物体"——即 400 吨爆炸力的放射性钚炸药。纳扎尔巴耶夫把这件事看作是一种象征,在谢米帕拉金斯克场地的最后一件核设备被销毁了,而不是爆炸了。他发表声明说:"那件核爆炸物的非爆炸性销毁,象征着哈萨克斯坦已成为无核国家。"

＊　　　　＊　　　　＊

回顾一下纳扎尔巴耶夫对于他不得不面对的核挑战的立场和应对措施的记录,可以总结出他这段旅程的四个主要阶段。

第一阶段为时超过四十五年,是沉默和担惊受怕的阶段。像大多数哈萨克人一样,他也因为谢米帕拉金斯克居民暗地传播的有关群众受难的传言和故事而充满忧虑。但他既不掌握情况,也没那种胆量,敢向苏联的保密机制和军事力量的壁垒提出挑战。但自 1986 年起,陆续发生了"开放"、切尔诺贝利事故和莫斯科愚蠢建议扩大谢米帕拉金斯克试验场等情况,这些情况交织在一起,在纳扎尔巴耶夫心中燃起了强烈的道义愤慨。这形成了第二阶段的特征,他转向主张裁减军备。旋即,他又转向了第三阶段,跟从召唤,如梦初醒般认清了民主,并运用它的力量。起初,纳扎尔巴耶夫对内华达-谢米核裁军运动还忧虑重重。但因为他赞成这一运动,并且具备了顺应潮流的政治敏感,紧跟了这一运动,他才能自主控制对这一运动的反对力量。纳扎尔巴耶夫在谈到 1990 年 8 月 29 日第 408 号总统令,即禁止在谢米帕拉金斯克进行一切核试验的历史性总统令时说:

> 在那些日子里,我们了解了民主。那是独立的哈萨克斯坦独立的第一步。我们认识到苏联过去极权主义的错误,并开始予以纠正。我们走上了新的民主道路。那条道路的基础就是关于哈萨克斯坦成为无核国家的历史性决定。

这番简单质朴的话语,没有完全反映出第四阶段中纳扎尔巴耶夫在实际斗争中接受到的核知识教育的复杂性,所谓核教育,就是了解国际谈判的现实状况。一度,他同莫斯科在经济和民族问题上的关系不绝如缕,然而他很明智,他同苏联军方在核合作问题上维持着有效秘密沟通渠道。而在一段时期内,纳扎尔巴耶夫也曾偶尔流露出,哈萨克斯坦的命运取决于与美国建立一种新关系的天真念头。他的确发展了这样一种关系,但是并没以牺牲同俄罗斯的更密切的关系为代价。这种学习过程,使他经历了好几次与西方打交道的刺激,例如与詹姆斯·贝克的桑拿外交,与克林顿总统的白宫会谈,"欧洲安全与合作组织"首脑会议以及"蓝宝石行动"等。但这些只是蛋糕上的糖衣,而真正制作和品尝蛋糕,还得同俄罗斯合作才能做到。

纳扎尔巴耶夫终结了哈萨克斯坦悲剧性的核历史,声誉鹊起。他在最早的可能时刻,对核试验和核武器这种道义上的邪恶采取了勇敢的反对立场。他承认和接受了激动人心的新生民主,了解了人民群众的意愿和他们势不可挡的要求核裁军的愿望,遵循日益高涨的公众舆论要求。就任总统后,采取的第一个主要国际行动,就是禁止一切核试验。并且他仔细考虑了处理哈萨克斯坦已接受核武器的各种可供选择办法,反复研究。一方面,他坚决拒绝了某些阿拉伯国家核合作的金钱引诱;另一方面,他也拒绝了民族主义者主张核独立的要求。制定了走向核裁军的路线,同美国讨价还价时审时度势,同中国进行沟通时头脑清醒,同俄罗斯处理具体事务时脚踏实地。在这个传奇故事的展开过程中,他的主要判断都是对的。最终,他赢得了国际舞台的尊敬,也强化了他在国内战线上,应对宪政和经济挑战的地位和能力。

第十章　新货币—新宪法—新经济

相比一些危机,有些危机解决起来更费时间。努尔苏丹·纳扎尔巴耶夫成功迅速地解决了令世界担忧、同胞分化的核问题。而哈萨克斯坦的经济困难和宪政困难则一拖再拖,费时良久。在这些漫长故事的初期阶段,纳扎尔巴耶夫曾作了一些错误判断。最后他不因循守旧而勇于创新,终于解决了这些问题的大部分。但当他大力推行激进改革议程时,他的批评者们指责他不民主,甚至是专断独裁。

卢布危机是大家都预见到了的,但当它真正来临时,纳扎尔巴耶夫仍感到出乎意料,大为吃惊。哈萨克斯坦独立后不久的那段日子里,他已经全面了解了本国的卢布流通所暴露出来的困境,因为卢布的供应和兑换完全取决于莫斯科中央银行家的善意。因此,他担任总统后采取的首批行动之一就是发布一项绝密命令,授权采取措施准备发行新的国家货币。除总统本人,只有另外五人参与了这项国家机密行动,其中最重要的人物是哈萨克斯坦国家银行行长加利姆·巴伊纳扎洛夫。他回忆道:

> 总统签署了命令,把唯一一份复印件给了我,保存在我在国家银行的保险箱里。我认为,他希望我们除非不得已就不要做这件事,但同时他害怕俄罗斯人可能正在计划为卢布区的未来动些什么手脚。所以我得到授权,开始计划

启用我国自己的货币,我照办了,买了新计算机,作了货币状况统计,甚至设计了货币样品。

这些准备工作在月度会议上进行了讨论,会议由纳扎尔巴耶夫亲自主持。当建议中的货币新样品拿出来进行审核时,少有的一个轻松场面出现了。货币样品中最大面额的钞票上是总统头像。不知道纳扎尔巴耶夫是出于谦虚,还是由于当时通胀率超过百分之两千因而要自我保护,他不愿用这种办法来使自己流芳百世,他说:"只有非洲的总统们才在生前把自己的头像印在钞票上。"

设计新货币是本国艺术家的使命,这是第一步。下一步就是为新货币找到一个合适名称。纳扎尔巴耶夫选择了"坚戈","坚戈"是哈萨克中世纪的钱币,和当时的俄罗斯钱币"坚吉"是同一词源。这个名称因而在亚洲草原有着深远影响。把古代和现代文化完美地结合在一起,反映了纳扎尔巴耶夫总统的个性特征。

一个更实际的问题是怎么制造新货币?哈萨克斯坦没有合适的印刷设备。不能把这个任务委托给俄罗斯造币厂,因为找它订货就会泄露机密。因此,最后两家有经验的英国公司——"托马斯·德·拉·露伊"公司和"哈里森父子"公司获此殊荣,双方签订了合同。纳扎尔巴耶夫说道:"它们印制的货币质量、合同的财务方面以及保密问题都达到了我们的期望。"

虽然坚戈的第一批样品于 1993 年初就秘密运到了阿拉木图,纳扎尔巴耶夫仍坚信,新货币几年之内并不会派上用场。他的期望并非空穴来风,而是基于苏联卢布区的经济生活的不可争辩的事实。不管哈萨克斯坦的民族主义者喜欢与否,该国的贸易主要是同俄罗斯做的，而办理业务使用的是卢布。纳扎尔巴耶夫是一个地地道道的现实主义者，他清楚地看到，维持现状在短期和中期内符合本国利益。

> [他回忆道]我想要确保我们属于卢布区的一部分。毋庸置疑，这肯定会在主权方面付出一些代价，因为很清楚，俄罗斯人一定会坚持，作为回报，要对我们的预算赤字和货币供应保留某种程度的控制权。我们的中央银行要从属于俄罗斯中央银行。但是，这一代价值得付出，只要这意味着，我们的工厂不会失去它们传统的生意伙伴，我们人民的生活水平不会受太大冲击。

1993 年来临之前，许多工厂就像一副牌一样正在接连垮台，濒临破产，普通人的生活水平也像石头滚落一样直线下降。因此总统的乐观主义看起来就像是希望战胜了经验。然而，纳扎尔巴耶夫仍固执地坚持他的希望，他还是对哈萨克斯坦将留在卢布区内一段时间抱有相当信心。为什么？ 他的解释是："我对于同当时的俄罗斯领导人的个人关系还是有信心的。"这个看法暴露了纳扎尔巴耶夫的弱点，也是一个很差的政治判断。在他整个事业生涯中，他总倾向于轻易信任与他关系亲密的同僚。对于具有冷酷无情声誉的政治家来说，这实在是一个令人感到意外的致命弱点。只要纳扎尔巴耶夫和同是政客或政府官员的人建立了融洽关系，他就会倾向于太过于依赖他，太过于信任他，一直到失望降临的那刻为止，而在独立后的头几年里，这种事情屡屡发生。

在纳扎尔巴耶夫过分信任别人而引起极度失望的经历中，

同维克托·切尔诺梅尔金的关系是最令人不愉快的关系之一。由于叶戈尔·盖达尔在议会里没有赢得必需的票数来确认连任,切尔诺梅尔金在1992年12月担任了俄罗斯总理,作为总理他的首次出访地就是去哈萨克斯坦。任职三天之后,他飞到了阿拉木图,同纳扎尔巴耶夫讨论了若干令人头疼的双边问题。议事日程上的首要事务就是货币问题,特别是正在扼杀哈萨克斯坦经济的卢布现金的严重短缺问题。切尔诺梅尔金作出保证,从莫斯科流通来的卢布货币状况将会改善。他还承诺说,如果俄罗斯发行本国货币,哈萨克斯坦仍会留在新卢布区。

　　1993年1月,即六周后,当纳扎尔巴耶夫和切尔诺梅尔金在瑞士达沃斯的世界经济论坛上再次会面时,这些承诺又重复了一遍。他们带着各自国家的代表团共进了晚餐。晚餐会上多次正式为友谊祝酒,餐后总统和总理离开餐桌单独去散步。当两位领导人漫步在达沃斯白雪覆盖的街道上时,切尔诺梅尔金透露了一项重要秘密。4月1日起,俄罗斯将撤销带有列宁像的旧卢布银行钞票,并发行新钞票。总理说,但是这一变化不会影响哈萨克斯坦。纳扎尔巴耶夫回忆随后的对话:"不要担心,我们也会为哈萨克斯坦印钞票的。"这是切尔诺梅尔金的承诺。

　　纳扎尔巴耶夫问道:"好的。但你有把握吗?"

　　"肯定有把握。"

　　"我能信任你吗?"

　　"当然。"

　　纳扎尔巴耶夫并不像看起来那样轻信这场冷冰冰的对话。虽然他内心里还是相信这位俄罗斯总理会遵守诺言,但他仍用心听取了他那批年轻经济顾问的反应,他们报告说,据莫斯科传来的谣言,中央银行正在计划着同切尔诺梅尔金在达沃斯所承诺的相反路线。主管日常经济管理事务的哈萨克斯坦第一副总理达乌勒特·萨姆巴耶夫回忆道:"我们强烈地感觉到,俄罗斯人正在同我们玩弄两面手法。因此我们鼓励总统要采取支持两匹马的两手战略。"

当纳扎尔巴耶夫骑的俄罗斯马偏离轨道时,两匹马的赛事就被破坏掉了。切尔诺梅尔金承诺在 4 月 1 日运送新卢布钞票供应给哈萨克斯坦,结果证明是一场"4 月 1 日愚人节骗局",根本就没有货币运送过来。俄罗斯中央银行在几周前就已经停止印制旧卢布,因此,哈萨克斯坦无法支付工资和养老金的危机愈演愈烈。同时,新版卢布正在印制出来。但是,它们只供俄罗斯使用,因为莫斯科的领导人已经秘密地决定创建一种新的货币,而那是把哈萨克斯坦排除在外的。纳扎尔巴耶夫首次听到有关这一决定的消息,系来自切尔诺梅尔金于 1993 年 6 月 30 日给他打的电话。那位俄罗斯总理传来的信息是,木已成舟,"接受或不接受都由你决定"。纳扎尔巴耶夫为这当头一棒和背信弃义惊愕不已。他回忆道:"我当时认为,直到现在还这么认为,这完全是不公平的。我们信任俄罗斯和我们相互之间的睦邻关系。这一步行动对于哈萨克斯坦来说不啻于晴天霹雳。"

纳扎尔巴耶夫接到切尔诺梅尔金的电话后,首先就给达乌勒特·萨姆巴耶夫第一副总理打电话。总统用受惊的嗓音说道:"现在一切都完蛋了。卢布区终结了。俄罗斯从明天起就使用它本国的新货币。"

接下来的几周对哈萨克斯坦来说是一场经济灾难。尽管他们对纳扎尔巴耶夫使尽了一切骗术,纳扎尔巴耶夫仍然继续试图同俄罗斯的领导集团进行相互信任的谈判。他试图使损失限制在最低限度内。8 月,他飞往莫斯科,同鲍里斯·叶利钦总统进行会谈,同他签署了一项协议,让哈萨克斯坦留在新卢布区。尽管在同一个月内,他同切尔诺梅尔金进行了多次会谈,协议还是被一步步地破坏了。因为这一边,正在磋商获取新卢布的条件;那一边,大量非法的旧卢布像倾倒垃圾一样流入哈萨克斯坦,从事这项事务的不仅有越境的投机者,还有仍在俄罗斯控制下的该国的八处军事基地。不值钱的旧货币用飞机运到那些基地,显然是莫斯科政府官方行动的一部分。几周之内,哈萨克斯坦公众意识到了正在发生的事情。旧货币的价值立即暴跌,通货膨胀随之急剧飙升,不稳定状态几近恐慌,所有这些立即扩散到全国各地。10月7日,纳扎尔巴耶夫在莫斯科同乌兹别克斯坦、亚美尼亚、塔吉克斯坦和白俄罗斯的代表一道,签署了一项协议,成立新卢布区以稳定局势。新卢布区包括这四个国家,再加上哈萨克斯坦和俄罗斯。但是,俄罗斯政府对于这项交易极力讨价还价。其谈判者坚持,他们在莫斯科的中央银行将控制货币供应。他们还要求,哈萨克斯坦和其他四个共和国的预算、税收、关税和利率必须同俄罗斯统一。这等于丧失了主要的主权,但是纳扎尔巴耶夫决定接受这一交易条件,因为他要争取时间,在不到一个月内,哈萨克斯坦就要推出本国货币了。因此,他说服了议会,在1993年10月12日投票批准了此项交易。

这些经济上的发展情况,被在莫斯科发生的更具戏剧性的事件盖过了。在莫斯科,叶利钦一直承受着公众动荡不安和议会里反对力量上升的巨大压力。10月中旬,他动用大批武装力量镇压起义,召来坦克炮轰俄罗斯的白宫即议会大楼。这些事件引发了进一步政治动乱。在俄罗斯政府内部,出现了一个强烈反对新卢布区协议的派别。直到10月19日,当负责整合六个共和国的货币体系的副总理亚历山大·肖金飞到阿拉木图后,纳扎尔巴耶夫才知道出现了那股反对势力。纳扎尔巴耶夫问肖金新卢布区是否还在筹建中。肖金回答道:"我们不能干了。我们现在存在不同的利益。"纳扎尔巴耶夫大为震惊,他意识到又一次被他所信任的俄罗斯领导人出卖了。他回忆道:"很明显,把哈萨克斯坦留在卢布区的想法已经寿终正寝。我同叶利钦和切尔诺梅尔金签署的宣言和共同声明等于是一纸空文。他们从一开始就想把哈萨克斯坦拒之门外。"在后来的评论中,他用"事后诸葛亮"的智慧回忆说:

> 我得到的教训是,国家元首是没有朋友可交的。他们只知道本国的和人民的利益。一个独立国家必须依靠自己的力量,事先就准备好应对可能发生的任何困难。

虽然纳扎尔巴耶夫在同切尔诺梅尔金和叶利钦打交道时显得天真幼稚,但是,至少还有一个"B计划"已经准备就绪,可以发行哈萨克斯坦本国货币。1992年初签署的密令,授权对"坚戈"问题作预备性研究,现在紧急地升格为成立一个官方委员会,负责发行新货币。该委员会由纳扎尔巴耶夫牵头,在研究了多种可能的临时解决方案后,决定一举发行新货币。这在后勤上、政治上和经济上都是一场大规模的行动。从后勤上来说,需要派遣一队特别包租的运输机,赴伦敦运回新印制的货币,接着就要快速地在全国各地散发。纳扎尔巴耶夫回忆道:"这一行动是在国家安全委员会控制下绝密进行的。"

> 我明确地宣称,任何泄露这个秘密的人将立即被解雇,并移交法院审理。在看起来不可能做到的一周之内,大家

作出了不可思议的努力,货币不仅被发送到各个市镇和各个地区的银行里,也发送到最小的村子里的邮局。

在这些有形的东西分发之后,接下来就是政治上的沟通了。这是一项只有总统才能做的工作。他准备在 12 月 12 日星期五晚上发表全国广播讲话,通知人民群众,从下周一上午开始,他们就要拥有一种新的本国货币,纳扎尔巴耶夫有些不自然地承认,当时他感到"特别激动,心潮澎湃"。有几个理由使他处于高度担心之中。他最大的担忧是,他对于公众将会作出什么反应没有任何概念。他知道,发行坚戈币是由于俄罗斯的欺负和背叛而强加给哈萨克斯坦的。但是他在对人民发表的广播讲话中不能承认这一点,因为听众中第二大的民族成分(约占 30%)是俄罗斯人。因此,他不得不顾左右而言他,假装说,同俄罗斯没有分裂,发行新货币不会妨碍哈萨克斯坦同强大邻邦的经济和商业关系。由于坚戈的横空出世一直保密得很好,对于新货币发行得这么快,甚至连叶利钦政府都没有探测到蛛丝马迹,纳扎尔巴耶夫接着就要猜测他们对此事作出的反应。在广播讲话中,他战战兢兢地采取了中间路线,力图既不冒犯俄罗斯人,而同时又能引起哈萨克人对强化本国主权的这一历史性措施的自豪感。寻求平衡是相当困难的,但是纳扎尔巴耶夫选用词语时谨小慎微,字斟句酌,看来他达到的效果是,大多数听众接受了他在讲话中表达的政治判断。

在发行坚戈币初期的经济判断则远远说不上成功。虽然最初的实施步骤非常顺利,新旧两种货币在五天过渡期内都是合法货币,但也出现了一些很糟糕的错误。该国只有 7 亿美元的黄金和外汇储备,不足以支持新货币。坚戈币起初与美元的兑

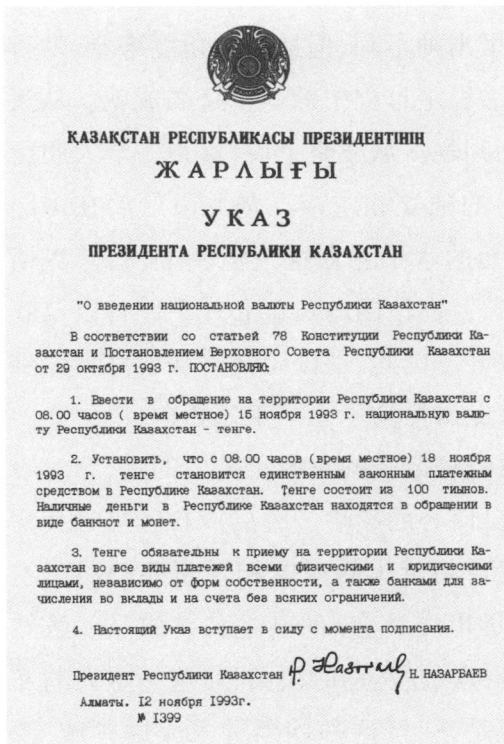

纳扎尔巴耶夫推出本国货币的法令（俄文本）

换率 1∶5 定得太高。几天之内兑换率就降低了 50%。总统依照惯例巧妙地回避坏消息，设法使自己不受到不可避免的公众批评，而这些批评是由于贬值对储蓄、养老金和商业企业的不利影响引发的。纳扎尔巴耶夫后来描述这些事件时，把判断的错误归结于他的总理。总统说："贬值是塞尔格·特里钦科犯下的严重错误。他本来应该立即引咎辞职，而不是像他那样一直尸位素餐，直到 1994 年 10 月。"在另外一些评论中，他指责议会应该对坚戈币的贬值负责。这些借口有歪曲事实以推诿责任、保全自己之嫌，特别是从那样一位总统嘴里说出来，因为总统在要求不称职的部长辞职时，很少缓慢行事。事实是，关于坚戈币的关键性决定，包括兑换率，都是由总统牵头的经济小组全体成员集体作出的。关于错误判断中他自己的作用，特里钦科是这样说的："在发行新货币时，我们成了自己幻想的俘虏。我们都相信，我们可以维持 1∶5 的汇率，但是，事实上这只是一种浪漫幻想。"毫无疑问，当时的纳扎尔巴耶夫也持有这种浪漫倾向。

虽然新币在头几个月里出师不利,但从历史角度来看,发行坚戈币是在建立经济和政治稳定过程中的一个持久成就。从策略上说,确实存在一些短期问题。从战略上说,这是一个大胆行动,有助于强化哈萨克斯坦的独立和主权。坚戈币最后在国际市场上浮动到约 70∶1 美元的水平。在这一汇率上,哈萨克斯坦的出口和生产率开始增长。在该国的黄金和外汇储备以及收支平衡方面,也有了相应改善。因此,在该国经济从混乱无序到有竞争力的转变过程上,坚戈币扮演了一个重要角色。

就坚戈币而言,比它对经济成就的贡献更重要的是,它对哈萨克斯坦作为一个国家的自信心的影响。脱离卢布区当时其实是心不甘情不愿的,但是发行新货币的速度和果断要归功于纳扎尔巴耶夫、特里钦科和“货币委员会”的其他关键成员。虽然无论是哈萨克斯坦的人民群众,还是它的议会,对这一重大的发展事态都没有心理准备,但是,一旦这种钞票进入流通领域,原来像过山车下降那样的贬值速度已经慢下来,变成像飘浮物那样缓慢的步伐,独立的国家货币之创造自然全国范围内引起了普遍骄傲。这是走向建立国家主权的重要一步。纳扎尔巴耶夫说得对:“坚戈是我们历史不可分割的一部分,又是它所处时代的一个标志。”

*　　　　　*　　　　　*

在坚戈的传奇故事里,纳扎尔巴耶夫的行动是一种艰难的组合拳,既有被迫应战,又有主动出击。而接下来他所面对的主要危机,主要围绕着议会和宪法的问题,在这些问题上,他可就奋勇当先了,在一定程度上是因为这出戏是国内戏。但是,就像处理坚戈问题一样,发生了一系列出人意料的事件,给了他机会果断坚毅地采取了行动。

发行新货币一事暴露出 1993 年宪法和作为哈萨克斯坦最终议会权力源泉的最高苏维埃的根本缺陷。很多老派议员不理解，他们为什么被要求投票用坚戈替代卢布。他们更没意识到，需要通过紧急的立法措施来改革僵化了的经济，而当时，经济正处于通货膨胀和货币投机买卖的令人吃惊的压力之下。议会和总统发现他们之间的分歧日益增大，互相争执不下。正如纳扎尔巴耶夫所说：

> 最高苏维埃证明无能通过法律。开会时，讨论经常一再拖延而没有产生任何结果，会议中间则有很长的休会时间。我们永远在等待议会的裁决，而最终得到的印象是，议会不过是在阻挠形成经济改革的立法基础……最高权威的问题一直处于争议中。

总统的不满和挫折感，议会里越来越多的议员也同样感受到了。1993 年 12 月，最高苏维埃 360 名代表中，有 200 名代表提出了辞呈。纳扎尔巴耶夫形容这种自我瓦解现象为"独立的哈萨克斯坦历史上最具戏剧性的事件之一"，它类似于火鸡投票赞成圣诞节①这种很特殊的情况。一种解释是，他们对国内外发生的事件感到很害怕。极度通货膨胀和快速贬值的货币是产生害怕的两个原因。更令人害怕的是，邻邦俄罗斯的行政机

---

① 在传统的圣诞餐桌上，烤火鸡是不可缺少的菜式。在一些亚洲国家，或许每年只有圣诞节这一天才吃火鸡，以庆祝佳节；但在欧美，尤其是美洲大陆，火鸡却是很普通的一种肉食，而且在感恩节和圣诞节这两个大日子，火鸡更是传统食品。

构同立法机构之间发生了冲突,冲突以叶利钦下令康特米洛夫坦克师向议会大厦开火而告终。在整个地区,特别是在格鲁吉亚、阿塞拜疆和塔吉克斯坦,都发生了大同小异的战争。哈萨克斯坦的大多数议员想逃避在他们的国家也有发生这种潜在流血冲突的责任,这也许并不令人感到意外。所以,他们在1993年12月8日自己投票使议会消失,把他们所有的权力全都交给了行政机构。

在1993年12月到1994年3月间,纳扎尔巴耶夫通过发布总统令进行统治。他推出一项经济改革规划,确定了新一轮选举日期。经过紧张的谈判后,决定新议会将是一院制,由177名专职的议会代表组成。不幸的是,在3月份选举之后,他们的专业工作只进行了几个星期。在运作12个月之后,议会又故态复萌,回到了前一届议会的坏习惯,以冗长的演说阻挠议事进程,使行政机构的工作规划无法进行,营私以自肥。纳扎尔巴耶夫的预算案在经过13周无结果的辩论后,仍遭到阻挠,对此,他宣称"深表失望"。他尖锐地批评议会代表们在一年的时间里只制定了7项法律,但是在同一时期内,却投票为自己增加薪金和津贴,这新增的薪金和津贴要从公众的钱包里掏取十亿多坚戈。更为严重的情况是,议会不愿意投票支持政府的重要改革措施,包括语言平等权利、法律面前人人平等、私人业主的权利以及主要工业产业私有化等。

纳扎尔巴耶夫因为议会而产生的沮丧,使他的忧郁日渐深重,但是一件意想不到的事情把他从忧郁中拯救了出来。有一个选区发生了一场地方性的争吵,一位在1994年3月选举计票中未当选的候选人声称,选举法遭到了践踏。这位候选人,塔吉亚娜·克维亚托夫斯卡,向中央选举委员会、报界以及向法院指控此事。出乎很多观察家——包括总统本人在内——的意料，宪法法院在 1995 年 3 月对塔吉亚娜·克维亚托夫斯卡案件作出了有利于她的判决。法院的判决是，在她的选区内，以及在全国各地的选区内，中央选举委员会使用的计票方法必然引发大规模违反"一人一票"的宪法原则，结果是歪曲了选举结果。

纳扎尔巴耶夫在向宪法法院征得进一步澄清后，作出决定，该判决使所有议会代表的选举授权为不符合宪法规定。在这一基础上，他下令解散议会。对他的这一行动，有强烈的反对声音，特别是在议会代表中间。在著名诗人同时也是议会代表的奥勒扎斯·苏莱曼诺夫的带领下，议会里 177 名议员中，有 70 人投票反对解散议会。如果他们能够再多争得几张票，他们的立场就有可能引发一场严重的宪政危机。纳扎尔巴耶夫意识到，这个决定是"他的事业中最困难的决定之一"，但是，面对持异议的议会代表们的游行示威、绝食和其他形式的抗议行动，他立场坚定，毫不动摇。很快，公众舆论就显示出，对于议会的存在，公众非常冷漠，远不如议员本人那样满腔热情。议会代表们无法维持他们抗议的势头，很明显，他们得不到公众支持。纳扎尔巴耶夫一旦看到批评者对于他行使独裁者的权力的指控，在全体人民群众当中像是碰上了聋子的耳朵，他就迅速行动起来。他宣布进行一次全民投票公决，使他的总统任期延长 6 年。向投票者问的问题简单明了："你是否赞成延长人民选出来的总统任期到 2000 年 12 月？"这实际上是要求对他投信任票。面对他的批评者，纳扎尔巴耶夫开始了公民投票公决的造势运动，他那带有挑战性的开场白是：

我们听到有人叫喊说，将会出现专制。是的，专制将会到来,但是,那将是宪法的专制,法治的专制。不过,如果有人在民主口号的幌子下制造动乱和无政府状态,那么,真正专制的危险就会来临。那样,人民就会要求一只坚强的手。

纳扎尔巴耶夫要求给他一只坚强的手,冒犯了他的批评者,但是却得到了更广泛的公众的共鸣。大多数哈萨克斯坦人对于总统和议会之间的权力斗争感到忧心忡忡。他们害怕几个月前莫斯科的流血冲突会在阿拉木图重演。他们出于本能更愿意有一个掌权的强人来进行果断治理,而不是软弱的议会那种议而不决的停滞状态。在群众层面,而不是在议会层面,人们越来越理解,走向自由市场的改革,是经济领域唯一可行的新思路。基于这些理由,总统的全民公决得到了潮水般涌来的支持。1995年4月29日投票后,纳扎尔巴耶夫赢得绝大多数人的支持,得到了95%的选票。虽然在持批评态度的观察家看来,这种一边倒的程度是太好了,因而不真实可靠,他们指责投票受人操纵,但好像无人理会。因为毫无疑问,大多数投票者确实是他们总统的坚实后盾。

纳扎尔巴耶夫的确渴望行使总统权力,但是他是一个精明的政治家,他不会把全民公决的胜利用作跳板来进行公开的专制统治。他意识到,那样一种领袖的观念,将使他降格为国际媒体和世界上民主国家眼中的一个贱民。他还知道,他将丧失他的国家的人民长期以来对他的支持,如果他们看到他的行动不合法或不符合宪法规定。因此他特别强调这个事实,即他进行治理是按照1993年宪法中一个条款做的,这一条款准许“临时”把更多的权力授予共和国总统。在这一合法授权下,纳扎尔巴耶夫把制定一部新宪法作为他最优先考虑的事项。

1993 年,总统曾经建立一个小组,由一批年轻法律教授和宪法法律律师参加,其目的是制定一部令人满意的宪法,但是没成功。1995 年 4 月议会解散时,这个想法突然复苏了。当时的司法部部长、著名律师纳加希贝·夏基诺夫和这个小组两位才华横溢的成员,包尔江·穆罕默德雅诺夫和康斯坦丁·科尔帕科夫,受到纳扎尔巴耶夫的召见,他告诉他们:"我派给你们一项工作,起草哈萨克斯坦新宪法。你们不用再承担其他工作。搬到我的官邸来,你们就在那里自行工作。没有人会来打扰你们完成这项伟大任务。"

这两位年轻的法律教授都风华正茂,30 岁刚出头,他们就这样开始了工作。他们有很好的基础,因为他们先前曾经奋斗了两年时间,全力对付撰写 1993 年宪法的工作,虽然惜未成功。宪法起草小组从过去的锁链中解脱出来了,过去他们必须使他们的工作成果被现已解散的最高苏维埃里困惑不解的保守派所接受,现在他们的工作可以快马加鞭地进行。

[穆罕黙德雅诺夫回忆说]我们并不觉得执行这项历史使命是一个负担。我们是年轻的律师,脑子里充满了各种创造性念头,在同总统进行深入细致的讨论中,我们不断地就这些念头进行辩论和测试。他每天都来参与我们的工作。通常他都是晚上 8 点钟来,带着他手写的大量笔记。当我们坐下来用晚餐时,他就会说:"这是我对于新宪法的这一部分或那一部分的一些想法,但是我不是要强迫你们接受。我要你们作进一步研究后再告诉我你们的看法。"

一位昔日的议会代表、现在担任司法部部长的扎吉帕·芭莉埃娃,亲眼目睹了这种交换学术见解的气氛。这位部长有一个晚上碰巧去总统阿拉套官邸拜访总统,当时宪法起草小组正在讨论,立法机构应该是一院制还是两院制。

[芭莉埃娃回忆说]我对那过程的不拘礼节、友好随便和认真细致的程度感到很吃惊。总统穿着开领衬衫,在这个愉快的五月的夜晚,坐在花园里,同两个年轻人一起,翻看很多论文。他充满激情地参与辩论,究竟要不要第二个院,还引用外国的一些宪法内容。我记得,在开始对某种观点有利,后来又偏向另一观点时,我听到了大声喊叫声,比如"你错了!""你给我拿出证明来!"接着是中途休息,在总统走出房间后,我听到一位年轻的顾问对另一位说道:"我们是所谓的宪法律师,但是总统掌握的论据比我们还强。"

从这种回忆以及其他目击者对宪法起草过程的描述来看,很明显,纳扎尔巴耶夫亲力亲为,深度参与了起草的各个方面。在这个过程中间,他花费了他称为"两周假期"的时间,用来研究二十多个亚洲和西方国家的宪法。其中最有影响的来源是法国和新加坡的宪法。同时纳扎尔巴耶夫认真仔细地告诉他的专家说:"我们不要照抄任何别的国家的宪法。我们的基本法一定要有我们自己的哈萨克斯坦特色,既要包含哈萨克过去的传统,也要包含我们正在展望的将来的哈萨克思路。"

总统和他的两位年轻法律教授经过艰难讨论,终于撰写出了新宪法的第一个草案后,草案交由以司法部部长 N.A.赛克诺夫为首的"专家顾问委员会"审议并作了全面修订。该委员会包括从法国来的两名显赫的政治人物,雅克·阿塔里和罗兰德·杜马。他们的影响很大,因为最后形成的宪法创造了戴高乐模式的、由总统治理的哈萨克斯坦共和国,最重要的权力赋予了国家元首。但是,对哈萨克斯坦总统的限制和平衡比法国宪法中对法国总统的限制要平衡要多,这一点成了纳扎尔巴耶夫同他的批评者之间的争论焦点。然而,对于那些企图危害共和国的完整,鼓动种族、宗教或部族仇视以及用暴力手段改变宪法的组织,则作了近乎专制的禁止性规定。纳扎尔巴耶夫坚持,那些条款授予总统的权力在国际恐怖主义和宗教极端主义的时代是必需的。

对一个国家的宪法进行详尽分析,对一部传记而言,有喧宾夺主的嫌疑。但无论是作为个人还是作为总统,纳扎尔巴耶夫都对哈萨克斯坦 1995 年宪法盖上了他个人的印记。从最初产生这样一种想法到最后获得批准,在每一个阶段,这部宪法都主要出于他的构思和创作。在整个过程中,他对合理合法的意见能够迅速接受,对文化的压力反应敏感,在争取公众支持方面也很务实。即使这样,宪法制订出来,大部分还是源于他作为政府官员的亲身经历。他知道旧的苏维埃模式失败在什么地方。对于在有缺陷的 1993 年宪法下有效的政府同议会之间的争论中产生的紧张状态,他很失望。他宁愿选择他看到在别的国家运行得更好的宪政安排。在过去,他是统治苏联的一个共和国的独断专行者,而未来他则可能成为一位注重提高长远国际接受度和国际经济实力的民主主义者。最后的宪法文献很可能就是这两者之间创造性张力的一种反映。

因此,与所有可行的宪法一样,哈萨克斯坦 1995 年宪法是一个妥协的产物。它经历了 18 个"最后的"草稿,最终使纳扎尔巴耶夫和他的专家感到满意。然后,它交由全国去磋商,这一过程导致了1100多条修改意见,在它的98项条款中,有55项作了变动。1995年8月30日,进行了全民公决,公决提出一个问题:"你是否接受哈萨克斯坦共和国的新宪法?这个宪法草案8月1日在报刊上发表了。"投票的结果是,89%的投票者赞成这部宪法。在全民公决后的一天举行的记者招待会上,有些记者宣称,多数票的比例高得有些令人生疑,问投票是否受到政府官员的控制。纳扎尔巴耶夫轻而易举地对付了这些怀疑,他说,全民公决由1000多个观察员监督,其中很多人还来自外国,没有任何人举报违规现象。

当尘埃落定、宪法通过后,纳扎尔巴耶夫的情绪很激动。他回忆道:"我感到特别满意。每一个政治家都有自己感到光荣的时刻,当完成职责后,他就会有特别大的满足感。"当纳扎尔巴耶夫在全民公决后举行的记者招待会嘉许这种光荣时,有人问他,在独立后的头4年中,1991—1995年,他得到的经验和教训是什么。他答复的开场白是,仿佛是回到了儿童时代的情景,他是阿比什·纳扎尔巴耶夫的儿子,他的父亲在切莫尔甘村拥有自家的一小片农田,是一个老练的苹果种植者。

[总统说]春天种土豆,到了秋天,你就可以收获了。但有一种苹果树,得花五到六年时间才开始结果。过去的几年内,在所有后苏联的空间内,没人告诉我怎么能把事情做得快一点。但是我们设法做了一件主要的事——使我们的祖国哈萨克斯坦共和国保持了稳定。我们没有发生流血事件。我们开始管理我们自己的金融业。我们开始管理我们自己的经济,我们知道怎样做使生活过得好一点。在此

期间,我们赢得了全世界的信任。现在人们正在来哈萨克斯坦投资。

＊ ＊ ＊

纳扎尔巴耶夫把制订宪法和鼓励外国投资联系起来,这并不是一种巧合。他非常清楚地知道,如果没有国际上的资金和管理人才的流入,哈萨克斯坦的经济前途将会一片暗淡。在一个不仅对本国公民而且对外国投资者都缺乏稳定的法律框架的前共产党国家里,外国公司为什么要来投资呢? 他们需要看到有立法能够保障诸如财产所有权、汇出利润以及鼓励自由企业的文化,只有这样,外国公司才能发展兴旺起来。

纳扎尔巴耶夫抓住了机会,1993—1995 年期间,在哈萨克斯坦提供了对投资者友好的制度,在这期间,他主要通过发布总统令来治理国家。这是一扇暂时的但却是合法的窗户,准许他作为仅限一人的行政当局和议会解散后的立法机制之结合体来采取行动。纳扎尔巴耶夫运用宪法授予的强大权力,在 12 个月内发布了 141 项总统立法令,大多数是关于经济问题的法令,这些经济问题正是外国投资者议程上最首要的问题。在随后两年中,纳扎尔巴耶夫允许外国投资者购买了 94 家主要的国营企业,包括炼钢厂、煤矿、金矿、电力公司、炼油厂和国营航空公司。处理这些资产不可避免地招来了批评,但是纳扎尔巴耶夫拒绝被批评拖着偏离他的这一政策,他拒绝受理这种反对意见,认为他们不过是"苏联式的排外主义,把任何外国人的存在都等同于叛国"。回过头来看,他也承认自己犯了错误,过于匆忙地把一家国营企业转变为一家自由企业经济。他回忆道:"经济改革的过程不能完全避免采取错误措施,作出欠考虑的决定以及引发社会并发症,但是,我们正处于极度的危机中,私有化不能被说成是'正当的'或'不正当的'。只能根据是否有效来对它进行评估。"

虽然纳扎尔巴耶夫是匆匆忙忙地当上了总统,但是,在推行新经济政策时,他经常回头去看俄罗斯。他仔细地注视着莫斯科的那些寡头政客们的一举一动,越来越确信,他们玩的权力游戏对哈萨克斯坦来说是错误的。纳扎尔巴耶夫要创造一个广大得多的财产所有者阶层,他们将会从出售国家资产中得益。他是有选择地执行这一政策的。他的批评者抱怨说,由于总统的徇私舞弊和偏袒好友,一小撮哈萨克斯坦人,包括纳扎尔巴耶夫的亲戚,变得特别富有。这个评论是公正的,但是,还应该说的是,这个国家突然冒出来的新财富比俄罗斯的分配要平均得多,遍布整个地区和古代哈萨克社会的部族疆界。为了达到这一目的,纳扎尔巴耶夫发明了一种出售国有资产的多层次策略,运用一系列的模式,其名目分别为首创私有化、票券私有化、小型私有化和农业私有化。这些计划的全面影响是,它们带来了对待私有部门的态度出人意料的急剧转变。人民群众不再害怕自由企业,开始理解自由企业的优势,例如商店里摆满了新的食品,而新的服务业,如加油站和汽车修配厂如雨后春笋般出现,一批新的小型和中型商业主开始出现。纳扎尔巴耶夫对于拥有财产和商业的中产阶级的观念部分是源于哈萨克文化,家庭、部落和"玉兹"必须在个人掌管和机会均等的基础上过着游牧生活。但是他也从到国外旅行时观察的现代西方文化得到一些想象力。纳扎尔巴耶夫在欧洲、亚洲和美洲旅行时,仔细询问现代西方文化的主人们之后,理解了中产阶级财产拥有者、企业家和经商者形成了他们国家稳定的力量。所以,他决心把许多同样的价值观和道德观灌输到哈萨克斯坦社会里。

　　纳扎尔巴耶夫的日程中核心内容是经济改革、宪法改革、新货币,不久,这个日程就开始产生效果。1993年是梦魇般的一年,通货膨胀率高达2600%,此后改革了财政支出机制和重建机制,使通货膨胀率在1995年下降到59%,此后一直稳定地下降。到1996年,哈萨克斯坦的国内生产总值从20世纪80年代后首次再度增长。不可避免地,该国的经济会发生不稳定和故障,尤其是在1998—1999年亚洲金融危机和2008—2009年全球金融危机时,但是在这两次危机之间,哈萨克斯坦的经济连续九年有两位数的增长。

　　从苏维埃时代的低迷不振过渡到强大而成功的自由企业经济,主要应归功于20世纪90年代纳扎尔巴耶夫的改革纲领。但是,还有另外两个重要因素,在纳扎尔巴耶夫的领导下改变了他的国家。第一个因素是,与邻邦的和睦相处。第二个因素是,把哈萨克斯坦发展成一个产油国和矿产资源丰富的国家。

第十章　新货币—新宪法—新经济

· 237 ·

第十一章　俄罗斯、里海、中国

　　莫斯科、盛产石油的里海和北京,这些都是对新独立的哈萨克斯坦前途命运产生重要影响的因素。对于它们中的任何一个,纳扎尔巴耶夫都不得不因势利导,有的放矢。有时候,他虚张声势,但更多的时候他展现出魅力。即使他手中握有王牌,也需要做一位能屈能伸、见机行事的谈判家。与他接壤的两个大国,他都得罪不起,但他也不能被人认为在事关哈萨克斯坦重大民族利益的双边问题上屈从于它们的压力。在里海,他与美国石油公司和国际油气管线财团均等合理地共同承担某些问题。在较小的邻国中,他有着政治劲敌和私人恩怨等问题。然而,尽管有那么多的束缚,尽管他在选人和用人问题上屡屡犯错,纳扎尔巴耶夫还是逐渐成为该地区显而易见的赢家。因为,至 20 世纪末为止,哈萨克斯坦已经遥遥领先于诸如乌兹别克斯坦、土库曼斯坦、吉尔吉斯斯坦、阿塞拜疆和乌克兰等其他独联体国家,在经济发展和政治稳定方面比叶利钦的俄罗斯看上去要健康得多。纳扎尔巴耶夫在中亚驾驭 20 世纪 90 年代版本的"大博弈"的过程是一个错综复杂但引人入胜的故事。

　　叶利钦反复无常的政府与哈萨克斯坦之间纠缠不清的纠纷总是令人难以捉摸。卢布与哈萨克斯坦坚戈两种货币之间的纷争才刚刚平息,另一争议导致了两国关系的恶化。新争执关乎设在哈萨克斯坦拜科努尔的航天发射场的前景。这座具有传奇色彩的航天发射设施位于哈萨克斯坦中部,它在两国都引发了强烈的政治情绪。当哈萨克斯坦的公众舆论有一部分直言不讳地要求关闭拜科努尔发射场时,莫斯科的领导人感到被公然冒犯了,因为该发射场是他们国家力量和声誉的核心部分。

俄罗斯人有理由对拜科努尔感到骄傲,这是苏联太空探测计划这顶皇冠上的明珠。它原本是作为红军远程洲际弹道导弹的第一个基地而修建的,后来它的角色发生转变,改为具有历史意义的一系列太空探险的发射基地,其中包括1957年的第一颗人造卫星"伴侣一号",1961年尤里·加加林的载人轨道飞行,1963年的瓦莲京娜·捷列什科娃首次女宇航员飞行,以及后来发射的联盟、质子、旋风等太空飞船。那时,这些成就领先于美国的同类计划,因而是俄罗斯人民和科学家们巨大骄傲的源泉,尤其是对于那些拜科努尔苏联航天项目的领导者来说,更是如此。

拜科努尔的名称在哈萨克语言中的意思是"香草遍布而富饶的棕色土地"。它是那一大片肥沃的草原牧场的象征,这片牧场位于咸海以东大约120英里,苏联在那里建立设施,原称列宁斯克。该基地本身大约60英里长、50英里宽,由一个红军师加以警卫。除此之外,苏联还在拜科努尔建起了整个一座城市,里面的居民主要是科学家、技术人员和军事人员。

哈萨克斯坦独立后,许多民族主义运动成员呼吁关闭航天发射场,部分原因是环境问题。苏联对哈萨克斯坦自然环境的漠视程度在每个地区都令人震惊。继谢米帕拉金斯克周围的核灾难之后,最令人深恶痛绝的生态灾难发生在哈萨克斯坦中部地区,特别是咸海的干涸和军事基地附近的乡村地带被滥用。所以,因环境问题而造成的激动情绪,加上法律上强有力的理由，即该航天发射场在实际地理位置上处于哈萨克斯坦的主权范围之内，使得反对拜科努尔的运动火上浇油。相反，俄罗斯人争辩说，因为是他们建立和管理了拜科努尔40多年，并在那里建造了世界范围内科学上卓越而且独一无二的设施，该发射场应当继续留在他们的主权和控制之下。

两种立场僵持不下，在俄罗斯和哈萨克斯坦之间引起了尖锐摩擦。虽然两国在1992年签署了友好合作条约，但是拜科努尔破坏了双方建立良好关系的意图。这个问题使两国总统承受了来自各自国内的利益集团和公共舆论的巨大压力。所以，当纳扎尔巴耶夫于1994年3月访问莫斯科时，拜科努尔成为议事日程上的头等大事。

两国元首在克里姆林宫举行的谈判持续了很多个小时，生动展示了两位领袖的不同风格。起初，纳扎尔巴耶夫对各项细节的掌握给人留下了深刻印象。然而，叶利钦也预先做了必要的准备工作，特别是在关于指挥和控制问题的论证上。纳扎尔巴耶夫把谈判的这部分内容扩大到两个邻国间争议的范围之外，宣称："今后，拜科努尔应当不仅属于哈萨克斯坦和俄罗斯，而且应当属于全世界和全人类。"这一全球性的眼光显然也让叶利钦怦然心动。他竟然与他的顾问们的建议唱对台戏，热烈回应道："好啊！只要我们继续控制拜科努尔，我愿意承认哈萨克斯坦对拜科努尔的司法主权，——但是我们不愿向哈萨克斯坦付任何租金。"

叶利钦认为他在主权问题上所作的重大让步已经使问题得到了解决，便大声说道："拿伏特加来！"一位侍从进来，拿了两只杯子，每位总统面前放一只。"不，给我们拿四只杯子来。我们两位各需两只杯子来作出这么重要的决定"，叶利钦命令道。

另两只杯子拿来后,纳扎尔巴耶夫与叶利钦一起举行了第一轮祝酒。随着气氛的缓和,他抓住机会重新提出俄罗斯为设施付租金的问题。

"为什么你不给我们付任何租金?"哈萨克斯坦的领袖问道。

"因为我们已经在主权问题上作了如此巨大的让步,这就足够了。"叶利钦答道。

纳扎尔巴耶夫指出,他也作出了重大让步,同意拜科努尔应由俄罗斯人员来管理。

"哈萨克斯坦永远都不会接受你们不付任何租金,"纳扎尔巴耶夫接着说,"可以肯定,你们有能力给我们付一笔象征性的租金,是不是? 俄罗斯是个巨大的国家,资源丰富,财力雄厚。"

对俄罗斯巨大经济规模的恭维促使叶利钦转变态度,在谈判中更向前迈出一步。

"多少?"他问道。

"只需一个象征性数目。我建议一年两亿五千万美元",纳扎尔巴耶夫答道。

"我认为,这是一笔昂贵的数目,而不是象征性数目",叶利钦说。

"好吧,那么一年一亿美元租金怎么样?"纳扎尔巴耶夫问道,同时半开玩笑半认真地说:"另外每年投入一千五百万美元来象征我们之间的友谊。"

"好吧——成交",叶利钦说道。他用右手在桌子上拍了一掌,笑称 1 亿美元的数目中增加的"15%是为了友谊"。

两位总统之间敲定这笔交易如此果断、神速,陪同人员都感到愕然。俄罗斯外长安德烈·科济列夫离席跑到叶利钦身边,在叶利钦的耳边轻声地表示反对意见。

"坐下,闭嘴!"叶利钦不耐烦地呵斥道。"我是俄罗斯总统,我已经作出决定。"

纳扎尔巴耶夫也听到他的代表团成员因为对于哈萨克斯坦失去对拜科努尔的控制而喃喃抱怨。但他对这些反对意见也不屑一顾。两位总统当场签署了一份为期 20 年的拜科努尔租赁协议,一年一亿一千五百万美元这个出人意料的租金数字由叶利钦亲手写入了协议文本。

俄罗斯有一句俗语"同一块面团捏出来的",这正好可以用在纳扎尔巴耶夫和叶利钦两人身上。这在某种程度上解释了他们个人之间和谐融洽的关系,他们沟通时那种豪放不羁、思维敏捷的作风,以及他们就达成像拜科努尔租赁协议那样艰难和重要协议的能力。两人本来都不是政界人士,经过摸爬滚打才在政治生涯中崭露头角。由于出身低微而具有的强大根系滋养了他们,他们更多的是听从内在本能的召唤而不是受外在压力的影响。在这一特定场合,讨价还价,风趣幽默,以及四杯伏特加,都不过是逢场作戏。事实上,两人都明白,有关拜科努尔的协议符合他们的国家利益,这比没完没了的对抗要强千百倍。尽管这一协议受到猛烈批评,特别是在俄罗斯的杜马和哈萨克斯坦的议会当中,但拜科努尔协议(尽管花了五年时间才支付了第一笔租金!)经受了时间的考验。俄罗斯的太空探测计划继续兴旺发达,而哈萨克斯坦的科学家和航天员们也没少参与航天飞行器的研究和驾驶工作。

* * *

比拜科努尔要困难得多的一个双边问题是:谁拥有里海海底和周边地区的石油? 20 世纪 90 年代,在纳扎尔巴耶夫不得不绞尽脑汁疲以应对的各类问题中,没有哪个问题像这一问题那样耗费了他那么多的时间。这个问题更加错综复杂,但最终给哈萨克斯坦带来了更大的报偿。

在中亚的所有政治领袖中,纳扎尔巴耶夫是第一个认识到里海可能具有巨大石油储量的人。他从未猜想到,将来某一天,这里的石油储量估算差不多会与伊拉克的石油财富的规模并驾齐驱。然而,幸运、机遇、外交和艰苦的谈判等因素综合在一起,最终使他得以把哈萨克斯坦置于竞赛的有利位置,而这场竞赛的大奖很有可能成为 21 世纪全球最大的石油宝库之一。

这一幸运本来是不幸,即众所周知的 T-35:早期里海海边石油钻探的火灾事故和后来的爆炸。这一事故发生在 1985 年 7 月,即纳扎尔巴耶夫被任命为哈萨克斯坦苏维埃共和国的总理数月之后。他缺乏经验,仅 45 岁就担当这一职务,作为苏联的一个卫星国,哈萨克斯坦处于从属地位,这一切意味着,他在这一戏剧性事件中只是一名旁观者,而这幕戏剧是由莫斯科的石油部处理的,或者更确切地说,不当处理的。行业专家把这次事故称之为"世纪喷泉",其非同寻常的压力把熊熊烈火喷射到 600 英尺的高空,花了一年多时间才得以控制。但是,即使作为一名旁观者,纳扎尔巴耶夫却获得了这样一个信息:里海地区拥有油田,其储量和面积远远超出任何人之前的想象。

在莫斯科的石油部,只有地质学家组成的小圈子才与纳扎尔巴耶夫对里海的潜能有相同理解。等到苏联的政治领导人们开始了解这一规模巨大的新能源时,他们正在为共产主义王国的解体忙得不可开交,以至于顾不上对其他问题作出长远决定。开发里海油田成为极其次要的目标。戈尔巴乔夫总统在 1990 年访问美国时,虽然代表苏联与美国雪佛龙石油公司签署了协议,开发里海的田吉兹油田,但是由于雪佛龙公司与莫斯科的石油部开展了错综复杂的谈判,该项目进度缓慢。到 1991 年 7 月,俄国与美石油公司的谈判似乎走进了死胡同。纳扎尔巴耶夫抓住了时机。他劝戈尔巴乔夫把田吉兹油田的谈判权从苏联石油部转给哈萨克斯坦苏维埃共和国的部长会议。这一劝说不是件多么棘手的事情。"哈萨克斯坦从此以后就要接管该油田",纳扎尔巴耶夫在 1991 年 7 月写给戈尔巴乔夫的信中盛气凌人地写道。表面上看,这位苏联领导人赞同这一肆无忌惮的抓权行为,其理由是,哈萨克斯坦的谈判者能够从雪佛龙公司攫取更好的条件。一种更好的解释是,苏联领导层正处于极为脆弱的时候,纳扎尔巴耶夫一心想控制里海谈判,戈尔巴乔夫除了屈从于纳扎尔巴耶夫外,别无其他选择。1991 年 7 月中旬,这位苏联总统正与意见不同的共和国领导人们就新联盟条约进行极为艰难的谈判。随着意见分歧的加剧,戈尔巴乔夫需要纳扎尔巴耶夫的帮助来调和分歧。纳扎尔巴耶夫给予了帮助。但暗中的回报是,哈萨克斯坦应接管与雪佛龙的交易。戈尔巴乔夫接受这一条件时,便是纳扎尔巴耶夫长期以来攫取里海的机会主义运作取得辉煌成就之时。一年多之前,他与雪佛龙的领导人在旧金山相遇,听到他们抱怨苏联石油部的拖延和阻挠,纳扎尔巴耶夫便说:"如果你们想要很快解决问题,那么你们就根本不应费力去同莫斯科讨论问题。你们应当直接与我们打交道。"这是他首次试图从侧面包抄石油部的谈判者,话虽然说得鲁莽,但最终他成功了。

纳扎尔巴耶夫一度以苏联在田吉兹的关键人物而闻名,人人都想直接与他交谈。1991 年 7 月 29 日,乔治·布什总统开始对莫斯科进行国事访问,他提出要与这位哈萨克总统见面。

于是,纳扎尔巴耶夫立即被戈尔巴乔夫添加入苏联官方代表团的名单。布什本人原本从事石油事业,在美苏关于田吉兹的最初几轮谈判中起了关键作用,最终导致美国雪佛龙的参与开发。所以,这位美国总统熟知油田的详细情况,但他发觉被纳扎尔巴耶夫抢了风头。对田吉兹油田高硫含量和运输成本等这些复杂的技术数据,纳扎尔巴耶夫烂熟于胸,说起来如数家珍,滔滔不绝。布什不由地问:"你是训练有素的石油专家吗?"

"不是,我是冶金学家",纳扎尔巴耶夫回答说,"可是生活促使我了解了经济的各个部门。"

这一答复显示了纳扎尔巴耶夫通常所没有的谦虚,因为他正在积累有关里海石油方方面面的大量专业知识——法律的、财政的、技术的,还有更为重要的——政治上的。1991 年末苏联不复存在之后,政治知识的重要性更加凸显。直至那时,对里海海底丰富石油声称具有权利的仅有两个沿岸国家——伊朗和苏联,后者事实上指俄罗斯。现在忽然一下子,索要权利的国家增加到了 5 个——伊朗、俄罗斯、阿塞拜疆、土库曼斯坦和哈萨克斯坦。在这五个沿岸国组成的五重唱小组各个成员的权利得到同意并且在法律上得到确认之前,外国石油公司将很难开展新的钻探工作,即使这不是不可能。外国银行家和投资者也难以为里海石油和天然气的开发出资。

哈萨克斯坦可以从里海问题的公平解决中获得最大好处,因为大家知道,这是里海北部含油量最大的油田。但是俄罗斯就此采取了一种固执的谈判立场。苏联解体后的一两年里,莫斯科的石油部拒绝放弃里海周围陆上油田的法律主权,虽然这些油田显然在哈萨克斯坦的边界之内。对这些油田的声索与国际法或地理毫无关系,而完全是因为雪佛龙在田吉兹的最新钻探成果。这些成果显示，那里至少含有两亿五千万吨可以开采的石油，构成世界上第六大油田。俄罗斯的石油游说团对"失去"如此巨大的财富感到愤怒，对叶利钦施加巨大压力，要他劝说纳扎尔巴耶夫把田吉兹还给俄罗斯。这些强制策略促使纳扎尔巴耶夫进行他称之为"与叶利钦的多次不愉快的谈话"，但是，在这样一种法律上十分荒谬的主张上，他没有退缩。最终，有关里海的争议以一段幽默的对话而告终。纳扎尔巴耶夫如此回忆这段插曲：

> 在莫斯科的一次会议上，叶利钦对我说，"把田吉兹还给俄罗斯"。我看着他，意识到他并非在开玩笑。于是，我回答说："可以，如果俄罗斯把奥伦堡州还给我们的话。毕竟奥伦堡曾是哈萨克斯坦的首府。"对此，他反驳说："你们对俄罗斯有领土要求吗？""当然没有"，我回答道。他爆发出一声大笑，我也大笑起来。

相对照之下，俄罗斯在里海近海石油权利上的固执态度却不是在开玩笑。莫斯科的开场白是，里海不是海，而是内陆湖。因此国际海底法根本不适用它。其次，俄罗斯人争辩说，即使里海是海，它由波斯（伊朗）与那时的俄罗斯联邦于 1921 年签署的条约所管控。该条约赋予两个签署国共管里海的一切石油权利，这意味着，只有他们两国才有权向其他沿岸国作出让步。

在苏联解体后的六年半时间里，俄罗斯的谈判人员在"湖"和"共管"问题上坚持其在法律上站不住脚的立场。"这确实令人沮丧"，20 世纪 90 年代末担任哈萨克斯坦石油和能源部副部长的卡帕罗夫回忆道。"我们没有取得多少进展，直到后来该问题被看作是油田问题,而不是外国边境问题。"这个现实花了很长时间才被接受。自 1992 年至 1998 年,差不多每个月就召开一次五个沿岸国的里海会议,由副外长或其他高级官员出席。

[参与多次会议的哈萨克斯坦代表伊德列索夫回忆说]这些会议取得的进展微不足道。我们浪费了几年时间绕圈子,在持续的僵局中,没有达成任何协议的希望,也没有一滴石油从里海出来的任何机会。只是在纳扎尔巴耶夫总统介入与叶利钦总统进行面对面的谈判之后,我们才找到了解决办法。

僵局是 1998 年 7 月 5 日晚上在莫斯科以东一百英里位于扎维多沃的叶利钦的乡间狩猎小屋举行的"私人晚宴"上打破的。其气氛与在拜科努尔问题上取得突破的那次会晤有些相似。两人间良好的私人关系和美好的伏特加增进了夜晚的友好气氛。但是,真正使得叶利钦转入谈判热情的,是他认识到俄罗斯将从里海协议和哈萨克斯坦获得好处。纳扎尔巴耶夫抓住一块餐巾布,在上面画出一张里海北部的略图,与叶利钦详细讨论如何分享海底资源。这块餐巾布以及上面潦草的图画、字迹被阿斯塔纳的一家博物馆收藏,供后人参观。历史学家可能难以解读两位领导人在饭后用象形文字书写的东西,但是,他们那时的意图是明确的。纳扎尔巴耶夫提议,里海北部的石油和天然气权利应当根据两国地理的海底"中线"划分。然而,叶利钦反对这条线路,理由是这条线忽视了俄罗斯声称享有主权的两个小岛,这两个小岛叫泽斯特基和乌卡特尼,常年无人居住,常常被水淹没。纳扎尔巴耶夫热情地主动重新画线,以便让俄罗斯对靠近这些岛屿的库曼嘎济油田享有更大的份额。叶利钦还对由中线分开的卢克石油公司享有权利的两个油田——它们名叫哈林索克和森特拉尔诺——表示关切。纳扎尔巴耶夫提议，把这两个油田变成俄哈两国各占 50% 的合资石油公司，并补充说："我们不会让美国石油公司购买我们在合资企业中的份额，假如卢克公司想要增加份额，这对我们来说是可以的。"这种碳氢化合物版本的政治交易显然对叶利钦有吸引力。清晨两点钟，叶利钦宣布交易已经做成。

两位领导人夜间达成的协议立即转为叶利钦助理谢尔盖·普里霍季科和纳扎尔巴耶夫的总统办公厅主任努尔泰·阿比卡耶夫的官方公告。"从清晨两点到早上九点，普里霍季科和我使用我们的笔记和桌布上的图画起草了两位总统的联合声明"，阿比卡耶夫回忆说，"这是根据两国总统修改的中线划分里海海底边界的意向宣言"。

里海协议宣布时，已是 1998 年 7 月 6 日的上午，这一天恰好是纳扎尔巴耶夫的 58 岁生日。在那天晚上为向他表达敬意而举行的国宴上，东道主叶利钦总统对纳扎尔巴耶夫说，这个协议是给他的一份很好的生日礼物，也是给俄罗斯领导的一份慷慨礼物。"一个伟大民族的伟大儿子只能办大事"，这是极具夸张语调的最终结论。

宴会结束后，两人继续以这样的方式相互恭维。叶利钦主动提出陪同他的客人对克里姆林宫历史悠久的内厅作短暂的浏览观光。两位总统进入沙皇御座的房间，叶利钦说道："这是我们俄罗斯君主登基和统治国家的座位。"

纳扎尔巴耶夫回答道："鲍里斯·尼古拉耶维奇，也许你应当占用此宝座，在这里统治俄罗斯，而不是在你的办公室。"叶利钦常常显示出沙皇之怪癖和帝王之风范,他似乎很欣赏此提议,这一恭维满足了他的虚荣心,他不由得开怀大笑起来。最后他回答说:"谁也没有向我提出过这样的建议,连我在部队中的战友都没有提过。但是俄罗斯现在是个民主国家,只好让这御座继续空在这里了。"

纳扎尔巴耶夫十分清楚,俄罗斯的权力结构与其说民主,还不如说专制更名副其实。这就是为什么他成为一名高手,能对叶利钦的自负投其所好,在一对一的总统外交这样的高级层面以他的技巧为哈萨克斯坦取得许多良好成果。在两位领导人达成的各项交易中,1998 年 7 月 5 日至 6 日夜间达成的协议最为重要,因为它结束了多年来在里海北部问题上的政治和法律纷争。公告表明,俄罗斯放弃了以前所声称的内陆湖和共管的概念。这意味着石油和天然气公司现在可以开始它们的探测计划,尽管对中线略有修正的最终协议直至 2002 年才由普京总统正式签署。

所谓的"餐巾布"交易后来显示了它的重要性,即它开启了哈萨克斯坦财富的大门。后来证明,这笔财富比纳扎尔巴耶夫当时梦想的要大得多。第一桶金是 2000 年 5 月在卡沙甘打出了石油,这是里海近海的一处新油田,位于阿特劳东南约 48 英里。早期报告称,所发现的油田巨大。纳扎尔巴耶夫兴奋不已,于 7 月 4 日坐飞机奔赴钻塔。他参加的仪式开始时,钻塔经理宣布:"总统先生,我们把卡沙甘赠送给您。"仪式结束时,来访者们的脸上被涂上了石油。纳扎尔巴耶夫欣喜若狂。他被告知,新发现的油田要比田吉兹大得多,可开采的贮量估计超过16 亿吨高质量的原油。从钻塔回到阿特劳机场,纳扎尔巴耶夫向记者们宣布:"今天我可以告诉你们,那里有石油,大量的石

2000 年 10 月 10 日,纳扎尔巴耶夫与俄罗斯总统普京会面

油,高质量的石油。这大大有助于我们的独立、我们的未来和我们今后的繁荣。哈萨克斯坦人民的希望实现了。"

　　后来的一系列情况和发现证明,这些言论所表达的乐观主义,以及纳扎尔巴耶夫后来把哈萨克斯坦的储量同伊拉克的储量相提并论的做法,在很大程度上是有道理的。然而,在那时,发现新石油和确定海底碳氢化合物之合法的主人仅仅是里海戏剧的第一幕。第二幕是铺设自己的输油管道,它将使哈萨克斯坦能向其顾客输出石油,而不需依靠在苏联时期铺设的数量不足的俄罗斯管道系统。两个阶段都涉及战略决策和紧张的谈判,而纳扎尔巴耶夫在其中都扮演了关键角色,他的助理是由雪佛龙原先向他介绍的一名异常有趣的顾问。

　　苏联解体时,雪佛龙已经与莫斯科石油部的官员在谈判桌上花费了好多个月的时间。戈尔巴乔夫的倒台(他曾亲自邀请美国石油公司开启与他的政府的谈判）看起来也意味着美国雪佛龙石油公司将无法继续参与里海项目。当雪佛龙总裁肯尼斯·德尔在其加利福尼亚的家中看到阿拉木图电视新闻宣布苏联时代的终结和独联体的组成时，他对夫人说："好吧，我想我们可以忘掉与苏联的交易。"

德尔的悲观弄错了地方。独立但紧缺现金的哈萨克斯坦迫切需要财政收入，也迫切需要和一家美国大石油公司之间的协议来获得承认。于是，1992年初，纳扎尔巴耶夫给德尔写信，建议应当重开谈判。而这些谈判与雪佛龙原先指望与苏联签订协议的条件大不相同。

在担任独立的哈萨克斯坦总统的头几个星期里，纳扎尔巴耶夫埋头于他所谓的"深入研究"雪佛龙提出的交易这一工作中。"在类似这样的时刻，对事实和细节的了解成为决定性因素。我非常明白，哈萨克斯坦的未来可以在谈判桌被决定"，他回忆道。

在研究过去一轮的谈判细节时，纳扎尔巴耶夫对与美国人谈判的苏联石油部团队人员的不足大为震惊。他发现苏联代表团中既没有律师，也没有称职的翻译，提出的协议中所有的文件和财政计算均由雪佛龙拟定，于是，他立即提高了哈萨克斯坦方面的谈判投入。他选择了自己的国际顾问摩根大通集团为投资银行，斯劳特和梅为律师。

没几个星期，两个谈判组之间便出现了僵局。雪佛龙曾同意田吉兹的盈利可以有38%分给他们自己，62%分给苏联。哈萨克人修改了雪佛龙的报价，13%的盈利归雪佛龙，87%的盈利归哈萨克斯坦。双方在勘探和开发区域问题上的意见分歧更大。雪佛龙至少想要得到2.3万平方公里，哈萨克人则最多提供 2 千平方公里。尽管纳扎尔巴耶夫大大地强化了哈萨克斯坦的谈判立场，但他还是感受到来自民族主义者的批评压力，他们指责他向一家外国石油公司出卖国家的宝贵自然资源。他向一位来访的美国记者抱怨说："新闻界的风潮……说这是对哈萨克斯坦的掠夺。"

纳扎尔巴耶夫承受的另一个压力是，他将为 1992 年 5 月访问华盛顿安排日程问题。议程上最重要的一项战略议题是为哈萨克斯坦核武库的问题寻求一个解决办法（见第九章）。但从经济角度来说，紧接着的第二大议题是宣布与雪佛龙做成交易，这对美国人也非常重要。纳扎尔巴耶夫把签署关于田吉兹的协议同一旦哈萨克斯坦遭到核攻击，美国对哈萨克斯坦提供安全保障捆绑在一起。经过一番冒险，纳扎尔巴耶夫赢得了他想要得到的大多数东西。在石油方面，1992 年 5 月，纳扎尔巴耶夫总统和雪佛龙的肯尼斯·德尔在华盛顿的布莱尔大厦签署了一份叫做"基础协议"的文件。尽管不是最终合同，该协议列出了交易的大多数最终条件。哈萨克斯坦方面同谈判最接近的人士认为，这些条件比苏联人愿意签署的条件大有改进。比如，盈利最终确定为哈方 80%，美方 20%，这有利于哈方，而勘探区域则减至 4 千平方公里。

回过头来看，在华盛顿宣布的合资企业对双方都是一笔好买卖。这家合资企业以田吉兹—雪佛龙合资石油公司或 TCO 而闻名遐迩，它在过去的 15 年中生产了一亿两千多万吨石油，50 亿立方米天然气，哈萨克斯坦因此而获得二百多亿美元财政收入。

没有纳扎尔巴耶夫主导的计划、资助和铺设里海至关重要的输油管道，这些利润丰厚的石油生产和财政收入数字都是不可能的。他与雪佛龙签署基础协议时,生产能力受到输油管道短缺的严重限制,同时大部分管道仍处于俄罗斯的控制之下。莫斯科石油部的一些官员对于失去田吉兹油田、把它给了哈萨克斯坦一直耿耿于怀,于是他们采取报复手段,极力阻挠哈萨克斯坦把石油出口给西方买家,每天只允许3万桶田吉兹原油经俄罗斯南部输油管道的枢纽萨马拉出口。至于每天13万桶液化天然气直送至俄罗斯的提炼厂,哈萨克斯坦每年本应当收取2亿多美元。事实上,由于俄方肆无忌惮的做假账和腐败,从来就没有付过一分钱。纳扎尔巴耶夫向叶利钦提出抗议,但这位俄罗斯总统给予的答复十分离奇,他说,他对处于他的国家的遥远地方的大炼油厂无法行使职权,无权迫使它们向哈萨克斯坦支付它们应付的钱。对纳扎尔巴耶夫来说,他与叶利钦的谈判很少以失败结束,这是其中一次。

在田吉兹开发早期遇到了这些和其他许多令人沮丧之事,这表明只有一种显而易见的解决办法——必须从油田至最近的黑海港口新罗西斯克铺设一条新的输油管道,其长度为935英里。然而,这条油管本身就是造成纳扎尔巴耶夫巨大困难和烦恼的原因。俄罗斯、哈萨克斯坦和阿曼三国于1992年成立的第一个里海油管联合企业未能提供必要资金,并且与雪佛龙发生了争吵。僵局的核心在于个性的冲突。纳扎尔巴耶夫对里海油管联合企业内部的争端变得不耐烦起来。他的唯一首要目标是把田吉兹出口管道先建立起来。"问题是,必须要投资",他说,"不论是美国人、阿曼人还是俄罗斯人投资,对我来说有什么区别吗?主要问题是出油"。

由于既没有石油开采出来,又根本没有油管供输出,纳扎尔巴耶夫向一位性格活泼有趣的石油工业中介人詹姆斯·吉分寻求意见。从长远的眼光来看，与吉分的结识给纳扎尔巴耶夫带来了许多冲突和负面的头条新闻。但在里海油管联合企业初期遇到麻烦时，他对吉分的选择还是正确的，因为那位工于心计的人向纳扎尔巴耶夫提出了哈萨克斯坦石油运输问题的一个可行而又有利可图的解决办法。

纳扎尔巴耶夫与吉分的首次相遇是在苏联解体的前一年访问美国时。那时，在美国贸易财团中，吉分代表最重要的石油公司雪佛龙。这个贸易财团是一个美国公司集团，正开始与苏联做生意。吉分本人创建了这个财团。他似乎与克里姆林宫和白宫都建立了极好联系，可以接触与美俄贸易交易有重大影响的任何人，从戈尔巴乔夫总统到布什总统。他四处宣扬的这种人脉关系中，虽然有些是用来迷惑人的，但有些则是真实的。雪佛龙本身就极大地依赖吉分的建议，包括 1990 年 9 月当时还不知名的哈萨克领导人访问该公司在旧金山的总部时，吉分建议要铺红地毯。这次访问给纳扎尔巴耶夫留下了深刻印象，特别是吉分作为政治掮客的技能。然而，他非常有效地运作的权力中心正在瓦解。苏联解体后一个月，吉分便失业了。雪佛龙解雇了吉分，理由是他们与莫斯科无能的石油部之间已不再需要中间人。然而，纳扎尔巴耶夫在就任总统的最初几年里，十分热心倾听西方顾问的意见。他给了吉分一份新的工作，即哈萨克斯坦政府的石油政策——尤其在不断加剧的油管危机方面——的顾问。

吉分化解了田吉兹油管问题上的困境，让美孚石油公司与哈萨克斯坦建立起较为密切的联系。纳扎尔巴耶夫的主要兴趣是用美孚的钱来建设油管，但为了达到此目的，他愿意谈判出售里海北部哈萨克斯坦领域内一大块区域的勘探权利。1995 年 5

月,他飞往巴哈马斯与美孚进行谈判。根据吉分对这些讨论的叙述,纳扎尔巴耶夫对第二家大型美国石油公司到田吉兹参股的计划赞叹不已,尤其是,仅仅为了打开获得独家与哈萨克政府谈判特权的大门,美孚就愿意向哈萨克政府支付 1 亿多美元红利。

"你真的认为,仅仅由于谈判权利,我们就能够获得 1 亿美元吗?"纳扎尔巴耶夫问道。

"那还用说。事实上我建议给你们 1.5 亿美元。你觉得怎么样?"吉分回答说。

"干!"哈萨克斯坦总统道。价格最后确定为 1.45 亿美元时,他欣喜若狂。在 1995 年,对哈萨克斯坦来说,这可真是一大笔款。

美孚的介入改变了油管和田吉兹油田所有权两方面的动态平衡。阿曼苏丹国对原里海石油财团的承诺失效,部分是因为阿曼财政部部长卡伊斯·扎瓦维在一次车祸中身亡。扎瓦维曾是里海油管企业的坚强支持者。于是,纳扎尔巴耶夫制订了一个新的游戏计划,于 1995 年 11 月飞往莫斯科与叶利钦谈判,随身携带了一份由吉分编写的介绍基本情况的"红皮书"。这本"红皮书"提出了为油管出资的一个新的替代计划。叶利钦喜欢这个计划。该计划的结果是,油管的一半归三家政府所有:俄罗斯(23%),哈萨克斯坦(20%)和阿曼(7%)。另一半归四家石油和天然气公司拥有,它们是:美孚、雪佛龙、英国天然气集团和意大利石油总公司。这四家公司将出资总共 26 亿美元,负责铺设从里海海岸的阿特劳至黑海新罗西斯克港全长 935 英里的油管的全部费用。这一油管协议最终达成,而促成这个结果的各种交易、买卖和改组,其复杂性极其不透明,即使对于最老道的石油行业观察家们来说,最终结果也似乎是一团乱麻,无法解释。正如华尔街日报记者史蒂夫·莱文总结这段长篇故事时说的那样:"铺设田吉兹这条大油管的道路最终被扫清时,没人能够信心十足地说所有这一切是如何发生的。这似乎是,敌对的各方成了一条意外的管道的父亲。"

这一结果在外界看来是意外,而对纳扎尔巴耶夫来说,却是意料之中的事。他领导着一个几乎被陆地包围但又盛产石油的国家,可是这个国家极度缺乏输油管线,这真的让人十分懊丧。他不得不故伎重演,再次使用他与叶利钦谈判的一切个人技巧,来克服俄罗斯官僚主义对里海油管联合企业协议的阻挠。1999年,两位总统在莫斯科的叶利钦医院病床上终于达成交易。这位饱受病痛折磨的俄罗斯领导人被纳扎尔巴耶夫逼着作出启动里海油管联合企业的最后决定。在听取有关条件之后,叶利钦在枕头上转过头来,问他的两位主要顾问维克托·切尔诺梅尔金和鲍里斯·涅姆佐夫:"这条油管对俄罗斯有好处吗?"两位顾问异口同声地回答道:"当然。"在病床的另一边,纳扎尔巴耶夫的石油部部长努尔兰·巴尔吉姆巴耶夫在他的老板耳边轻轻地祝贺:"一个大突破。"在一片和谐的气氛中,协议的文本当即就在叶利钦病房签订。个人之间的良好关系再一次给两国带来了良好的公益。

然而,哈萨克斯坦确实得为解决里海石油和天然气运输问题付出进一步的代价。这一代价是做进一步的结构改革——这次是田吉兹油田的所有权本身。美孚石油公司花10.5亿美元购买了田吉兹25%的股份。这样,哈萨克斯坦就只剩下25%,雪佛龙拥有45%,而阿维沃和卢克两家伙伴石油公司拥有5%的股份。吉分因促使美孚与哈萨克斯坦达成交易而获得5%的佣金奖励,让他挣得了5100万美元。这笔佣金,以及吉分在里海费尽心机做成错综复杂交易所涉的大把钱财,后来成为了法院办案、媒体头条新闻、指控、反指控和许多说不清道不明的争议的话题。在写作本书时,吉分已被美国当局判定犯有受贿、洗钱和对外国政府官员行贿等罪行。他否认这些指控,且作出非同寻常的辩护说,他是充当中央情报局在哈萨克斯坦的代理人,得到相当于00级许可的授权,攫取数百万美元并偷偷地存入瑞士银行的账户。虽然在理论上说他是在等待审判,但纽约一家上诉法院的一次裁定,维护了吉分使用他的中央情报局代理人身份作辩护的权利。这自然引发对他的指控有可能会被撤销的揣测。

不管怎样,吉分已被哈萨克斯坦人抛弃。由于美国政府判他有罪,2000年,哈萨克斯坦决定不准吉分与纳扎尔巴耶夫有任何接触或介入政府事务。在任命卡西姆·若马尔·托卡耶夫为哈萨克斯坦新总理之后,他便很快被排除在外了。1999年下半年,托卡耶夫再次以全新顾问的身份现身于关于石油和油管的复杂谈判场合中。

[托卡耶夫回忆说]我注意到,只要吉分坐在我们这边的谈判桌旁,美方的反应就是消极的,因此,我把这一看到的情况告诉了纳扎尔巴耶夫,他便把吉分排除在谈判之外。从那时起,总统便独自与雪佛龙商谈重大决定,由他的石油部长和总理辅佐,但没有吉分。那时,吉分对我非常恼火。

虽然2000年以后,纳扎尔巴耶夫不再和吉分那种闯江湖式的财政管理和交易方法发生任何联系,但他确实被这位美国中间人的法律麻烦所牵连。因为 2003 年起诉吉分的美国检察官用证据来支持他们的指控，即被告曾为哈萨克斯坦政府的某些高级官员安排了财政上的好处，其中包括纳扎尔巴耶夫，并把丰厚的资金转入他们在瑞士的银行账户。这些未被证实的说法尽管在媒体上作了大量报道，却没有在哈萨克斯坦国内掀起大的波澜。哈萨克斯坦国内公众舆论似乎认为，即便他们的某些政治领导人的确抓住时机捞了一把，这也是可以接受的，因为里海的成功给哈萨克斯坦带来了极大利益。对纳扎尔巴耶夫在里海问题的职责上一个更为根本的批评是，他卖给外国石油公司的一些石油权利太便宜了。在作出原先交易决定大约 15 年之后，鉴于石油价格上涨了 900%，以事后诸葛亮的智慧作出这样一种论断实在是太轻而易举了。从历史的角度来看，可以理直气壮地说，在开发里海时的一团乱麻的初期，很少人了解面临的风险，或完全明了事情的规则。纳扎尔巴耶夫的重中之重是从地下采出石油，通过管道输出，为哈萨克斯坦获得财政收入。雪佛龙为其持股人谋利也有相似目标。对双方来说，这是一种高风险、高回报的伙伴关系。这一伙伴关系已经取得了超出想象的成功，至 2008 年年底，为哈萨克斯坦创造了 3000 个石油工业岗位，为雪佛龙和哈萨克斯坦各自挣得了大约 200 亿美元。此外，正如在后面的章节中所显示的，里海石油和天然气生产的最佳岁月仍未到来。

＊　　　　　＊　　　　　＊

整个 20 世纪 90 年代，哈萨克斯坦同俄罗斯的关系，里海石油的分工划界、铺设油管以及其他双边问题中的各类枝节事情，一直是纳扎尔巴耶夫首要关心的问题。与此同时，他没有忽视同中国的关系。这种双边关系在哈萨克斯坦独立后的第一个十年里稳步提高,部分是由于两国领导人之间的(音乐上的和政治上的)和谐沟通,部分是由于在诸如边界、少数民族和享有自然资源等具有潜在分歧的问题上取得了很大进展。

纳扎尔巴耶夫和中华人民共和国主席江泽民之间良好的个人关系是发展良好中哈关系的一个重要因素。能讲共同语言是两人关系融洽的一个关键因素。另一个因素是两人都喜欢唱歌,演奏乐器和探讨文学。

所谓共同语言,就是指中华人民共和国主席和哈萨克斯坦总统都能讲流利的俄语。江泽民曾经在高尔基一家苏联汽车厂的装配线上工作过,因而讲得一口流利的俄语。他告诉纳扎尔巴耶夫:"我与工人们一起生活,从他们那里学会了俄语。"而纳扎尔巴耶夫也曾在一家苏联炼钢厂有过同样经历。由于抛开了翻译,两位领导人能够摒弃各种繁琐的外交礼节,并且发现他们有许多共同的个人的和文化的兴趣。通晓俄罗斯文学就是这样一种兴趣,而另一种兴趣是音乐。江泽民喜爱弹钢琴和吹黑管。纳扎尔巴耶夫则精于弹冬不拉。两人都有良好的男高音嗓子,喜欢演唱浪漫的民谣和民歌。1996 年 7 月,江泽民访问哈萨克斯坦和两年后纳扎尔巴耶夫访问北京时,他们的才华得以充分展现。在阿拉木图的一次国宴上,两人用俄语演唱了著名的歌曲《莫斯科郊外的晚上》。尤为惊奇的是,两位领导人在北京演唱了哈萨克古典民歌《都达尔与玛利亚》。当纳扎尔巴耶夫拿起冬不拉弹出第一段时,江泽民拿起第二个麦克风加入了合唱——不过是用中文!整个宴会厅都被惊呆了。哈萨克斯坦总统和中华人民共和国主席用各自的语言唱完了《都达尔与玛利亚》的整首歌曲。哈萨克语的歌词都是关于一位哈萨克年轻英俊的青年都达尔,他的卷发赢得了俄罗斯姑娘玛利亚的芳心。

然而,中文歌词政治上更为正确,较少浪漫色彩,未提及国籍。在这次令人啧啧称奇的二重唱结束后,纳扎尔巴耶夫想了解江泽民是在哪里和怎样学会这首哈萨克民歌的。这位中国主席回答说,这是中国乐曲,名叫《可爱的一朵玫瑰花》。显然,在两国政治家们建立外交关系很久之前,两国的音乐家就开始合作了。

尽管纳扎尔巴耶夫在同江泽民的工作议事日程中,制造个人友善气氛的能力和他同叶利钦交往时同样重要,但哈中峰会当然不是音乐交流,而是政治议程。在一个事例中纳扎尔巴耶夫展开魅力攻势的效果,被哈萨克斯坦驻北京前大使库阿内什·苏尔丹诺夫注意到了:

> 在阿拉木图晚宴上唱歌的中间,我听到非常高兴的中国主席对我们的总统说:"努尔苏丹,我认为今天你把正确的问题摆到了咱们的议程上。"

这是中国领导人发出的一个重要信号。因为,在上午早些时候举行的实质性谈判中,纳扎尔巴耶夫的重点是寻求解决两国间的边界问题,特别是在两处有争议的地区。争议问题在此后不久的一份交易中得到了解决,纳扎尔巴耶夫对中国领导人江泽民说:"中国是大国,哈萨克斯坦是小国,你们拿大部分,我要相对小的部分吧。"争议地区的47%归哈萨克斯坦,53%归中国。这项协议随后由两国议会机构批准。对纳扎尔巴耶夫来说,这是一个重大突破。以前北京从未与苏联的任何共和国达成过边界协议。解决争议区域问题看来对两位领导人都有紧迫感。他与江泽民签署的协议结果是,哈萨克斯坦和中国现已经从法律上批准了他们历史上第一个边界条约。在经历了几个世纪争议地区的战争、入侵、小规模战斗和边境冲突之后,这是一项重大的历史性成就。

纳扎尔巴耶夫如此精心地培育与北京领导层的良好个人和政治的关系,其最后一项对双方有益的是在石油政策上的合作。双向贸易关系如雨后春笋般地发展起来,从1991年的几乎是零上升到2008年超过140亿美元的进出口贸易额。远在承认中华人民共和国为工业巨人成为时髦之前,纳扎尔巴耶夫就已经对其邻国的巨大经济潜能有先知先觉的认识。"并非所有中亚国家的领导人都充分认识到中国现在是世界强国——而你却认识到了",1997年江泽民对纳扎尔巴耶夫说。两年后,两位朋友签署了面向21世纪的伙伴关系条约。江泽民的继任者胡锦涛加强了中哈两国之间的伙伴关系。胡锦涛访问阿斯塔纳时,在与纳扎尔巴耶夫的首次会晤中就直率地谈起中国未来的能源需求,并强调中国从哈萨克斯坦获得源源不断的石油供应的重要性。为此目的,与纳扎尔巴耶夫签署了一项协议,在哈萨克斯坦的阿塔苏与中国边境的阿拉山口之间铺设一条油管干线。目前每年通过这条管线输出500万吨石油。这是一项具有远见卓识的计划,只有在20世纪90年代中哈建立关系时纳扎尔巴耶夫与江泽民奠定的政治基础之上,才可能变为现实。

尽管纳扎尔巴耶夫的重点是与两个超大邻国建立友好关系,但他没有忽视同中亚地区其他国家的个人外交,特别是乌兹别克斯坦、吉尔吉斯斯坦、塔吉克斯坦和土库曼斯坦。

哈萨克斯坦国内的情况比那些较小的邻国国内的麻烦要好得多,可不只是一位忠实的哈萨克斯坦高级政府官员的特别辩护才强调这一点。各种经济统计数据或政治信号都显示同样结论。这些"斯坦"的领袖们是相互和谐地合作,还是相斗,他们的行为在纳扎尔巴耶夫看来没有多少区别。由于里海的石油财富,纳扎尔巴耶夫已经进入一个更大的经济联盟;由于对俄罗斯和中国采取了与人方便的外交和贸易政策,他已进入一个更安全的政治环境。

然而,由于哈萨克斯坦人口比中国人口和俄罗斯的人口要少得多,对于在两个关系的不平衡中会出现潜在的紧张局势的担心总会存在。在当前,纳扎尔巴耶夫似乎取得了任何哈萨克斯坦总统所希望的那样的成功,在他的国家同两个巨大邻国之间营造了互相尊重和友好的气氛。但是,仍有潜伏的问题需要解决,诸如哈萨克斯坦对发源于俄罗斯和中国境内的重要河流的水权问题。

如果说 21 世纪的头十年里哈萨克斯坦的问题主要是设法成功,这比该国在 20 世纪最后十年里如何避免失败的问题要强一百倍。纳扎尔巴耶夫在两个政治终点间走钢丝,其危险程度远远超出他的大多数国民的想象。无论是开发里海、应付俄罗斯或者与中国建立桥梁,哈萨克斯坦都需要一个强有力的舵手——他就是纳扎尔巴耶夫。而在新旧世纪交替之际,他不得不尽心竭力,领导哈萨克斯坦冲破 1999—2000 年的亚洲金融危机。

第十二章　进入二十一世纪　I

国内总统

1. 货币贬值、经济复苏和发展

纳扎尔巴耶夫经常自称是"经济总统"。对于他的工作来说,这个描述当然确凿无疑,但却过于简化。一个战略地位重要、自然资源丰富却又依赖国际价格的国家的领导人,不可能完全专注于国内经济事务。不管国内改革多么重要,21世纪的头几年显示,地区和全球力量可以对哈萨克斯坦的进步造成极大的不可预测的影响。1998年的亚洲金融危机和2008年以来的国际金融危机皆是如此。

至20世纪90年代末,纳扎尔巴耶夫作为经济创新者的名声似乎已经牢牢确立。在紧接着独立后的几年里,他平安度过了冲击哈萨克斯坦脆弱经济的风暴。他的自由市场改革正在取得成功;他的私有化纲领声势正旺;国民生产总值正在稳步增长;里海石油正在成为增强商业和外国投资者信心的主要因素。可是,犹如晴天霹雳,1998年东南亚的金融危机爆发了。

"亚洲四小虎"(马来西亚、韩国、菲律宾和泰国)经济中的货币和股市的突然崩溃在哈萨克斯坦引起严重反响。地区商业活动的急转直下引起出口和油价骤降。里海原油降至每桶9美元,使得田吉兹和喀什干两处油田暂时处于亏本状态。与此同时,叶利钦执政末年莫斯科的卢布危机、债务问题和政治不稳定致使俄罗斯经济进入急剧下滑的混乱状态。

[1997年被纳扎尔巴耶夫由石油部部长提升为总理的努尔兰·巴尔吉姆巴耶夫回忆道]这些国家造成的麻烦对我们来说来得真不是时候。我们刚刚作为一个国家抬起头来,来自俄罗斯和亚洲的打击却接踵而至。但是,不管国内危机有多严重,总统坚持其经济改革计划。1998年至1999年是艰难岁月,但他度过了。

许多哈萨克斯坦人使用了比"艰难"更严酷的形容词来形容生活水平跳楼式的下降。亚洲股票市场的暴跌造成经济下滑,虽说没有像1992—1994年的危机那样具有毁灭性,但依然十分严重。尽管如此,退回到昔日那种缺衣少食的艰苦岁月严重地打击了国家信心。食品店里的货架再次空空如也。大批工人下岗,建筑工地关闭,养老金发不出来,红十字会不得不开设粥铺来救济几个城市中嗷嗷待哺的人们,电力供应时常中断,一些家庭在冬天不得不烧自家的家具来取暖。

[接替巴尔吉姆巴耶夫于1999—2001年担任总理的托卡耶夫回忆说]这是一段艰难的岁月。在这段时间里,国家预算不得不3次削减。许多人受苦受难,特别是老年人,尽管我们后来确实给他们补发了拖欠的养老金。由于缩减开支以及有一种又回到危机中的感觉,政府必然非常不得人心。

纳扎尔巴耶夫把这段动荡岁月描述为"对我们的年轻国家及其财经制度的一种耐久力的考验"。对他最严峻的考验是，是否应该让坚戈贬值。在危机初期，由格里戈利·马尔臣科担任主席的国家银行认为贬值是错误的。为了支持不贬值政策，银行不得不经常干预外汇市场，亏损了 6 亿多美元的黄金和美元储备。纳扎尔巴耶夫任命原先就主张贬值的达米托夫担任新的银行主席。

　　[纳扎尔巴耶夫回忆说]我请他过来，花了很长时间讨论利弊。直到 1999 年 4 月，俄罗斯的财政情况已经稳定了，这个国家货币贬值的可能性已经大大减弱，我们才重启自由浮动的坚戈汇率。

虽然有许多批评家认为，总统出台浮动汇率政策拖了太长时间，但决定一旦得到实施，对经济的好处很快就显示出来。在贬值的几个月之内，增长恢复了，出口上升了，国际收支赤字得到了扭转。"由于采取这些措施，我们能够把世界金融危机的负面影响控制在最低限度，维持宏观经济的稳定"，纳扎尔巴耶夫说道。他的说法大体上是有道理的。在那些受到俄罗斯和东南亚金融危机负面影响的地区经济体中，哈萨克斯坦的复苏最早、最强劲。由于受到石油价格的支撑，2000 年哈萨克斯坦的国内生产总值增长了 8%，2001 年增长了 13.1%，在以后的 7 年里均实现双位数的增长。这些成就由于纳扎尔巴耶夫所谓的"2030 计划"而得到巩固。这是一项长期的经济战略，要把哈萨克斯坦打造成为具有全球竞争力的国家，拥有自由市场、低税收、降低政府开支、广泛的土地私有制、高投资和一个富裕的中产阶级。该战略顺利进行时,纳扎尔巴耶夫毫不犹豫地为他治理经济的功劳评功摆好。在经济停滞或遭到破坏时期,他巧妙地扮演"圆滑总统"的角色,政治抨击对他不起作用。部长们受到公众的激烈批评时,国家元首冷静地高高在上。例如,亚洲金融危机处于高峰时,纳扎尔巴耶夫想方设法让他自己和他的整个政府脱钩,在 1998 年 9 月 30 日对议会和全国发表的讲话中说:"哈萨克斯坦没有任何人,包括我自己,对政府的业绩感到满意……我们发现政府的运作每天都太慢,太官僚主义,太混乱,缺乏责任心。"

这种公开表明与其政府脱钩,说明了为什么纳扎尔巴耶夫有时在雇佣和开除部长们时是冷酷无情的。他总是在改组他的内阁,从 1997 年到 2001 年短短的几年中就换了四位总理。纳扎尔巴耶夫在政治任命问题上的铁腕强化了他"强人"的形象,"强人"是西方记者开始给他的一个比较客气的修饰语。有些西方记者喜欢把他标榜为"独裁者""独断专行者",或"专权统治者"。这些修饰语使纳扎尔巴耶夫感到担忧。一旦哈萨克斯坦的经济迈上稳定发展的轨道,他就潜心改善他的国家形象,使之成为自由和民主的社会。其结果不是毫无价值,但仍旧没有得到他的国际批评者们的支持。

2. 自由选举,还是预先安排好的选举?

在描述哈萨克斯坦的选举和政治制度时,纳扎尔巴耶夫常常用民主的语言说话。但迄今为止,他的话尚不足以令人信服到可以给予他这样一种名誉,即他在领导着一种可接受的民主制度。这是大多数国际观察家和评论家们的观点,他们是该国在 21 世纪的前三次选举的见证者。然而,就在这些观察家里面,也有许多人承认,哈萨克斯坦已经朝着民主选举前进。他们还承认,总统本人享有广泛的民众支持,尽管对他本人和他的党来说,这个大多数究竟有多大还是个疑问。所以,哈萨克斯坦的选举状况是褒贬不一,有些是有利的,有些是不利的。这是否意味着纳扎尔巴耶夫的民主杯子是空着一半,还是满了一半?

从该地区的标准来看,纳扎尔巴耶夫是民主创新人物。他接受欧洲安全与合作组织的国际观察员到他的国家观察选举,观察员们的报道中对他既有赞扬也有批评。但是,当他允诺今后在其竞选中要纠正制度中的弊病时,纳扎尔巴耶夫不得不留神国内保守传统的公众舆论,这些舆论来自于左派、右派、大中小玉孜部落联盟和其他部落,它们是哈萨克社会中古老的根基和现代权力结构的重要特征。西方对这些结构的复杂性很不了解。哈萨克斯坦的老一代人不了解什么反对派的概念,对外国人的说教不感兴趣。出于这些原因,大草原上的牧民关于民主进程快慢的观点似乎与华盛顿或伦敦的媒体的声音并不合拍,后者期待毫无保留和刻不容缓地引进他们社会的政治进程。哈萨克斯坦最近的三次选举需要从两个角度来看。

拥有 77 个席位的议会下院 2004 年选举的结果是,只有一个反对党的一名候选人当选。他拒绝就任,抗议选举不轨,包括禁止两名反对党的领导人作为议会候选人,理由是他们因毁谤和贪污而被定罪,这被广泛地看作是出于政治动机。然而,有 12 个党参加了竞选,他们都有机会通过 7 次电视辩论和媒体渠道向全体选民陈述他们的观点,没有发生像 1999 年议会选举中媒体遭到骚扰或关闭的现象。所以,欧安组织的观察家们报道说,和过去的选举比已有了进步,但作出结论说:"仍存在严重的缺陷,选举过程没有达到国际标准。"

2005 年,纳扎尔巴耶夫再次当选总统,任期为 7 年。他获得 91% 的选票。他的主要对手扎马汉·图亚克拜仅获得 6.6% 的选票。《经济学人》评论说,"选举显示,很少人愿意冒丧失物质利益的危险,哪怕是为了图亚柏所允诺的更大的民主、报刊的自由以及打击广泛的贪污",还特别指出,"纳扎尔巴耶夫的确是众望所归"。

在总统选举中,一再播出的电视商业广告增进了纳扎尔巴耶夫的声望。广告里若干名哈萨克斯坦商人排着队与纳扎尔巴耶夫握手,宣称"我们这些企业家已经作出选择",以传递赞美国家经济成就的谄媚口号。如同所有竞选活动的商业广告一样,这种方式看起来是人为造作的。然而,选民们还是接受了这样的信息,即国家的繁荣应归功于纳扎尔巴耶夫。对他有利的另一个因素是邻国乌兹别克斯坦和吉尔吉斯斯坦国内的动荡局势,使得哈萨克斯坦的选民们感激他们稳定的领导人。于是,尽管欧安组织对 2005 年的总统选举看法上仍有保留,即使在选票的最后统计上仍有质疑,在总统选举的有效性问题上并没有形成严重争议。

2007 年的第三次选举实行新的比例代表制,所形成的哈萨克斯坦议会中反对派连一席地位都没有。总统的党派名叫努尔奥坦(意为"光芒四射的祖国"),赢得了 88% 的选票。给票数制造麻烦的仅有两个反对党:社会民主党和光明道路党,分别获得 4.6% 和 3.3% 的选票。它们没有赢得任何席位,因为比例代表制设定的门槛是 7% 才能在新议会中获得席位。失望的反对党必然对这样的结果有怨言。一些批评者们抗议说,设定 7% 的门槛太专横、是被人为地抬高了。另一些人声称,在一些选区投票结果可能被省里市长部门的当地官员操纵,他们不想让自己的选区在支持总统所在的党派方面落后。反对党光明道路党主席阿里可汗·拜梅诺夫在本传记的一次采访中,强调了一次具体的选举不轨的例子,"在我出生的卡尔萨科拜村,投票者数字比登记投票的人数多 5 倍",他抱怨说,"所以没人知道到底多少人投了票"。这令我想起 1960 年美国总统选举中伊利诺斯州库克县选区的投票反常现象,或是 2001 年南佛罗里达州的点票结果!但在所有这些事例中,远不能断定这些受到指控的不轨行为(即使一些公正的选举审裁团认为选举结果正确)就真的影响了最终选举结果。

至于欧安组织 1000 名的外国观察家,他们对纳扎尔巴耶夫改进选举程序给予了一些赞许。他们的 2007 年报告表扬了投票站的平静气氛,反对党接触到了更多媒体和作为监督机构的中央选举委员会的透明性。然而,在 40% 的投票站,点票程序被口头评估为"糟糕"或"非常糟糕"。这个结论在一定程度上抵消了总统所在的党派宣称的 88% 支持率的光环,虽然没有违反选举法的具体记载。不过再一次地,对于最终结果没有任何真正怀疑。此外,诸如"比以前的选举有了显著改进"和"国家当局表示愿意实施更加民主的选举程序"等欧安组织的表态显示,哈萨克斯坦的民主尽管有缺陷,却正朝着正确方向前进。最为溢美的颂词来自于英国的独立观察团团长塞西尔·帕金森勋爵。他是前撒切尔政府中的内阁大臣。谈及 2005 年的选举时,他说:"在这次选举中,哈萨克斯坦朝着成为充分民主的国家迈出了重大一步。"

2007 年 5 月,议会投票赞同纳扎尔巴耶夫在 2012 年现任到期时有权再次当选连任第三届总统。这一创新得到大多数欧盟政府和美国的肯定和欢迎。然而,西方媒体在哈萨克斯坦反对派媒体的引导之下广泛地报道说,纳扎尔巴耶夫已经安排好,要做"终身总统"。

把纳扎尔巴耶夫和世界上绝无仅有、称为海地"终身总统"的"爸爸医生"杜瓦利埃相提并论,是没有道理的,因为哈萨克斯坦议会没有改变宪法或终止总统任期限制,在通常情况下,仍是两个五年任期。也许一些西方化了的哈萨克人说得较为准确,称这种安排"相当于 1944 年美国国会通过的由富兰克林·罗斯福担任第三任总统的修正案"。因为,不久,被称为世界信贷紧缩的危机正山雨欲来,面临这种形势,哈萨克立法会投票赋予纳扎尔巴耶夫可以竞选第三任总统的特殊地位,目的在于巩固他们年轻国家的稳定。他还没有说是否要行使这一选择。2012 年现任期满时,他 72 岁。个人健康状况和政治气候极可能决定他是否从总统职位上退下来(也许成为相当于新加坡李光耀的那种令人尊敬的内阁导师角色)。

在国内政治舞台上,眼下还看不到任何接班人或像样的对手。当前,纳扎尔巴耶夫仍是哈萨克斯坦政治上的谋略高手,拥有他继续在任所需的一切权力和支持,直至他选择卸任,并可能选好接班人为止。就民主而言,尽管哈萨克斯坦还没有完全自由且公平的选举,欧安组织的 56 个成员显然十分看好纳扎尔巴耶夫朝这一方向迈进的善意,提出于 2010 年由他和他的国家担任欧安组织主席。时间将证明,这位总统在这一领域能否言行一致。迄今为止,唯一引起麻烦的对手来自于对他感到不满的前家庭成员。

3. 家庭麻烦

纳扎尔巴耶夫精心树立的形象之一是,他是一位快乐的居家男人。在私下,以及在特殊的公共场所,他喜欢作为丈夫、父亲、祖父和曾祖父的长辈地位。像大多数哈萨克人一样,他尊敬前辈。他也乐于和年轻一代属于自己后裔的孩子一起照相。但是,这种虚假的外观之上已经出现了裂痕,这种裂痕由总统家庭生活中可以预测的竞争所引起。直至最近,这种紧张情况还不为外界所知。但是,2001 年至 2007 年之间,演出了一场惊天动地的戏剧,纳扎尔巴耶夫的大女婿发动内讧,猛烈攻击各种不当举止,这些不当举止所包含的一系列行动很快被戏称为"拉哈特门"。这一与主角同名的长篇故事包括腐败、策划政变、绑架和谋杀政治对手。最终哈萨克斯坦高等法院判决阿利耶夫(但他在国外而缺席)20 年监禁。虽然这个故事有许多情节,但两个最为显要的特点是阿利耶夫犯下了严重罪行,以及纳扎尔巴耶夫感到十分狼狈。

这位女婿是拉哈特·阿利耶夫,他在纳扎尔巴耶夫家中的地位从金童跌落成害群之马,然后又沦为流亡中判刑的罪犯。他 1962 年作为名门之后出生于人脉广泛的哈萨克家庭望族,这个家庭的成员们在苏联时期担任过一系列部长级的职务。阿利耶夫于 1982 年娶总统的大女儿达莉佳为妻。20 世纪 90 年代,政治的野心、个人的残忍和王朝的裙带关系推动这位蒸蒸日上的女婿登上了哈萨克斯坦最有权势的一些位置。

在他当权最初几年的不同阶段,阿利耶夫是税务部门主管,国家安全委员会的一位关键人物,负责美国"9·11"事件后的反恐任务。他还活跃于媒体事业。他与妻子达莉佳一道获得了哈萨克斯坦主要电视频道哈巴尔 50% 的份额,其余的 50% 归国家所有。他还控制了另一家私人电视频道 KTK 以及流行的《旅行者报》。阿利耶夫在这些不同的角色中获得了行为残忍的名声,树敌甚多,捞取了大量财富。

> ［纳扎尔巴耶夫回忆说］在此人所干的各种坏事中,最坏的是,他对许多人说,他曾把他的交易告诉过我并获得了我的授权。不幸的是,从来没有人同我核实过,于是终于酿成大错。对我来说,这是一段非常不愉快、不开心的插曲。由于他是我的女婿,这等于雪上加霜。

2001 年,在关于他曾在安全局的帮助下策划政变反对他的丈人的说法中,阿利耶夫被突然解除一切官职。涉嫌政变的证据从来没有公开过。对于阿利耶夫失宠的原因,也许一个更有可能的解释是,他对安全事务、税收调查、商业交易和政治等极具争议的处理使人感到,他若继续处在权力中心位置上,一定是一位棘手的人物。纳扎尔巴耶夫对问题的解决办法是,"让阿利耶夫流亡维也纳",任命他为哈萨克斯坦驻奥地利大使。

在奥地利待了 4 年后,拉哈特·阿利耶夫被召回哈萨克斯坦并被任命为第一副外长。然而,他的复出很快便伴随着进一步的争议。2006 年 2 月,在总统选举后的 3 个月,反对党的一位高级政客、一直强烈批评纳扎尔巴耶夫的阿尔廷贝克·萨森巴耶夫遭到残忍谋杀。他也曾公开批评阿利耶夫在担任安全局高级职务时对抗命犯上者的残忍迫害。安全局的另一名前成员指责说,阿利耶夫卷入了对萨森巴耶夫的杀害。阿利耶夫成功地控告了这位安全局成员毁谤。他的妻子达莉佳在报纸上发表了一篇耸人听闻的文章,声称萨森巴耶夫的谋杀是处于政府中心地位的人精心策划的一场阴谋,以抹黑她的丈夫和家庭。人们广泛认为,纳扎尔巴耶夫对一位评论员称之为"外扬的家丑"

感到气恼。这些怪异行为的后果之一是,阿利耶夫夫妇的权势遭到限制。由达莉佳成立的"阿萨尔"党突然与总统的"祖国之光"党合并,这样便使阿利耶夫权力基础的一部分失去了效力。同时还宣布,政府享有的哈巴尔电视频道的份额由 50% 增加到 100%。

与此同时,拉哈特·阿利耶夫正在扩张他的其他商业运作,据称使用了残暴的方法。在 2007 年 1 月获得哈萨克斯坦第八大银行集团努尔银行的控股之后,阿利耶夫(根据高等法院的调查结果)精心策划了一场绑架,把该银行总裁阿比尔马振·基利莫夫及两位副总裁卓尔达斯·廷拉利耶夫和埃巴尔·哈森诺夫绑架起来了。这几位银行家被骗进一辆汽车,被拉到阿拉木图郊外的一家浴室。根据目击者说,阿利耶夫把他们关了 11 天,折磨他们,强迫他们签字,把一家最优质的城市中心大楼的所有权归阿利耶夫。

> [阿利耶夫说]我在这个国家可以为所欲为。现在我们将会在你们的护照上盖章,说你们跨越了边境,正飞往基辅。我们将把你们埋葬在这里,然后让警察和你们的亲友一生寻找你们——他们将永远都找不到你们。

基利莫夫和廷拉利耶夫最终设法逃出了阿利耶夫的魔掌。廷拉利耶夫和哈森诺夫失踪,一直活不见人死不见尸。但基利莫夫向警察讲述了事情原委,然后把被绑架的事件公之于世。反对党的政客们和各家报纸开始掀起一场运动,要正式调查阿利耶夫在绑架事件中所起的作用。纳扎尔巴耶夫指示检察长办公室对指控开展调查。一听到要开展对他的调查的消息,阿利

耶夫便失踪了,最终在奥地利浮出水面,重新当他的大使。

2007年6月,阿利耶夫被宣布解除职务,因为他面临暴力绑架、在努尔银行洗钱和行骗的指控。哈萨克斯坦对他发出了国际拘捕令,并向奥地利当局提出了遣返他的正式要求。维也纳的一家法院拒绝了申请,理由是,不能确保阿利耶夫在哈萨克斯坦得到公平的审判。反对党和哈萨克当局声称,阿利耶夫在奥地利贿赂打通了关系。

在遣返事件上取胜之后,阿利耶夫发动反击。他宣称对他的指控是错误的。那些指控都是捏造的,他说,因为他最近曾与岳父会晤,并对哈萨克斯坦缺乏民主发展表示关切。根据阿利耶夫对这次会晤的说法,他曾对纳扎尔巴耶夫说,他有意在纳扎尔巴耶夫最后任期结束时的2012年竞选下一届总统。就在这次谈话进行的时刻,哈萨克斯坦议会正在讨论取消宪法对任期的限制,以便允许纳扎尔巴耶夫再次竞选。"我对他说,这一变化等于在哈萨克斯坦建立一个君主政体,好几次,我试图劝他不要搞这个东西",阿利耶夫宣称。

哈萨克斯坦的公众舆论对拉哈特·阿利耶夫突然关注国家民主发展嗤之以鼻。"这完全是无稽之谈",一位反对党领导人奥拉兹·詹多佐夫这样描述。其他许多人都有同样反应,一个重要原因是,大家都清楚地记得,阿利耶夫曾于2006年在报纸上写过一篇激情洋溢的文章,呼吁在哈萨克斯坦建立君主政体。纳扎尔巴耶夫本人称他女婿的说法为"彻头彻尾的谎言"。一批商业领导人攻击阿利耶夫说:"我们中的许多人尝过他做生意的手段,无非是利用执法机构施加政治压力,以达到一己私利。"这几乎是不加掩饰地提及,阿利耶夫涉嫌通过暴力敲诈而攫取了大量财富。

尽管没有人支持阿利耶夫,但国际媒体仍有猜测说,岳父和女婿之间的争吵可能是纳扎尔巴耶夫政治生涯终结的开始,因为这会引起许多政治动乱。议会通过修宪,允许纳扎尔巴耶夫竞选第三任总统,进一步加剧了这种猜测。然而,值得注意的是,美国国务院欢迎这一消息。外交界和国内有好几位评论家也持有同样看法。阿利耶夫对在阿斯塔纳"建立君主制"的担心不仅远未引起动乱,似乎只是自导自演,无人响应。

故事的下一幕发生在 2007 年 7 月,达莉佳与阿利耶夫离了婚。据说离婚书是半夜有人从阿利耶夫在维也纳家的门底下塞进去的,这导致他抱怨说,他被不事声张地离了婚,而且他的签字也是伪造的。他的婚姻结束了,随之而来的是,关于达莉佳仍然支持其丈夫,并策划要与她的父亲政治决裂的闲言杂语也结束了。哈萨克斯坦法院对阿利耶夫继续采取了进一步的法律行动。他的主要资产被国家扣押,或被判归他的前妻。一家军事法庭裁决他策划暴力政变,泄露国家机密,滥用政府官员的权力。最高民事法院判定他犯有多项罪名,包括绑架努尔银行的两名主管领导。他被缺席判处 20 年监禁。

为了对这些法律上的打击进行报复,拉哈特·阿利耶夫多次威胁要揭露纳扎尔巴耶夫。他声称已经完成了一部回忆录——《教父岳父》,其中含有对总统贪污腐败和任人唯亲的指控。虽然这本书尚未正式出版,但它的大部分内容已经见于网络,只是无论在哈萨克斯坦还是世界上,都未产生多大影响。然而,该书最为耸人听闻的断言确实上了头条新闻,那是 2007 年 11 月,拉哈特·阿利耶夫公开指控纳扎尔巴耶夫下令谋杀反对党的主要人物阿尔廷贝克·萨森巴耶夫。按照阿利耶夫的说法,"除掉萨森巴耶夫的命令是从奥地利领土上发出的,时值

2006 年 2 月,纳扎尔巴耶夫总统正在奥地利的克拉根福度假"。

有很多理由使得这一说法很值得怀疑。对萨森巴耶夫及其贴身警卫和司机冷酷无情的谋杀的确是可怕罪行,但凶手被抓获,受到审判并判处徒刑。总统家属的一名成员与谋杀有关,但那是阿利耶夫,不是纳扎尔巴耶夫。阿利耶夫否认他涉嫌卷入,但是,据反对党领袖奥拉兹·詹多佐夫说,他存在作案动机。驻莫斯科前大使阿尔廷贝克·萨森巴耶夫是检举揭发人,他揭露的证据显示,阿利耶夫在安全局心怀不满人员的帮助下策划了反对纳扎尔巴耶夫的政变。

鉴于哈萨克斯坦精英的核心集团深藏不露的手段,这些故事犹如一团乱麻,不太可能澄清、反驳或是证实。迄今为止所能说的是,纳扎尔巴耶夫已经受到阿利耶夫的损害。总统家庭中两位头号男子之间冲突的结果是,丈人看起来是明显的赢家。女婿可能仍是一门口无遮拦的大炮,其举止难以预料,但他在哈萨克斯坦已几乎没什么支持。他令人厌烦,但不构成威胁。他是一位令人生畏的恶棍,据称动不动就使用暴力威胁,这样的名声使他树敌很多,而没有什么朋友。他的前妻达莉佳已经回到家庭的怀抱,对父亲明显十分忠诚。阿利耶夫在奥地利过着舒适的流亡生活,无论他在其院墙背后做什么,还是不做什么,看来已不大可能影响哈萨克斯坦的事态进程。关于政治谋杀和金融绑架尚有一长串疑问,这些疑问虽然后果严重,但也许永远也不会解开,"拉哈特门"的主要结果是,在要不要把政治接班变作一项家庭事务的问题上,纳扎尔巴耶夫总统在今后肯定将会谨慎许多。

1996 年,纳扎尔巴耶夫与外孙阿伊苏丹和阿尔泰合影

4.教育、创新、未来领袖

不论是不是由他的家人接班有多大麻烦,纳扎尔巴耶夫对哈萨克斯坦后代人中的未来普通领导人都花费了很多心思、行动和政府支出。他的努力集中在越来越高度重视教育。从预算角度看,自 2000 年起,他主持将政府在中小学和大学上的开支增加了 7 倍,相当于国内生产总值的 4%。现在,每一位哈萨克斯坦儿童都获得 12 年的初、中等教育。其结果是,该国家 99%的人具有读写能力,在世界国别教育联盟的排名榜上处于第14 位。

尽管有这些统计数字,大家普遍认为,哈萨克斯坦的教育不受重视,是政府活动中不大成功的领域。除了值得注意的"波拉沙克计划"(后文将有更多叙述)是个例外,对有志于 2030 年之前成为世界 50 个最具经济竞争力的国家来说,这个国家从苏联时代继承下来的教育机构是不够的。有四分之一以上的国立学校年久失修,破烂不堪,教师的技能和士气低落。考试结果可疑,因为有太多成绩是家长们暗中行贿而得到的。

在大学水平上,没有机构能够提供国际上承认的学位课程。在阿拉木图有一两所技术学院,毕业生在一些特殊学科上达到了可接受的水平。但是这些机构,与其归功于独立的哈萨克斯坦的教育政策,还不如归功于过去苏联制度的根基。

纳扎尔巴耶夫对他的国家中小学和大学的缺陷心知肚明。他本人很幸运,20 世纪 40 年代和 50 年代在切莫尔甘村和卡斯克连区的乡村学校受教育时,得到老师的潜心栽培。他十分热衷于提高当代哈萨克斯坦的专业水平。"在通往知识的道路上,老师并不是牵着你的手前进,而是给你指路",这是总统引用得最多的一句格言。另一句引自他喜爱的哈萨克诗人阿拜:"假如你想发财,就要学会一门手艺",他外加评论说,"他的话完美地总结了我的现代教育战略"。

据纳扎尔巴耶夫说,年轻的哈萨克斯坦人如要在现代世界上比拼,他们需要掌握的行当是科技领域的杰出成就。"哈萨克斯坦当前需要新式的教育设施",纳扎尔巴耶夫说,"这些应当是名牌大学——强大的,融教育与科研、研究和生产为一体的综合系统,并且与工业紧密相结合"。总统说到做到,用政府的钱慷慨资助几所新成立的机构,诸如哈萨克斯坦管理和经济预测学院,古米列夫欧亚大学和哈萨克斯坦—英国技术大学。纳扎尔巴耶夫最重视的项目是他正在阿斯塔纳开发的新国立大学。他立下决心,该大学总有一天会颁发学位证书,其学术造诣将可与国际社会上最优秀的机构相媲美。然而,那一天可能需要很长一段时间才能来临。

由于他在当选总统的初期就看到,哈萨克斯坦的高等教育机构在可预见的将来没有能力满足正在成长中的一代学生获得世界级大学学位的要求,纳扎尔巴耶夫开启了一项已获巨大成功的创新计划——"波拉沙克"(意为"未来")。

根据"波拉沙克计划",每年有 3000 名年轻的哈萨克斯坦人获得奖学金,使他们能在国际大学学习以获得学位。其中 500 名学生前往英国,1000 名学生前往美国,其余的分散在大约 32 个国家。他们所就读的大学从世界上最有名的高等教育学府,如牛津、剑桥、哈佛、麻省理工、巴黎大学和莫斯科中央大学,到层次广泛的国际科技专科学院。

"波拉沙克计划"是纳扎尔巴耶夫自己独创的观念,他一直亲自密切介入。他于 1994 年启动该项目时总共有 180 名学生。当时政府几乎钱袋空空、外汇极度紧缺,承担一项年度开支义务是大胆的决定,而且其花费很快就上升到 1000 多万美元;把国内最优秀、最有前途的年轻学者送到国外大学去读书,支付他们今后四年的所有学费、旅费和生活开销。但是纳扎尔巴耶夫坚持他的倡议应当进行,把"波拉沙克计划"比作"播种我们的玉米种子"。无论是在公共还是私人领域,哈萨克斯坦无疑已经从该计划中取得了良好成果。

如今任何国际人士到哈萨克斯坦商业或政府上层机构参观访问,他们很快就会认识"波拉沙克计划"的毕业生和研究生。他们是知名度极高的精英管理阶层,由新生代的有权有势的人士组成。他们的工作伦理、抱负、态度以及外向的方式与旧时苏式教育制度培育出来的人大不相同。在银行、大公司、政府部门或他们自己创业的企业里,他们中有许多人已成为明星和正在冉冉上升的新星。"我们在这个国家里相当于罗德学者①",一位自豪的斯坦福年轻毕业生说,他现在是阿拉木图一家国际法律公司的合伙人。

这批具有自我意识的精英正在哈萨克斯坦发展成一个强大网络。这个未来领导人的魔法圈子所具有的神秘感是由纳扎尔巴耶夫特意一手培育的。他定期在"波拉沙克计划"的招待会上与他们见面,十分关心并且熟悉他们的进步,勉励他们,并常常在他的政府中快速提拔他们。

"波拉沙克奖学金"的竞争是激烈的。每一位成功的候选人在国外毕业后按照合同承诺回到哈萨克斯坦工作 5 年。由于就业机会是如此之好,大多数学子都乐于回国就业。尽管有传说称,回国的"波拉沙克"学子们可以令人炫目的速度登上权力和财富的顶峰,但是,该计划的大多数学子还是在更为普遍的领域任职,如工程、药品、矿业、兽医、艺术和设计。本作者遇到过许多"波拉沙克"学子,其中一位是来自阿斯塔纳的 22 岁的丹尼克·贝什姆巴耶夫。他就读于波士顿文特沃思技术学院的航空航天工程系,已经读完了四年学位课程的一半。

[他说]我获得这个计划支出的一切学费和住宿开销。除此之外,我还获得每月 1700 美元的生活补贴和一年回国

---

① 罗德奖学金(Rhodes Scholarships),也译为罗德兹奖学金或罗氏奖学金,是一个世界级的奖学金,有"全球本科生诺贝尔奖"之称的美誉,得奖者被称为"罗德学者"(Rhodes Scholars)。奖学金评审每年 11 月在 13 个国家(包括美国、德国、加拿大、澳大利亚、新西兰、印度等)选取 80 名全球 25 岁以下最优秀的青年去英国牛津大学攻读硕士或博士。2009 年罗德奖学金的全球录取率是万分之一,也是全球最难申请上的奖学金。——译者注

一次的机票。我的所有开销合起来要花费政府大约 5 万美元,所以我无比感谢获得这一机会。我获得航空航天学位后就可以为一家空中运输公司工作。或者我可以留在美国,在像麻省理工学院那样的某个地方获得工商管理学硕士的学位。那样,我会试图成立我自己的航空航天公司。

这种信心在"波拉沙克"的男女青年中很具有代表性。该计划显然是成功的,特别是如果它为学生们带来了文化和职业道德上的显著进步,并给予他们国际化教育的话。如果说它还有弱点,就在于那些选拔学者的学校。其中大多数学校依旧停留于落后时代的二流水平。在这里,存在一个令人烦恼的新问题。哈萨克斯坦的乡村伊斯兰学校有很大一部分与乡村清真寺一道建成,从富裕的捐助者那里获得慷慨的资助。这是使纳扎尔巴耶夫感到担忧的事态。

[他说]近年来,在家乡村子里建造清真寺和学校,在商人中变成了时尚潮流。问题是这些清真寺和学校一旦建造起来,常常搞不清的是,我们的年轻人应由谁来施教,使用什么教学大纲。我们需要一部法律来理顺、整顿这些问题。

总统的这一评论引出了一个他有强烈观点并富有挑战意义的主题——宗教。

5. 宗教——威胁还是机遇?

无论从其教养还是从其倾向来看,纳扎尔巴耶夫都不是一位宗教人士。他敌视任何信仰或教派的极端主义。从个人和政治两方面出发,他支持宗教宽容,支持不同信仰间的对话和世俗政府。然而,他受到来自于国内各地伊斯兰教的压力形成的暗流困扰。有时候,他还得处理其他宗教信仰所制造的麻烦,他们(例如,耶和华见证人)的代表在哈萨克斯坦引起了派别压力。所以,纳扎尔巴耶夫十分警惕,决心不让任何形式的宗教狂热在他的国家里生根。他围绕这一主题所作的政策性讲话是典范的,但在实践中实施这个政策的方式却受到了批评。

2005 年,纳扎尔巴耶夫在一次对哈萨克斯坦人民所作的定期年度讲话中说道:

> 世界上所有的宗教都在哈萨克斯坦土地上留下了痕迹,这就是为什么我们对于不宽容和宗教狂热非常陌生的原因。这种精神传统,这种对于任何形式的圣言都保持开放的态度,是哈萨克斯坦国内信仰之间和谐相处的最重要的基础之一。我们的宽容、民族之间和信仰之间的和谐与对话为全世界所知。

像许多哈萨克人一样,纳扎尔巴耶夫自称是穆斯林,但他真正的虔诚是由其游牧民族先辈的草原和传统育成的。他们崇拜的主要神明叫腾格里,意思是天神。在 10 世纪,伊朗和阿拉伯的伊玛目①最先试图把伊斯兰教输入中亚时,他们发现在哈萨克斯坦建造清真寺毫无意义,因为游牧民族总是赶着他们的畜

---

① "伊玛目"一词最早源自对穆斯林祈祷主持人的尊称,又称领拜师、众人礼拜的领导者,没有其他诸如学者、领袖、表率、率领者、楷模、法学权威等含义,这些含义都从前者引申而来。

群到处游荡,居住和礼拜都无固定地方。总结起来,哈萨克斯坦的穆斯林对宗教的冷漠被异教、萨满教、拜火教和佛教进一步稀释,这些宗教在全国各地都有信奉者。

纳扎尔巴耶夫早期的自由信仰,在21世纪初已经变化为强调宗教宽容重要性的武器。他之所以改变立场而采取这样的方式,部分原因是他喜欢宣称在哈萨克斯坦对生活的方方面面都有明确的战略,部分原因则是他察觉到伊斯兰原教旨主义对他的国家的政治稳定构成潜在的长期威胁。

哈萨克人一贯自随其意,他们有多么信奉"伊斯兰教",就像英格兰圣公会中大多数成员有多么相信"基督教"一样。问题在于哈萨克人没能自随其意。从阿斯塔纳金色穹顶的豪华清真寺(来自于无处不在的卡塔尔埃米尔①的一项礼物)到小城镇和农村里简单得多的伊斯兰建筑物,清真寺正在全国各地越建越多。伊斯兰学校也在跟着清真寺到处兴建。常常由沙特或伊朗出钱资助的传道者,正在卖力地宣扬他们的什叶派、逊尼派或瓦哈比派对《古兰经》的各种解释。紧随传道者而来的,是各种怪异的教派如雨后春笋般涌现,比如像伊斯兰解放党那样。2007年,该组织的30名成员在卡拉干达被捕,罪名是试图建立一个伊斯兰教的哈里发②统辖区,以推翻政府。据说还侦察到,在由乌兹别克斯坦的清真寺输出到阿拉木图地区的武装分子组织中存在着类似的颠覆活动。

哈萨克斯坦的一些议员对这些阴谋忧心忡忡,以至他们于2008年4月提出全面修订宗教基本法。这些修订包括要求宗

---

① "埃米尔",即对某些穆斯林统治者的尊称。
② "哈里发",即伊斯兰教国家的教主和领导人。

教组织按照更为严格的程序进行登记;对小宗派的活动进行限制;传道人必须获得地方政府的许可证;以及禁止任何外国人和匿名捐献者的一切财政捐助。美国政府通过其驻欧安组织的大使抗议这些议会修正案,理由是这些修正案可能"严重威胁宗教自由在哈萨克斯坦所受的保护"。

在哈萨克斯坦即将担任欧安组织主席国之前的几个月时间里,纳扎尔巴耶夫十分重视要确保这个国际机构的认可。他把这些修正案移送至哈萨克斯坦的宪法理事会,这是个监察组织,负责监督立法遵守宪法。2009 年 2 月,该理事会作出裁决:修正案的确违反了宪法保障"宗教信仰自由,或有自由不信仰任何宗教的不可侵犯的权利"。这个裁决使争议得以结束,并引发各类国际人权和信仰组织发表声明,热烈欢迎该理事会的裁决。纳扎尔巴耶夫显然感到,由于面临相互冲突的压力,这是个难以处理的问题。但他最终获得了他想要的结果。他个人致力于哈萨克斯坦的宗教自由和世俗政府。他认为,要强调宗教宽容是他的国家中最重要的核心内容,最公开的办法之一就是在阿斯塔纳建造一座象征性的纪念碑,即大家所熟知的金字塔。

这座金字塔的正式名称叫和谐宫,是一座 93 米高的三角形宏伟殿堂,耸立于国家首都的左岸部分。该建筑由英国建筑师诺曼·福斯特设计,造价大约 8000 万美元。金字塔的顶端设有一间圆形大会议厅,纳扎尔巴耶夫把它称为"世界跨宗派告解对话中心"。他起这个名字的意思是,该金字塔已经举办过两次受到广泛宣传的全球宗教领导人聚会——在 2003 年和 2006年。一些愤世嫉俗者说,来自于伊斯兰教、基督教、佛教、犹太教、印度教、道教和其他信仰的高级神职人员的这席聚会,只是带来了含糊乏义、满是宗教空话的集体情感迸发而已。较为乐观的观察家们说,这个国家拥有 40 多种信仰和 3000 多个宗教机构,它们显然都在兴旺成长,各种宗教之间和平共处的象征性意义是重要的。较新的宗教建筑中大多数是穆斯林清真寺,但也有几百间较老的东正教、新教和天主教教堂。美国驻阿斯塔纳大使馆的最近一份调查报告说,人口中不到一半(47%)自认为是穆斯林,而有 46%的人声称是基督教徒。① 然而,遵守他们的信仰,定期前往清真寺或者教堂的人数要少得多。还应提及的是,有大量其他宗教活动是在全国各地的神龛、庙堂和圣地进行的。哈萨克斯坦是世界上唯一这样做的穆斯林国家,它在过去的 10 年中开设了超过 15 个新犹太教堂,这在一定程度上说明了哈萨克斯坦国内宗教宽容的普遍气氛。在这些犹太教堂里,该国的 4 万名犹太人做礼拜时,不会受到任何伊斯兰的压力或骚扰。

纳扎尔巴耶夫喜欢指出,他国内的宗教团体从好斗的苏联无神论那里继承了具有长期影响的遗产,但现在取得了新的多样性并充满生机。在哈萨克斯坦于 1991 年独立之前,官方不允许说一句赞成宗教自由或精神信仰的言论。所以,在过去的 18 年里确实取得了进步,尽管前面的路可能比总统公开的表态要艰难得多。在 2008 年与一位外国来访者的私下谈话中,纳扎尔巴耶夫说:"牧师可以宣讲他们所喜欢的任何东西,只要他们不说任何不容忍其他信仰的话。从这一意义上说,宗教自由在这里是名副其实的。这是我们划定的界限。"然而,随着不同信仰在 21 世纪的对立加剧,划定界限的难度可能会越来越大。纳扎尔巴耶夫在宗教问题上的开明政策是否会对伊斯兰原教旨主义

---

① 哈萨克斯坦关于宗教的统计数字说,70%的人口是穆斯林。

2015 年 6 月 11 日，纳扎尔巴耶夫参加世界和传统宗教领袖第五次代表大会全体会议

更大的长期威胁敞开大门？或者说,这样的政策是否预示着在一个穆斯林人数居多的欧亚国家里宗教包容的美好新世界正在到来？这尚是一个悬念。

6. 相互冲突的压力

经济第一,政治第二。我们作为独立国家和独立民族的地位将通过经济发展和人民生活富足而变得更强大,而不是通过仓促草率的民主变革。

纳扎尔巴耶夫这段评语的最后几个词"仓促草率的民主变革"反映出他对他的国家向民主前进的速度的矛盾之情。同许多其他哈萨克人一样,他尊重这一目标的理想,但为叶利钦早期在俄罗斯开展民主试验遭到失败而感到焦虑。这种矛盾心情的第二个原因是,他对于所见到的美国和欧洲领导人那种露骨的商业营利主义在一定程度上感到难以容忍,这些领导人把在哈萨克斯坦进行游说以谋取合同与他们提倡民主改革几乎相提并论。就苏联和中亚近期发生的事态而言,纳扎尔巴耶夫今天争辩说应当减少向哈萨克斯坦输入完全民主政治的压力,理由是这一问题所涉及的地方和民族复杂性没有得到很好理解。正如纳扎尔巴耶夫说的那样:

> 在美国、欧盟或欧安组织中,很少有人不怕麻烦去了解中亚到底在发生什么事情。他们不重视我们这个区域的文化的和历史的挑战。他们不理解,克服不自由的政治和国家计划经济这样的苏联心态所造成的负担是需要时间的。我在华盛顿和欧洲首都曾一再力图对此作出解释。

华盛顿和伦敦的政治领导人把多国公司的利益与民主施压挂钩,使纳扎尔巴耶夫感到不安。"让我们回忆乔治·布什对雪佛龙介入哈萨克斯坦石油事业的直接兴趣",他说,"或者迪克·切尼对康菲石油公司和哈利伯顿公司在这里获取大合同的兴趣,或是托尼·布莱尔提出的支持英国石油公司和英国天然气集团的直接要求"。

尽管对于西方领导人进行游说为西方公司争取出口生意不应有什么抱怨,但是涉嫌把政治改革同公司合同之间的界限混淆起来引起了哈萨克领导集团的一些反感。这些界限应当并且的确汇合的地方是寻求国家稳定。纳扎尔巴耶夫认为,哈萨克斯坦宪法赋予总统坚强的中央集权,对于他引领国家渡过独立后最初几年的困难是至关重要的。历史事实看来证明了这种说法的正确性。不像该地区的任何其他国家,哈萨克斯坦在迈向经济和政治安定的相当平稳的道路上避免了流血和动乱。面对全球信贷危机所造成的经济衰退的环境，前方很可能横亘着新的挑战。在俄罗斯，对民主的早期试验引发了经济失利、民族间不和以及自由的颠覆，而民主本意是要创造自由的。相比之下，纳扎尔巴耶夫比较谨慎的态度所导致的结果是和平均衡，不声不响地改进了政治条件。这一成就应归功于他。

关于选举改革，现已确保哈萨克斯坦的未来议会将会有两党代表，哪怕其中之一没有达到 7% 的门槛数字。最近对选举法的 18 项条款作了修改，过去选举中的那种不轨现象应会减少，可望消失。这些根据民主机构和人权办公室建议而作出的变化，使得政党注册、公平投票的管控，以及国际观察家们对选举更广泛的监督变得简单了。

除了 2008 年由议会通过的这些选举变化之外，还有围绕欧安组织媒体自由办公室的建议所作的重大媒体改革。新的立法取消了对电子媒体的限制，包括对互联网网站的限制。其结果是，在哈萨克斯坦的政治博客增加了，其中有一些对政府持有高度批评的态度。虽然这种便利以及量少却大喊大叫的反对派报纸给予了这个国家的新闻自由受欢迎的一面，但主要电视频道仍大部分由政府掌控。

纳扎尔巴耶夫喜欢否认他国内的选举和媒体法律方面的上述进展与外部压力有任何关系。然而，现实是，哈萨克斯坦总是受到其他国家和国际机构的影响。国内总统的行动必然受到国际总统的反应的影响。纳扎尔巴耶夫的双重角色需要从两种角度来仔细审视。

第十三章　进入二十一世纪　II

国际总统

1. 权衡利弊和波拉特

在其外交政策中,纳扎尔巴耶夫既是国际组织中一位小心翼翼的权衡利弊者,也是一位热情奔放的参与者。对于从苏联解体中诞生的一个崭新而脆弱的国家来说,这是一种明智的领导政策。尽管这样一种小心谨慎的方式看起来一目了然,但是,没有其他同类的中亚国家采用同样的路线。动荡不安的邻国——乌兹别克斯坦、土库曼斯坦和吉尔吉斯斯坦——越来越难以捉摸的行为使它们获得了国际贱民的声誉。与其邻国相反,纳扎尔巴耶夫把哈萨克斯坦打造成一个民族国家,它作为国际社会中负责任的成员而受到尊敬,尽管没有受到全世界的普遍赞扬。

纳扎尔巴耶夫作为一名合作型的国际领导人首次赢得声誉是在 20 世纪 90 年代初。当时,他自觉自愿地放弃照管哈萨克斯坦作为世界第四大核武库的职责(见第九章)。通过在《纳恩-卢格尔减少威胁合作计划》之下与美国开展密切合作,哈萨克斯坦已经彻底清除了核武器及其基础设施。它一直继续积极参与全球核不扩散进程。

2012年6月7日，纳扎尔巴耶夫与俄罗斯总统普京在阿斯塔纳会面

2010 年 4 月 13 日，美国总统奥巴马在华盛顿接见纳扎尔巴耶夫

2010 年 1 月 12 日,纳扎尔巴耶夫会见立陶宛共和国总统达利娅·格里包斯凯特

2010 年 12 月 2 日,纳扎尔巴耶夫会见塔吉克斯坦总统埃莫马利·拉赫蒙

2012 年 10 月 2 日,纳扎尔巴耶夫会见爱沙尼亚共和国总理安德鲁斯·安西普

纳扎尔巴耶夫作为广泛的国际组织中一名热心伙伴,赢得了地区和全球性的地位。除了是联合国及其所有机构的正式成员外,哈萨克斯坦还当选为欧安组织和伊斯兰会议组织的主席。它还是上海合作组织的创始国之一;是在阿富汗的国际联盟"持久自由行动"的伙伴;是好几个名声响亮的外国领导人会议的东道国,如"通过多样性世界共同进步"(阿斯塔纳,2008 年)和"世界和传统宗教大会"(阿斯塔纳,2003 年、2006 年和 2009 年)。

这些国际主义的活动使哈萨克斯坦在外交界赢得一些尊重,因为作为一个以穆斯林为主的非宗教主义欧亚国家,它努力在伊斯兰和西方之间的认知鸿沟上架设桥梁,并起到了有益作用。然而,对范围更大的世界公众来说,一个几乎普遍的特色是对哈萨克斯坦一无所知,至少直至 2006 年。那一年,这个知识真空被一名好莱坞的喜剧演员所填补,他创作了一个异乎寻常的角色,成为全球崇拜的偶像。他的名字叫波拉特。

《波拉特》考验了纳扎尔巴耶夫的幽默感。但在这部讽刺影片播放进程的较早阶段,他设法看到了影片有趣的一面。"这部影片是由一位喜剧演员创作的,所以让我们笑吧……任何宣传都是好宣传",2006 年 11 月,他在唐宁街的记者招待会上开玩笑说,旁边坐着布莱尔首相。这是对记者们企图把嘲讽变为争议的一种巧妙的转移处理方式。可是,当萨莎·拜伦·科恩的滑稽模仿作品首次获得高票房时,哈萨克政府的反应却并不那么善意。

对于中伤自己的形象,年轻的国家往往缺少充分的承受能力。于是,《波拉特:对美国文化的了解有益于光荣的哈萨克斯坦民族》在国内有不同凡响是不足为怪的。"绝对不可接受,这是低级趣味和没有教养的大杂烩,与伦理标准和文明行为格格不入",这是外交部对滑稽模仿的斥责。在影片中,科恩虚构的密友,哈萨克电视主持人波拉特·萨迪耶夫游览美国并以其充满性别歧视、种族歧视和反犹太主义的粗鲁言行举止震惊了美国。

官方反对态度的另一标志是,哈萨克斯坦网站管理人中止了以波拉特命名的域名,说是要防止英国喜剧演员"唱衰我们的国家"。科恩另开了一个网站作为回应,并在网站上宣布说,"自2003年的图尔亚基夫改革以来,哈萨克斯坦与世界上任何国家一样文明。妇女可以乘坐公交车。同性恋者不必再带蓝帽子。可发生性关系的法定年龄已提高至8岁"。

一些哈萨克人不仅不欣赏这个笑话,反而更加愤慨。其中之一是扎马汉·图亚克拜,他是反对党国家社会民主党领导人,是哈国内最开明的人之一。科恩声言哈萨克人嗜好强奸、乱伦和作弄犹太人,显然激怒了图亚克拜。图亚克拜谴责这位喜剧演员的无礼幽默说:"如果此事发生在一个比我们国家更有严格法度的国家里,早就会有政府法令处死波拉特⋯⋯如果我见到他,我会狠狠给他一个耳光。"

在出现众多如此这般的愤怒怨言,以及要对影片制作方20世纪福克斯制片公司采取法律行动的官方威胁之时,是总统女儿的介入才使国内舆论得以降温。在接受阿拉木图一家报纸的采访时,达莉佳批评了对萨莎·拜伦·科恩网站的审查。"我们不应害怕幽默,我们不应试图控制一切",她补充说,"原来的讽刺对哈萨克斯坦形象的伤害,比在网站上压制笑话要小得多"。"全世界的新闻机构对网站的关闭都作了报道",她特别提到。

至 2006 年 10 月《波拉特》在全球上映时,哈萨克斯坦国内过度的反应对于电影广告宣传人员来说是福从天降。另外,纳扎尔巴耶夫正式访问华盛顿和伦敦时,恰逢该影片在美英两国的首映日,这无疑又给电影广告人员助了一臂之力。"《波拉特》引发白宫危机会谈",一家报纸在头条新闻中宣称,因为据说纳扎尔巴耶夫向乔治·布什总统抗议好莱坞扭曲了哈萨克斯坦的形象。这个故事是编造的,但虚构的争议给票房收入带来了奇迹。纳扎尔巴耶夫抵达伦敦后,遇到更多的诸如"哈萨克斯坦总统在《波拉特》风暴中来访三天"之类的小报头条。这时正式否认存在紧张的外交关系变得很有必要。纳扎尔巴耶夫以一种轻松的姿态处理了这个问题,向唐宁街记者团问道,"也许在这里波拉特·萨迪耶夫记者本人代表哈萨克斯坦? 如果是这样的话,我很想同他谈谈。"

一旦大家都得知来访的总统对《波拉特》有一种幽默感,所谓的"外交争吵"就消失了。记者们开始写文章指出,从摩天大楼到犹太教堂,该影片是对现代哈萨克斯坦的歪曲。以色列大使字斟句酌地评论说:"假如你要在世界上寻找反犹太主义,你并不难找到。但这里恰恰是世界上唯一不存在反犹太主义的地方之一。"影片关于哈萨克斯坦的其他不实描述还包括:哈萨克人饮用马尿,拿 15 加仑杀虫剂买老婆,在卧室里排便以及把犹太人推下水井。这些荒诞情节与其说是对哈萨克人偏执的嘲笑,不如说是对美国人容易轻信上当的一种愚弄。真正让人看起来荒唐可笑的,只是那些居住在偏僻地区的美国中部人民,在摄影镜头中受到波拉特古怪的喜剧表演的愚弄。

像许多哈萨克人一样,纳扎尔巴耶夫看着西方的电影大众享受《波拉特》这部作品,并且带有一种不知是迷茫还是可笑的神情。但是,尽管他很可能在私下里曾对这个滑稽模仿电影(他声称从未观看过)感到不安,他说不定十分聪明地意识到这种嘲讽可能有其好的一面。对于一个无人知晓的新兴中亚国家而言,遭到嘲讽抨击总比无人理睬要好。问题带来了机遇,正好可趁机展现当代哈萨克斯坦真实的一面。不论是好是坏,《波拉特》使得国际上产生了去了解虚构故事背后真实情况的好奇心。纳扎尔巴耶夫本能地感到他应当对那样的好奇心作出回应。于是,在表明他也会讥笑波拉特的愚昧癫狂之后,他的下一步是重新思考如何展示他本人及其国家在国际上的形象问题。

2. 面向世界的面孔——形象与现实

纳扎尔巴耶夫关注他的国际形象。理当如此,因为对于外部世界来说,是他,而不是波拉特,代表哈萨克斯坦的现实。不过,在他自己的地区之外,他不是一个众所周知的人物。然而,有越来越多的人认识到,20 世纪新闻界的刻板印象——诸如"前共产主义独裁者",或"莫斯科所培养的专制者"——可能已是过时了的陈词滥调。纳扎尔巴耶夫对于新的解决方法始终如一的求知欲和不断探索,赋予了他政治上见风使舵者的许多才能。他至高权威的外表形象掩盖了他内心当中希望通过机敏微妙和出其不意的方式达成交易的意愿。随着他和他的国家在国际上扮演越来越重要的角色,对这位全球第九大以及石油和天然气蕴藏量第十一富饶的民族国家中长期任职的总统,会有越来越多的问题提出来。那么纳扎尔巴耶夫在国际舞台上代表什么? 当 21 世纪在人们面前展开时,他将朝哪个方向引领他的国家?

对此类问题寻求答案的一个有用起点是"多向外交"这一用语。这一词语是纳扎尔巴耶夫创造出来以形容他外交政策上的平衡策略，即将哈萨克斯坦定位成俄罗斯、中国、欧盟和美国之间不偏不倚的盟友。但套用乔治·奥威尔的一句话来说：所有盟友都是平等的，但一部分盟友比另一部分盟友更平等。此外，从莫斯科、北京、布鲁塞尔或华盛顿的立场出发，对哈萨克斯坦及其总统的看法可能非常不同。因此，纳扎尔巴耶夫的多向外交中各种不同的方向值得分别来分析。

2011 年 9 月 21 日，纳扎尔巴耶夫在纽约与联合国秘书长潘基文会面

　　2008 年 5 月，德米特里·梅德韦杰夫当选为俄罗斯新总统，没过几天，他就开始了他的首次正式海外出访——前往哈萨克斯坦。"作为俄罗斯总统，我把阿斯塔纳作为首次出访的第一个外国首都并非偶然"，梅德韦杰夫在与纳扎尔巴耶夫举行的联合新闻发布会上宣布。"俄罗斯珍视同我们的战略伙伴哈萨克斯坦之间真诚的互利关系。"作为回应，纳扎尔巴耶夫提到他的国家与俄罗斯有着"独一无二的亲密友谊"，并补充说，"我

认为,世界上任何其他地方,都没有像哈俄之间如此亲密的兄弟友谊"。尽管在双边峰会结束时的公告常常会有夸大其词的客套话,言辞和证据显示,两国总统(包括梅德韦杰夫的前任总统普京)已经进入了一个空前热烈合作的阶段。

　　普京时代已经帮助哈萨克斯坦摆脱了它过去对北方邻国的自卑情结。在诸如领土要求、俄罗斯族人的地位、边境或油田边界等麻烦的领域中,已经没有任何严重的摩擦。俄联邦前总统(现总理)在过去的 8 年里与纳扎尔巴耶夫举行了 40 多次亲切的会晤,双方在诸如边境、关税、恐怖主义、天然气价格、里海石油、独联体外交以及国家公司之间的合资企业等等问题上达成的协议,显而易见给两国都带来了好处。"不久,我就要在阿斯塔纳这里定居了",普京在对哈萨克斯坦首都的最近一次访问时开玩笑说。这种幽默凸显了大家都知道的一个事实,那就是两国领导人以及他们各自的国家一直平稳地越走越近,俄罗斯占支配地位或哈萨克低声下气的那种旧时烦恼越来越少。虽然这种双边关系在更深层次上总不能完全避免互不信任,但两国目前是真诚的好邻居、好朋友。

　　并非所有的国际观察家都对阿斯塔纳—莫斯科外交关系上的新热度感到高兴。在布什政府的最后几个月里,有迹象表明,华盛顿对哈萨克斯坦的民主选举、人权和媒体限制记录等作出越来越多的批评。一些哈萨克外交政策顾问认为,这是美国国务院害怕纳扎尔巴耶夫越来越靠近普京的俄罗斯,并发展成为一个俄罗斯式的政府。两国之间在能源政策上的合作同样使华盛顿感到困扰。前几届美国总统曾称赞纳扎尔巴耶夫在处理核问题上的政治家风度,以及他在"9·11"事件后与西方在国际反恐中的坚定合作。不论可以作出何种解释,后来的外交气氛冷了下来。

纳扎尔巴耶夫会见美国总统乔治·沃克·布什

　　华盛顿政府对纳扎尔巴耶夫态度变化的明显迹象之一，出现在 2006 年的哈美首脑会晤。当时哈萨克斯坦正在申请成为欧安组织主席国。美国国务院反对这一申请。当纳扎尔巴耶夫向布什提出这一问题时，这位美国总统的第一个而且是明显感到困扰的反应是问他的国务卿：

　　［问题弄清楚之后，得到较好提示的布什对来访者说］康蒂（时任国务卿康多莉扎·赖斯的昵称——译者注），我们还是这个组织的成员吗？想一想你们是否需要这个主席国身份。欧安组织是一个每天都讨论、谴责或指控人的组织，不会带来任何好处。他们会用放大镜来仔细地审查你们的成绩和缺点，把哈萨克斯坦与其他国家作比较。所以

还是再考虑一下你们是否真的需要这个组织。

纳扎尔巴耶夫坚持他的立场,指出几乎欧安组织的其他56个成员都支持哈萨克斯坦成为未来的主席国。由于像德国那样的主要欧盟国家的支持,他赢得了争论。从2010年起,哈萨克斯坦担任欧安组织主席国。虽然在纳扎尔巴耶夫寻求国际社会更大认可程度上,这是向前飞跃的重要一步,但布什政府还是发出了进一步的警告,要求哈萨克领导人在国内改革方面取得更多进步。美国国务院在私下和公开场合已经加强了对哈萨克斯坦在民主和人权记录上的批评,这样的做法显然使纳扎尔巴耶夫感到难堪。

国务院政治活动的最初阶段始于2008年4月的一系列华盛顿吹风会。高级官员用轻蔑的言辞直接向哈萨克斯坦即将担任欧安组织主席国提出挑战。"具有讽刺意味的是,这个以监测世界各地选举而闻名的民主建设的组织,将要被一个在民主建设方面充其量令人半信半疑的国家来领导",这些官员们说。他们接着便攻击哈萨克斯坦对媒体的限制、腐败行为、缺乏司法独立以及以往选举的种种失败。与此同时,由大使朱莉·芬利领导的美国在欧安组织的外交官们接到指示,要加紧他们对哈萨克斯坦侵犯欧安组织人权和民主化进程方面的批评。芬利大使接着提呈了一系列有关哈萨克斯坦的宗教自由、媒体自由和人权状况的"关切陈述"和"抗议陈述"。纳扎尔巴耶夫觉得这些批评令人不快且出乎意料,但还是对之作出了反应。他修改了选举法和媒体法,避开了有可能限制宗教自由的议会提案(见第12章)。这些行动在2009年年初,使哈萨克斯坦的一些批评者们在人权方面感到高兴。在私下里和公开场合甚至还有暗示,纳扎尔巴耶夫可能正在考虑根据欧安组织的规定提前选举。"鉴于哈萨克斯坦即将担任欧安组织主席,而且我们有意履行我们对这个组织的义务,我不排除于 2009 年秋提前举行议会选举的可能",总统顾问叶惕斯巴耶夫在接受《利特尔》报纸采访时说。鉴于举行这种选举的唯一原因是,为了在西方人眼中强化他作为一位良好民主人士的资质,纳扎尔巴耶夫对提前选举明显的这种欣然接受可能会使他在华盛顿获得一些嘉奖,但不会在北京或莫斯科得到任何赞扬。这是他在其周围竞相争夺的多种势力和压力之间继续小心走钢丝的又一例证。

多向外交与多向经济管理齐头并进。纳扎尔巴耶夫常说,他把建设国家的强大经济置于比引入新宪法或政治改革更优先的地位。批评他的人争辩说,这只不过是一个借口,旨在拖住向全面民主进步的后腿。他的支持者们回应说,他们的总统是一位注重实际的领袖,对于哈萨克斯坦的发展有着长远战略,旨在到 2030 年成为一个现代化的和有竞争力的国家,并高居世界成功经济大国前 50 强。鉴于更多的民主自由同增长的经济繁荣是相辅相成的而不是相互矛盾的目标,没有什么站得住脚的理由说,为什么哈萨克斯坦不应当同时实现这两个目标。但是,纳扎尔巴耶夫一方面在政治上谨慎地倾向俄罗斯,另一方面又热心于试验美国领导的自由市场,两者之间存在一种紧张关系。所以分析一下总统整体说来面向将来的远见卓识,也许能给出对于他自己及其国家的未来最清晰的路标。

3. 对于全球竞争力的远见卓识

纳扎尔巴耶夫既是一位事必躬亲、埋头于政府日常事务的总统,又是一位有战略眼光、对其国家的远景有梦想和远见卓识的总统。他的后一种政治形象越来越突出,正如他说,"灭火的阶段已经结束。现在已是我们停下来想一想我们的国家20—30年后将是个什么模样的时候了"。

然而,天有不测风云。很少有人会料到2008年的全球金融危机会造成哈萨克斯坦建筑业的萧条和国家长达9年的双位数增长减半。2008年俄罗斯和格鲁吉亚之间意想不到的战事也为该地区带来了冲击波。纳扎尔巴耶夫拒绝批评交战任何一方,只作一些空头评论,称麻烦只是由于"缺乏足够的地区机制"才造成的。此举说明,他感觉哈萨克斯坦在俄罗斯的后院行事需要十分谨慎。毫无疑问,他希望小心翼翼地与普京和梅德韦杰夫培育起来的关系足够稳固,能确保哈萨克斯坦免遭类似的麻烦。但是,鉴于经济波动和地区不稳定将一直会是估量哈萨克斯坦如何前进时的必要因素,纳扎尔巴耶夫为下一代国民制定的计划究竟有多现实呢?

哈萨克斯坦是富饶的,而且注定要变得更加富饶。其石油、天然气和矿藏储量巨大,当前的官方估计乃是保守的估计。仅举一例:哈萨克斯坦在里海的三大油田——田吉兹(70亿桶),卡拉查加纳克(80亿桶)和卡沙甘(至少100亿桶)——到2015年,它们的日产量将大大超过当前估计的300万桶。这些碳氢化合物的储存量之大,几乎可与伊拉克或海湾国家的储量相媲美。在下一个10年时间里,预期它们的日产量可以达到500万—600万桶。据可信的私人预测,哈萨克斯坦的未来出产还有储量同样大得惊人的铀、铜、铁矿石、粮食和其他重要的农矿商品。现代来访者也许可以效仿希巴女王在见到所罗门王的财富时所做的评论说:"看哪,连财富的一半都没告诉我。"

尽管纳扎尔巴耶夫对于有关国家财富的高端预测不持异

议,但他对哈萨克斯坦可以靠石油和天然气过日子的观念持怀疑态度。"我们不能让我们的公民和我们的经济竞争力陷入石油美元之中",他说,"我们必须要像没有任何石油那样地生活和工作"。为此,他的目标是把哈萨克斯坦定位成科技卓越的国家。他热情地谈论以芬兰为学习榜样。他这样说的意思是,使这个人口小国改变面貌的方法,这个小国直至最近尚无坚实的科学基地或先进工业,但现在已成为世界上最具竞争力和最有效的现代经济体之一。芬兰"创新奇迹"的特征是最高教育标准,科学基金分配中的竞争原则,以及一个连接国家、科学和商业的前瞻性国家建设体系。

为了表明这种想法并非白日做梦,纳扎尔巴耶夫当前正在扩大他的"波拉沙克教育计划",开设新的大学和信息技术园,建立国家纳米技术中心。作为该战略的一部分,他设立了"未来几代人基金",即大家所知道的"国家基金"。这是一种主权财富基金形式,充当剩余石油资源的金库。至 2008 年中,该金库积累了大约 270 亿美元。纳扎尔巴耶夫在讲话中说,该国家基金的一部分将作为国家的库存基金,在遇到经济下滑的时期拿来稳定经济,另一部分作为投资基金,造福于未来几代人,特别是在高科技领域。

且不说在长期投资以造福于未来几代哈萨克斯坦人这个方面已经取得了怎样成果,当前的一切仍属于石油和天然气工业、矿产业,以及发展这些产业的外国投资人。在这些重大领域,纳扎尔巴耶夫对其远景已作了全盘考虑,这包括两个有趣的创新。他鼓励哈萨克斯坦的领头公司到世界的证券交易市场去上市。他还通过他所设立的外国投资者理事会这一机制,与外国投资者保持单独或集体的密切对话。

哈萨克斯坦两家最大的公司哈萨克斯坦铜业集团（铜矿开采）和哈萨克斯坦国有石油和天然气公司于2005—2006年在伦敦证券交易所带头公开发行新股。股票的上市立即抬高了哈萨克斯坦在全球金融业界的形象，这一大手笔是得到纳扎尔巴耶夫的批准和鼓励的。他批准这一倡议，部分是因为要把他的国内自由市场理念推广到世界证券市场的国际舞台，部分是因为向哈萨克斯坦引进完全透明的会计制度。在哈萨克斯坦实施自由企业的早期，许多地方公司的财政报表，用一句客气的话来说，是不透明的。发行新股引进了上市公司的账目方法和标准，这些账目都经过国际会计师事务所查证核实。这对哈萨克斯坦商业社会来说是显著的进步，它们很快就不得不沿着那些发行上市的大型公司所开拓出来的新路效法而行。根据哈萨克斯坦铜业集团主席弗拉迪米尔·金所说，如果没有纳扎尔巴耶夫的直接鼓励，他的公司本来是不会走上公开上市的道路的。

[金主席回忆说]总统在每一阶段都给予我们他个人及政治上的支持。我的员工中至少有80%对公开上市的方法感到不放心，但纳扎尔巴耶夫总统对我说："去拿国际大股东的钱吧。这会带来透明化、信心和新技术，不仅有利于哈萨克斯坦铜业集团，而且对整个哈萨克斯坦有利。"

这些话虽然适用于哈萨克斯坦公司到国际证券市场上市，却很好地归纳了纳扎尔巴耶夫对哈萨克斯坦经济的全面展望。但是2008—2009年的时候，全世界，包括哈萨克斯坦在内，遭到全球金融危机的影响而偏离了航线。外国投资者们彻底丧失了信心，而哈萨克斯坦的繁荣极度依赖他们。其他影响当中，世界石油和农矿商品价格的萧条致使卡沙甘油田的发展减缓,上市公司哈萨克斯坦铜业集团和哈萨克斯坦国有石油和天然气公司在证券交易市场上失去了 3/4 的市场价值。纳扎尔巴耶夫如何回应其远景规划遇到的这种中断,特别是在外国投资方面,是他的故事中一个重要的组成部分。

4. 外国投资

纳扎尔巴耶夫早就敏锐地认识到外国投资者们需要哪些优先权。在把菲利普·莫里斯和雪佛龙这样的商业先驱引入哈萨克斯坦的初期,他亲自谈判与其政府达成协议的条件。他通过一对一的会晤以及外国投资理事会机制与哈萨克斯坦的最大外国投资人保持着密切联系。外国投资理事会是一个由纳扎尔巴耶夫主持的机构,每年在哈萨克斯坦全国不同战略要地召开两次会议,会议议程务实,政策目标具体。每年两次会议的最近一次是于 2008 年 6 月在里海地区的油都阿特劳召开的。包括安塞乐米塔尔钢铁集团、三菱集团、摩根大通、英国天然气集团、雪佛龙、德意志银行、卢克石油公司、埃克森公司、菲利普·莫里斯、荷兰银行和安永公司在内的 70 多位主席、总裁或来自全球的大公司的同行和许多其他人出席了会议。会议议程聚焦于为哈萨克斯坦开发一个更有效益的发电工业。在大多数内阁成员的出席陪同下,纳扎尔巴耶夫花了好几个小时听取细节问题的讨论,从国家电网现代化的实用技术细节,到为新的发电基础设施投资公司提供财政资金和税收优惠。虽然会议上有些讲话突然转向了老套的例行公事,但多数对话还是有效的。很难想象任何其他现代国家的总统会与外国投资者们作如此务实的合作。在公开会议之余,纳扎尔巴耶夫还与安塞乐米塔尔钢铁集团的米塔尔、摩根大通的伦威克勋爵、卢克石油公司的阿历克佩罗夫、雪佛龙的比尔·奥赖利、阿卡斯工业集团的伦纳德·布拉瓦尼克以及英国宇航系统公司前最高领导人埃文斯爵士等外国公司领导人举行私下的双边会晤。

在非哈萨克斯坦国民中，迪克·埃文斯如今是最能对纳扎尔巴耶夫施加影响的外国执行官。总统与这位英国宇航系统公司主席和总裁之间的关系始于 20 世纪 90 年代中期。当时的哈萨克斯坦国家航空公司债务累累，经营十分缺乏效率。埃文斯被问及，他是否能够厘清哈航的问题。纳扎尔巴耶夫的请求是建立一家新的国际航空公司，这家公司将能够在工程、安全和管理各方面达到西方最高水平，完全符合国际管理要求。埃文斯接受了挑战，创建了阿斯塔纳航空公司。这是由英国宇航系统公司和哈萨克斯坦运输部各占 50% 的合资企业，成功地兑现了纳扎尔巴耶夫确切想要的东西。

[埃文斯回忆说] 我们那时不受欢迎。我们必须克服许多地方既得利益造成的困难，从飞机到驾驶员的培训，再到高级管理，样样都得改变。我们管理阿斯塔纳航空公司完全就像管理一家英国或欧洲的航空公司。阿斯塔纳航空公司得到整个地区的钦佩和国际认可。现在，这是一家成功的、赚钱的公司。然而，假如没有总统的亲自支持和介入，我们永远不可能做成。

在 20 世纪 90 年代哈萨克斯坦主要的工业改革中，阿斯塔纳航空公司是开路先锋，创造了史无前例的商业成就。在哈萨克斯坦的苏联公司机构中，没有多少其他机构走上同一条路。

纳扎尔巴耶夫很快地意识到,应用在国家航空公司的原则理念,如治理、透明化、管理信息、核算和利润等,也需要应用于其他国民工业。得出同样结论的是精力充沛的运输部部长,他在阿斯塔纳航空公司的建立中曾与埃文斯密切合作。他的名字叫卡里姆·马西莫夫,在哈萨克斯坦政治中是一颗正在上升的明星,不久以后就被任命为总理。马西莫夫和纳扎尔巴耶夫已经开始谈论设立一个特大国有控股公司,该公司将拥有并管理当时还处于政府部门控制之下的"五大"产业——铁路、邮电、国家电网、通信,以及油气公司。建立一个国家控股公司的计划曾由麦肯锡在一个报告中推荐提出过。但是,在哈萨克斯坦,谁能有这样的战略眼光或管理能力来驾驭这样一个庞然大物呢?

既然在当地没有合适人选,纳扎尔巴耶夫不得不在国际上遴选。他与埃文斯在阿斯塔纳航空公司问题上已经建立了信任关系。于是这位总统提议由英国宇航系统公司的总裁来担任国家控股公司的主席。但是,埃文斯起先有些犹豫,因为随着管辖地盘而来的会有棘手的政治问题。

"我对纳扎尔巴耶夫总统说,如果我把工作做好了,许多人就会失去他们的工作,许多地方利益集团就会感到不安",他回忆说。

总统的回应是给予埃文斯明确的授权:"我给你的工作指示很简单。"他说:"你可以做你需要的任何事情,但你必须永远把哈萨克斯坦的利益放在首要的和最重要的位置。如果你这样做,我会永远支持你。"

在此基础上,埃文斯接受了萨姆鲁克国家控股公司主席一职。"萨姆鲁克"是哈萨克神话中一种能下金蛋的神鸟。埃文斯及其团队开始管理的行业的确价值连城,但是要说服它们下金蛋,那可不是什么容易之事。

[埃文斯回忆说]我们的目标是创造财富,但是首先我们得设计一个战略,然后建立信息管理制度,使我们有基本数据,在此基础上发展我们的战略。这项工作正在进行中,而我们却遭到了 2008 年的全球金融和信贷危机的打击。

为了应对危机,纳扎尔巴耶夫把国家控股公司萨姆鲁克与可持续发展基金卡兹纳合并。卡兹纳是在早些时候与萨姆鲁克同时建立的另一个综合体基金,目的是正当管理和治理于 2003—2004 年成立的 6 大发展机构在非开采部门、研发和创新、促进出口和市场研究等领域的可观资产。两者合并后的基金,其巨大的资产基础难以估算,但至少值 250 亿美元。从中有 50 亿美元被注入金融业,以改善资金流动,另有 50 亿美元被注入财产和建设部门。对于小中型企业也给予了进一步支持,特别是在制造业和农业方面。养老金领取者、国家雇员和 2 万多名处于困境的物业主也得到了帮助,这些业主用他们的积蓄投资了公寓住房,但公寓从未建成。在哈萨克斯坦的这一大规模的援救工作相当于 2008 年秋季世界各国政府所推行的救市计划。

但是向哈萨克斯坦人民推销这个援救计划,用尽了纳扎尔巴耶夫所有的政治领导才能和沟通技巧。

5. 国际动荡局势下的舵手

纳扎尔巴耶夫常常在危机中最能显示出他的英雄本色。回顾他生涯中的许多转折点,诸如与库纳耶夫的权力斗争、1986

年 12 月的动乱、1991 年 8 月对莫斯科政变的抵制、1992—1993 年的经济崩溃、1990—1995 年间哈萨克斯坦的核裁军,以及 20 世纪 90 年代末的亚洲金融危机,很清楚,大胆的决策加上富有表达力的演讲是他的方法特征。他的才能在于逐步灌输给他的满腹狐疑或忧虑的听众以新的信心,从而追随他的指引。这些品质在 2008 年全球金融危机的酝酿阶段和 2008—2009 年冬季哈萨克斯坦遭受最严重打击时突出展示了出来。这里是国际动荡开始并加深时,对相关压力下的总统的两个简要描述。

当全世界和哈萨克斯坦的银行最早开始发出有害债务和按揭坏账的危险信号时,纳扎尔巴耶夫孤立无援地试图维护外国投资者和国内消费者双方的商业信心。笔者曾于 2008 年 6 月与纳扎尔巴耶夫总统结伴同行,作为一次他早期为建立信心而开展的旅行,前往里海油都阿特劳。对该市访问的 24 小时,大部分时间集中在了外国投资者理事会每年两次的会议上。纳扎尔巴耶夫还抽出时间,出席乌拉尔河上一座新公路桥梁的落成典礼,观看该地区第一座奥林匹克游泳池中进行的比赛,为外国投资者们举行一次宴会,为一家万豪酒店开业参加活动,在里海的一家大型新石化厂举行生产启动仪式,并在所有这些活动中进行无数次电视和广播采访。

纳扎尔巴耶夫作为政治家深谙取悦大众的技巧。他前往横跨欧亚边境的哈萨克斯坦最西部地区开展活动,这一技巧在安排得满满的日程中表现得淋漓尽致。当接近分隔欧亚大陆的乌拉尔河时,纳扎尔巴耶夫摆出一副美国总统在中期选举中的模样。他缓慢地挤过一排排汹涌向前的人群,热烈地与他们握手,并发表激动人心的讲话,其中充满了有关和平与繁荣的令人振奋的口号。他把车队停在了将要为之剪彩的一座桥很远的地方,似乎被大约 5 千名祝福者的热情欢迎所感动。最响亮的欢呼声来自于阿特劳国立大学的学生代表团,他们身穿黄色的 T 恤衫,像蹦床运动员那样不断向空中跃起,向他们的总统挥舞着哈萨克斯坦国旗,那种近乎歇斯底里的热情,在流行音乐明星面前更常见,而不是在政治家面前。纳扎尔巴耶夫还特意向几批头戴安全帽的建筑工人致意。"你们这座桥造得太快了",他开玩笑说,"现在我不得不奖励你们了"。

在开幕式上,纳扎尔巴耶夫担负起国家元首庄严的角色,声音洪亮地详细列举有关该地区所建公路和桥梁数量的统计数字,同时提醒他的听众,这个拥有高楼大厦和 25 万人口且日趋繁荣的石油重镇,在大约 15 年以前只是一个住着渔民和农业工人的小港。纳扎尔巴耶夫在分享他对未来的展望时,谈及里海的巨大潜力,并接着从一个国际视角告诉众人说:"我们的成就和政治稳定正得到全世界的承认。这就是我们获得邀请于 2010 年担任欧安组织主席国的原因。"

这些体魄强健的建筑工人和青少年学生组成的年轻大众似乎不太可能知道欧安组织是什么。但是纳扎尔巴耶夫在他戏剧般的报告中洋溢出如此的自信,以至于他的听众们欢呼喝彩声一浪高过一浪,直上云霄。"他说到做到。这是他在这里广受欢迎的原因",一位当地的居民说。这似乎就是阿特劳人的精神。他们乐观开朗地蜂拥而出,万人空巷,只为到大街上一睹他们的领袖。

纳扎尔巴耶夫确实因大力鼎助而深孚众望的,是里海油田的最新进展。他乘坐俄制西科斯基 M18 型总统专用直升机到市南大约 50 英里的田吉兹油田,该地区的油气生产规模一目了然。纳扎尔巴耶夫的正式任务是为一家新的石化工厂举行开工典礼,该工厂是为了在石油被输送至黑海和西方市场之前清除从油田出来的酸性气体。他还要纪念哈萨克斯坦—雪佛龙合资企业田吉兹开发 15 周年纪念日。所以,纳扎尔巴耶夫在转动阀门打开油管前,又一次滔滔不绝地列举瀑布般倾泻的统计数字,其中给人印象最深的是哈萨克斯坦迄今单从这一个油田便获得了 200 亿美元的收入;里海的石油产量将在今后 7 年里翻一番,当前雪佛龙的劳力有 80% 是哈萨克斯坦人。似乎为了突出显示油气工业的本地化,纳扎尔巴耶夫通过麦克风与雪佛龙公司雇员中的几位年轻男女进行即席访谈活动,要他们讲一讲他们的工作,他们操作的技术以及他们对未来的希望。他们对工作的自豪、对生活的乐观,就是哈萨克斯坦新生代的最好表白。

在接下来的日程安排中,总统在对外国投资者理事会发表的欢乐讲话中再一次显示了他的乐观主义精神。当时纳扎尔巴耶夫款待他的客人们享用了大盘的鲟鱼鱼子酱,这些鱼子酱直接来自于刚刚捕获的,码放在附近备餐桌上犹如解剖标本尸体般的里海鲟鱼的鱼子块中。之后他向一些外国商业领导人正在向他的国家中引进的大型新项目祝了酒。他讲述到安塞乐米塔尔集团的新投资将使卡拉干达钢厂的年产量从 600 万吨增至 1000 万吨;概述了田吉兹第二阶段的石油产量,并宣布从里海至库利克的哈萨克油港将建造一个新的石化设施和油气管道。他一件件地娓娓道来,听上去颇为激动。当许多西方经济体陷入经济衰退之时,纳扎尔巴耶夫给出的信息是,哈萨克斯坦顶住了经济滑坡的趋势并保持快速增长。那不是一个提及困难的场合,比如国内许多银行因给房地产开发商过多的贷款而陷于瘫痪。纳扎尔巴耶夫有政治远见,善于推销投资,在此次里海之行中这一切正声誉日隆,他沉浸在正在扮演和几个星期后在首都

10周年庆典中将要继续扮演的角色中。"阿斯塔纳见",他在外国投资者理事会第18次会议结束时对几位主要客人说。那是对于参加一次盛会的邀请,此盛会将在下一章详述。

纳扎尔巴耶夫在阿特劳之旅以及阿斯塔纳10周年庆典上的过度自信并非基于虚假的宣传或一厢情愿。他当时正确地相信哈萨克斯坦在克服经济衰退上的条件,优于该地区的任何其他国家。然而,他似乎低估了全球经济风暴的规模和凶猛。

哈萨克斯坦的多贪婪商人,借贷过度的地产开发商和鲁莽银行家实际上是自我毁灭在2008—2009年的冬季。但是,纳扎尔巴耶夫在其救助计划中把普通百姓的利益放在第一位,把政府的首要任务定为保护养老金领取者、国家雇员、小型物业所有者和银行存款人。他显然已经从显得很遥远的那场致命的1992—1993年经济危机中吸取了重要教训。在那次危机中,上述各团体中无一得到足够的保护。

2008年10月,纳扎尔巴耶夫作了长达一小时的电视访谈节目,在哈萨克斯坦的所有频道播出,对全球金融危机作出说明并竭力向听众保证国家将安然度过风暴。"尽管我国受到危机的影响,经济运行仍然正常",他说道,并强调哈萨克斯坦的黄金和货币储备加上国家基金的资产,合起来达到510多亿美元。对于一个只有1500万人口的国家来说,这是一笔数目可观的储备,可作为国家救市的资金来源。

迄今为止,总统的安慰活动,其中包括耗资国内生产总值10%的"一揽子"救助措施,对哈萨克斯坦商界产生了有利影响。鉴于纳扎尔巴耶夫说得很清楚,他已经赋予政府摆脱危机的资源和权力,信心得到了稳定。

[他于 2008 年 10 月 13 日告诉总理马西莫夫和内阁，并补充说]现在是你拍桌子并开始非正常工作的时候了政府有全权实现一项计划，以稳定经济和财政制度，还有广泛的权力来作出不同寻常的决定。

　　大约在纳扎尔巴耶夫首次宣告采取重大措施引领国家度过日益恶化的全球风暴 6 个月之后，本作者访问了阿斯塔纳，对总理和总统两人都作了采访。两人都心情忧郁，强调危机并非源于哈萨克斯坦，坚戈贬值以及从国家基金调拨大笔资源的紧急措施正在发生作用，而且还要宣布采取更多新的重要措施。总理马西莫夫强调说，他的老板哈萨克斯坦总统已经给政府下了指示："做决定比怕做决定好。"

　　为本传记做了最后一次访谈的五天后，纳扎尔巴耶夫便在 2009 年 3 月 6 日发表年度国情咨文讲话时，首次披露了他应对危机的一些重大举措。没人能够指责他不够果敢。他宣布的内容包括 35 万个新工作岗位，其中主要是诸如公路、农业灌溉规划、污水工厂、水库、肉类加工厂、学校、医院和通用事业等基础设施项目的工人。这些计划中最为壮观的是，建造一条从西欧至中国西部的长达 3000 英里的公路—铁路运输走廊。

[纳扎尔巴耶夫宣称]今年将会有 5000 人在那儿工作，到 2010—2012 年，该项目将雇佣多达 5 万名工人。这将是一条大动脉，把哈萨克斯坦变成欧亚之间的运输走廊。

　　随着总统演讲中的超级工程规划单像滚雪球般越滚越大，覆盖新的天然气管道、发电站、水电厂和大规模农业发展各个方面,一些听众肯定会不声不响地在心里画个问号:"他讲了那么多,都能兑现吗?"似乎正是要回答诸如此类的疑问,纳扎尔巴耶夫回忆了他业绩记录中最光辉的成就:

> [他回忆说]正是在我们最困难的岁月,我们开始并且建成了新的国家首都,阿斯塔纳,当时谁都认为我们不可能做到。现在,让我们努力赶超那次积极的经验吧。

即使是在全球经济危机的最困难时期,他还是吹响了经济现代化、创造就业机会的号角,并使本国人民和全世界都感到惊奇,同时领导建设阿斯塔纳引起强大反响。因此,让本传记的最后一章穿越时空,回到哈萨克斯坦的大草原和心脏地带萨雷阿尔看来是恰当的。在那里,纳扎尔巴耶夫建立了他的新的而且非同寻常的国家首都。

第十四章　一个首都的愿景

　　"努尔苏丹·纳扎尔巴耶夫不仅把他的工作,而且把他的灵魂都赋予了这个城市……完全可以说,'阿斯塔纳是他的孩子'。"这些话出自俄罗斯总统梅德韦杰夫之口,他是在 2008 年 7 月来访的各国国家元首庆祝哈萨克斯坦首都 10 周年时讲这番话的。庆祝活动包括集会、典礼、纪念碑揭幕、焰火表演和文化活动,持续了 7 天之久。该城市的 75 万居民与包括本作者在内的成千上万名国内外访问者一起共享了这次盛会。然而纪念日聚会精神仅是节日活动的一个方面。在范围更广泛的交谈中,还有许多关于这个纪念日可能象征什么或者不可能象征什么的讨论。

　　阿斯塔纳是否代表一个 21 世纪国家具有远见卓识的政府所在地? 是否代表对过于拥挤且基建设施不足的前首都的一次绝对必要的搬迁? 是否代表欧亚的新战略交叉口? 是否代表总统过分自大的荒唐行为? 是否代表由未完工的公寓大楼组成的一个财政上捉襟见肘的大杂烩? 是否代表一个政治的安全掩体,旨在使哈萨克斯坦的权力体系尽可能远离潜在的入侵者? 是否代表未来主义工业和运输连接的地方枢纽? 是否代表对于大草原深处哈萨克斯坦历史和文化情感根基上的一种回归? 是否代表了其中的某一些,还是什么都不代表,或者什么都代表?

　　这些问题所代表的争议对于纳扎尔巴耶夫来说是熟悉的,

因为在担任总统的最初 18 年里，他对建立和发展哈萨克斯坦新首都所投入的情感和精力是任何其他项目无法比拟的。阿斯塔纳是什么，它是怎么形成的，是如何建设起来的，对这个国家的未来意味着什么？对这些问题的清楚认识对于了解努尔苏丹·纳扎尔巴耶夫十分关键。

2010 年，欧安组织阿斯塔纳峰会

阿斯塔纳是世界上最不同寻常和奇特的首都之一。它处处出人意料。假如一批陌生人被罩住眼睛飞到阿斯塔纳，打开他们的眼罩，问道："你们认为到了哪里？"他们一开始的回答可能是"仙境"或"电影场景"，接着便轮流猜测是哪个国家、哪个洲。它高楼大厦鳞次栉比，奇形怪状，光怪陆离，连贯性无处可寻，而非传统的东西则比比皆是。甚至比变化多端的设计更令人吃惊的是，人们发现有一位统领决策之人，他指导规划者和建筑师，选择配色方案，为许多重要的建筑物亲自绘制图纸并构想了整个城市。这位决策者便是纳扎尔巴耶夫。

纳扎尔巴耶夫拥有作为阿斯塔纳总设计师的角色，进入他的思维方式的一个良好切入点是巴伊捷列克，一座从中央大道核心地带拔地而起的 97 米高塔。这座塔最初由总统亲手草拟设计，它是生命之树巴伊铁列克极其现代派的象征，在其顶端托着一只玻璃和合金制成①的金色圆球，以描绘哈萨克民族神话中神鸟萨姆鲁克产下的一枚金蛋。从巴伊铁列克的金色圆球内的观景台举目四望，整个城市尽收眼底。全城被伊希姆河一分为二。右岸是所谓的老城，除了少量沙皇和共产时代的宏伟机构建筑之外，几乎什么都没有。左岸则是纳扎尔巴耶夫对于新首都愿景之构想展翅腾飞的地方，因为几乎每一座建筑物都是 1998 年新首都落成典礼之后建造起来的。

阿斯塔纳的当代作品中较为保守的建筑之一是总统府，名叫阿克奥尔达，大致上是美国白宫的翻版。与华盛顿特区赋予其最初灵感的白宫相比，该建筑规模要大得多，顶端盖有明亮的蓝色穹顶，外加一根针样塔尖。如果纳扎尔巴耶夫从其阿克奥尔达总统府的办公室瞭望河对岸，他可以看到由诺曼·福斯特设计的 100 米高的金字塔，名叫和平和解宫。这最后一个词"和解"不可能被用于左岸的建筑，因为最引人注目的那些摩天大楼的风格和实质都是相互格格不入的。这些建筑有：一对圆形塔楼，当地人称之为"金色冰激凌蛋卷筒"；国家档案馆，形如灰绿色鸡蛋；一座芥末色国际商业中心；一座庞大的可容 5000 人住宿的苏式建筑，云雾缭绕，是不折不扣的莫斯科国立大学的仿制品；一座铜色玻璃多层建筑，顶上有被当地人称为"打火机"的铰链；一座飞碟式的航天器，在此有马戏团和节日演出；一座有 3000 个座位的船型

---

① 此处原著描述似与实际观景台有所出入，故根据信息略作修改。——译者注

音乐厅;一座阿拉伯清真寺;大量涂有金色门窗的部长办公室;议会上、下院。极目瞭望,还有数不清的高楼大厦,传统的和时髦的,平庸无奇的或千奇百怪的,真是应有尽有。

心灵和眼神很快就开始浏览阿斯塔纳。该城市的布局尚属传统,但色彩和建筑风格交相混杂,组成一幅古怪的镶嵌图案。曼哈顿式的公寓楼群、俄式的洋葱穹顶、荷兰式的风车、法式城堡、拜占庭式圆屋顶、中东式宣礼塔、中式宝塔、土耳其式大卖场、托斯卡尼式山村、日式饭店、克林斯式圆柱、斯堪的纳维亚式传统酒店、港式高楼、俄式东正教教堂、西班牙式大庄园、韩式超市、墨西哥波浪式玻璃摩天大楼、20 世纪 30 年代莫斯科的斯大林式大型办公楼群,也许是从 21 世纪的加利福尼亚直接照搬的美国式购物商场,真是洋洋洒洒,无奇不有,但却没有任何规划或理由。

尽管在这个非常奇特的大都市中各种不和谐共存并置,比比皆是,但这些差异和试验的积累效果是,阿斯塔纳让人感到充满活力。这是个年轻、充满活力的城市,居民的平均年龄只有 32 岁。夏季,假如一位旅游者在公园溜达,或者参观以纪念"极权主义的牺牲品"或"抵抗准噶尔入侵的英雄们"等为主题的大型雕像,耳边听到的各种语言会使游客不由自主地想起巴别塔。商店和超市里也普遍是同样的现象,各色各样的外国产品与各色各样的地方建筑一样洋溢着异国风情。但是,阿斯塔纳不是文化的冲突,而是文化的汇聚。不同的民族涌来这里,共同居住在这个新首都,犹如来自不同民族的万花筒。只有 60% 的哈萨克斯坦人是哈萨克族。其余来自 100 多个可识别的民族,其中最突出的是俄罗斯族、乌克兰族、乌兹别克族、朝鲜族、日耳曼族、维吾尔族、车臣族、波兰族、克里米亚族、土耳其族、希腊族、波斯族、吉尔吉斯族、土库曼族和汉族。别出心裁的阿斯塔纳使他们大家都感到像一家人一样。

不过，这个家在哪儿呢？阿斯塔纳是欧亚大陆上最为偏僻的首都，离哪儿都不近。如果你向东南方向飞，经过 1200 公里的飞行，你才能到达阿拉木图。如果你向西飞行，稍有规模的第一个城市是里海石油工业中心阿特劳，与之相距大约 1600 公里。如果往正北方向前行，那是辽阔的大漠，仅点缀着一望无际的麦田、偶尔几个农庄和两个小省城。东北方向是西伯利亚。往西北方向，可以通往莫斯科，但要飞行 3.5 小时。在这几个罗经方位点之间是萨雷阿尔大草原，这里是平坦和山丘型的草原旷野，传统上被看作是哈萨克游牧民族的先祖之家。20 年前哈萨克斯坦刚刚成为一个国家，在这样一个遥远和不宜居住之地建立一个国家的首都，被广泛地认为是不可能的。纳扎尔巴耶夫为什么要这么做？

＊　　　　　＊　　　　　＊

纳扎尔巴耶夫最早是在一种浪漫情况下酝酿建立一个新首都的想法的。在独立后的几个月，他正式访问北方城市阿克莫拉。这个土里土气的省中心城市在苏联时代曾是农业和铁路交通行政枢纽，坐落在伊希姆河畔的大草原中心。当这位总统穿越这个小城一座不起眼的小桥时，纳扎尔巴耶夫停下车来，凝视蜿蜒曲折的小溪及其打着漩涡的浪花。注视着伊希姆河（哈萨克人称它为耶希尔河）的河水，他的思绪开始漫游，飘向那些建立在河边上的国际首都。河水带给了它们生命、色彩和活力。他想到了莫斯科河上的莫斯科、涅瓦河上的圣彼得堡、泰晤士河上的伦敦，以及塞纳河上的巴黎。再想到离家比较近的地方，他的脑海中呈现出乌拉尔河上的阿特劳、锡尔河上的克孜勒奥尔达、托博尔河上的科斯塔奈以及额尔齐斯河上的巴甫洛达尔的

· 319 ·

景象。随着这次出行所看到的一切及河道两岸景色在他的想象中推进，纳扎尔巴耶夫开始幻想在伊希姆河上的阿克莫拉为草原上的人们建立一座光辉灿烂的新首都。

作为一种浪漫的展望，这是令人兴奋的；但把它作为一个现实提议向任何人提及，简直荒谬绝伦。闭口不谈是明智的。因为1992年哈萨克斯坦正处于经济动乱之中。当时人们正在挣扎着应对个人金融危机，从无法拿到他们的工资到为那些已失去毕生积蓄的养老金领取者提供施粥站。假如在那个困难时期，纳扎尔巴耶夫公开提请讨论迁都问题，把已经设立在阿拉木图的首都迁往大草原上鲜为人知的偏僻地方，他肯定要受到各种奚落。他承认他的设想不合时宜，后来回忆说："对此，我连一个字都不敢出声，因为那时我们的经济不可能实现这样的规划。"然而，梦想和规划却在潜滋暗长，至少在总统与他的顾问小圈子的私下交谈中继续着。

纳扎尔巴耶夫一时头脑发热的出发点是，他意识到阿拉木图作为一个独立民族国家的首都有着不可克服的劣势。总统在个人情感上对这个城市情有独钟。他喜爱它的美丽、它的大都市文化、它的充满活力的生活方式，以及它位于阿拉套山边宝石般的背景环境。但是那些大山是扩建阿拉木图的障碍。它已经是一座居住着150多万人口、拥挤不堪的城市，没有未来成长的空间。可怕的交通拥堵使这个大都市变成了一个臭名昭著的地方，其雾霾笼罩、空气污染等问题在中亚已经是首屈一指了。机场太靠近市中心，经常被雾霾笼罩。也许可以像曼哈顿或中国香港一样向空中发展，但鉴于该地区的地震记录，在阿拉木图建造摩天大楼将耗费难以承受的费用。无论如何，缺少可供开发之用的土地意味着，纳扎尔巴耶夫所设想的新公共建筑已经没有或者只有很少的空间了。

> [他说]作为一个主权国家,我们现在需要过去所不需
> 要的那种新式行政大楼。比如,议会、最高法院、国防部、外
> 交部,还有诸如外国大使馆之类的其他设施。

除了环境和生态上这些对阿拉木图的不利因素之外,还有其他未曾言明的问题。它在风格和实质上都带有浓厚的俄罗斯风味,确切地说,是苏维埃的风味。许多哈萨克人在那儿感到不舒服。考虑到所有这些因素,纳扎尔巴耶夫抛开他对阿拉木图的个人偏好,赞成把政府中心迁至哈萨克斯坦的其他某个地方。可是,迁往哪儿呢?

*　　　　*　　　　*

围绕新首都的最佳选址的争议涉及范围非常广泛。纳扎尔巴耶夫对顾问们说,在选址时必须考虑到 32 项标准,包括社会和经济指数、气候、景色、地质条件、环境、交通连接、发展前途、建设条件和人力资源等。在仔细考虑其国家的远景时,纳扎尔巴耶夫看到,利用迁都项目来改变人口布局的不平衡,从相对发达的南方迁徙至辽阔的北方是有吸引力的。"重新引导民众迁徙到哈萨克斯坦的其他地区会带来经济和社会上的好处",他说。

这种对于现代社会改造工程的未来之想象的冲动,被对于哈萨克斯坦历史和文化的缅怀所抵消。一个没有这种根基的首都在纳扎尔巴耶夫看来是人为的创造。出于这个原因,乌勒套(在哈萨克语中是"伟大的山峰"的意思)得到了认真的考虑,其位于国家的中部地区,那里的山峰从大草原中间拔地而起。"从前,全国的哈萨克部落,常常从东南西北各地聚集来到乌勒

套。就是在这里,哈萨克民族得到巩固加强",总统说。

哈萨克游牧民族在历史上相聚的地方吸引了纳扎尔巴耶夫的浪漫天性,但是乌勒套很快就退出作为首都的备选之地,因为那里几乎已经没有什么遗留的东西。古代蒙古汗国首府仅有的遗留痕迹是部落营房废墟四周的残垣断壁。许多骆驼和马匹曾沿着这些小道走过。但是,诸如公路和铁路等现代交通基础设施从来就没有在这里得到建造。

继乌勒套之后,卡拉干达得到了认真的考虑。它地处中部,对纳扎尔巴耶夫有吸引力。另一个因素是他与这个城市的个人关系,在少年时代,他就把这里看作是"宇宙的中心"。他在卡拉干达结了婚,生儿育女,在那里的钢铁厂工作,作为一名年轻的苏联共产主义青年团官员在当地的共产党中崛起。但是,这些怀旧情感很快就失去了重要性,由于受到附近煤矿的影响,该市有严重的供水和地面沉降问题。这些难题排除了卡拉干达成为国家首都的可能性。

卡拉干达往北 70 英里有一座城镇,在哈萨克斯坦历史上的不同时期曾被叫作阿克佐尔、阿克莫林斯克、切利诺格勒和阿克莫拉。早在 10 世纪,阿克佐尔就是伊斯兰艺术家和工艺师的中心。考古发掘出土了那个时期的砖窑,还有雕刻石碑、墓碑和华美的清真寺装饰品。

1830 年,一群西伯利亚哥萨克人在伊希姆河上的阿克佐尔附近设立了一个军事堡垒,后来被称作阿克莫林斯克。在斯大林时期,这个基地的士兵被部署守卫关押的数以千计的劳改营犯人,后人称之为"古拉格群岛"。这些监狱营房中最为臭名昭著的是"祖国叛徒之妻的阿克莫林斯克营房",是留给那些被斯大林认为是"人民的敌人"的妻子们用的。

　　纳扎尔巴耶夫了解这段不光彩的历史。他也还记得 20 世纪 50 年代中期,在他十多岁的时候所听到的政治宣告,宣称阿克莫林斯克周围的阿克莫拉省将要成为一个新的苏联农业项目,称之为"处女地计划"。这是赫鲁晓夫的得意之作,他下令把一亿英亩的草原变成集体农庄,安置从乌克兰、白俄罗斯、俄罗斯和苏联其他地方应征来的 30 多万工人。随着这个庞大的项目的展开,位于农业管理中心地区的这个城市被更名为切利诺格勒,在俄语中的意思是"处女地"。像那个时期许多铺张浮夸的苏联投资一样,这个计划也失败了。但是,失败之前,莫斯科的规划者们已经在切利诺格勒建起了几座气势宏伟的公共建筑,包括共产党总部、政府办公楼、文化宫和青年宫。赫鲁晓夫对这些建筑十分满意,他甚至考虑要把这个城市设为哈萨克斯坦苏维埃共和国的首都,并更名为赫鲁晓夫格勒。1964 年克里姆林宫发生了推翻赫鲁晓夫的政变,这项建议就不了了之。在以后的四分之一世纪的时间里,切利诺格勒停滞不前。仅有的新建筑差不多都是小木屋,使这个城市看上去像是个棚户区。但在 1991 年哈萨克斯坦独立后,它又更名为阿克莫拉(不贴切的译法为"白色陵墓"),并开始作为一个有着大约 10 万人口的北部中心城市而重现生机。在人口组成中,俄罗斯族、乌克兰族和其他斯拉夫族多于哈萨克族,不时地会出现一些紧张气氛。

　　在 20 世纪 90 年代初,平息民族间的紧张气氛在纳扎尔巴耶夫的政治议程中占有重要位置。鼓励从人口密集的南方向辽阔的农工业北部和国家的中心地区迁徙,对这个年轻的国家也十分重要。此外,纳扎尔巴耶夫感到,使国家的中心摆脱过去苏维埃的官僚文化,把首都移至哈萨克人与多数讲俄语的人口杂居的地区,具有重要意义。于是,阿克莫拉在 20 世纪再次开始被考虑成为首都的地位。

＊　　　　　＊　　　　　＊

有关阿克莫拉未来的传言于 1993 年下半年开始传开。这是因为纳扎尔巴耶夫对这个城市作了至少 7 次未公开宣布的访问。当地居民已经习惯看到他们的总统步行穿越他们的街道，举目凝视他们的楼房，阔步走在伊希姆河畔，与显赫的公民举行即席会晤。纳扎尔巴耶夫特别喜欢与年轻的商业人士交谈，他们刚开始创业，正在全身心投入自由市场和自由企业的美丽新世界当中，而自由市场和自由企业是在苏联解体后引进哈萨克斯坦的。其中有位企业家叫阿迪比克·贾西比科夫，他创建了一家通用贸易和建设公司——切斯纳集团。

[贾西比科夫回忆说，他后来开始了政治生涯，成为阿斯塔纳市市长]这是我第一次遇见纳扎尔巴耶夫。他对阿克莫拉充满好奇，向我们问了好多问题，如我们的事业，该城市的商业生活怎么样，等等。他还到商店和供应公司串门。离开前，我问他是否要在我们的来访者签名簿上签名。他写下了这样的话：

切斯纳生于新时代，哈萨克斯坦共和国改革和主权政策的时代。这家公司的活动表明，我们从事的民主化、私有化、不同类型的所有制制度以及市场经济是正确的。我祝你们成功。

(签字)总统　纳扎尔巴耶夫

1993 年 8 月 19 日

在写下以上这些话后几个月，一位当地的记者问总统，阿克莫拉的商业界应当做些什么来加快他的改革。"他们必须参加到政府和议会中来",纳扎尔巴耶夫回答说,"帮助我推进改革"。

这一评论发表的日期,也就是独立之后才 20 个月,以及"参加到政府和议会中来"这种出乎意料的激励言辞,对于总统当时正在如何思考问题是一个耐人寻味的揭示。从实际和地理两个方面来说,阿克莫拉的商人离哈萨克斯坦的政府所在地远得不能再远了。拿政治、文化和经济优势来衡量,阿拉木图是远离大草原 1600 公里以外的另一个世界。纳扎尔巴耶夫没有说出来的是,他正在实施一项把两种世界结合在一起的使命。他对阿克莫拉生活的好奇均是他进行考察的一部分。他把这个城市当作潜在的未来首都来作出他自己的评估。他喜欢从北方年轻的商人新生代那里获得反馈。他向贾西比科夫和其他人问的许多问题是关于当地的和区域性的交通联系的。这里交通便利。由于赫鲁晓夫大手笔的处女地计划,阿克莫拉被变成为一个铁路和公路的交叉口,有道路通往中亚各地的城市。这些交通上的优势很可能是最终选定阿克莫拉的决定性实际因素。但对于选择产生真正影响的,在更大程度上还是一直萦绕在纳扎尔巴耶夫心头的战略考虑。

"从地缘政治的角度来看,我们需要巩固哈萨克斯坦",纳扎尔巴耶夫解释说,"一座屹立在欧亚大陆中心的首都对于欧洲和亚洲的传统有一种综合作用"。这是远远超越他的同代人视野的设想。在 20 世纪 90 年代初,像总统那样从地缘政治角度上高瞻远瞩,或使用"欧亚大陆"这一专门名词的哈萨克斯坦人屈指可数。阿克莫拉本身是一个与世隔绝并且内向自闭的省城。艰难困苦的居民每天都在为生存战斗,而不是梦想着地缘政治或去融合其他民族的文化。对于纳扎尔巴耶夫的第二个战略论点，即应当把首都设在大草原上，他们本来也会同样地无动于衷。"从理想的状态说，一个独立国家的首都应当设在适当远离外部边境且位于国家中央的地区"，他说。从理论上来说，总统的观点是站得住脚的，但从现实上来说，对于 20 世纪 90 年代初的当地公共舆论而言，其所隐含的阿克莫拉可以抵御某种强大的外来入侵者的看法没有多少可信度。

纳扎尔巴耶夫的第三个战略论点是就发展潜力而言。因为他认为，一个国家的新首都将重新推动哈萨克斯坦困境中的经济。这一观点无疑对阿克莫拉的银行和建筑公司是有吸引力的，但是很容易看出为什么阿拉木图的商业社团对于一项庞大的北方开发项目不以为然，因为这种项目将会耗尽他们地区应有的资源。

对于要把政府所在地移至阿克莫拉可能有种种怀疑，纳扎尔巴耶夫早已胸有成竹。一位较为谨慎的政治领导人可能会因此而暂停下来。然而一旦下定决心，犹豫不决不是他性格中的一部分。于是，1994 年 7 月 6 日，他 54 岁生日的时候，纳扎尔巴耶夫在议会中正式宣布，国家首都将从阿拉木图迁至阿克莫拉。

目击者们用一个词来形容哈萨克斯坦议员们听取总统讲话时的反应——"目瞪口呆"。许多议员默默地坐在阿拉木图最高理事会大楼的阶梯式大厅中，简直难以相信自己的耳朵。支持迁都的少数派对这一大胆决定感到吃惊。大多数人则被吓坏了，并且以出人意料的激烈程度表述出来。

[纳扎尔巴耶夫回忆说]他们固执己见，宣称鉴于日益恶化的社会和经济形势，在首都搬迁问题上花费大量钱财

1994 年 6 月 7 日,纳扎尔巴耶夫在最高委员会全体会议上作关于迁都建议的讲话

简直就是荒谬绝伦。争论犹如暴风骤雨,大多数众议员们都反对我。

为了克服反对意见,纳扎尔巴耶夫采取了他后来所谓的"狡猾的花招"。他给反对者们制造一种印象,即他的迁都概念更多的只是一个供今后研究的理论,而不是立即付诸实施的行动计划。当他向议会提交决议作决定时,他故意模糊了今后作决定的时间表。正如 1994 年 9 月 2 日,纳扎尔巴耶夫接受《哈萨克斯坦真理报》采访中有些不够诚实地强调:

搬迁的日期在决议中没有提及。它仅是说明,政府必须提出搬迁所需的各种文件。十分明确的是,这个问题并不在眼下的议程上,也不在不久的将来的议程上,而是在此之后的某个时间。

在制造了新首都是个没有时间表的项目，可能要拖到 21 世纪的假象之后，纳扎尔巴耶夫平息了那些批评者们的意见。他们以经济理由攻击他，宣称"搬迁首都的计划要靠非预算基金来实施，这些基金的来源正在寻找"。一些观察家把这个不大可能的提议比作一个童话故事：在彩虹的末端可以找到金蛋。这个故事显然说服了足够的议员来支持题为《关于哈萨克斯坦共和国首都迁移》的决议。正如纳扎尔巴耶夫一本正经提到的："在确定新首都将不大可能在 20 年或 30 年内兴建之后，众议员们最后投了赞成票，要搬迁首都的动议以微弱多数获得通过。"

*　　　　*　　　　*

尽管他使用了政治烟幕，但是在以微弱多数获得议会授权迁都后，纳扎尔巴耶夫立即行动以获得他想要的最快结果。他下令内阁部长们在 1994 年年底之前提出有关阿克莫拉的可行性报告，连同把政府迁往阿克莫拉的目标日期。1995 年 9 月 15 日，他颁布一项总统法令《关于哈萨克斯坦共和国首都》，设立了一个国家委员会来组织中央政府的主要部门迁移至阿克莫拉。此时公布这一法令也许是幸运的，因为就在两个星期之前，纳扎尔巴耶夫刚刚获得哈萨克斯坦全体选民的大规模信任投票，以 91% 的多数赞成他的新宪法。在纳扎尔巴耶夫有了如此大规模的支持之后，要想对他的几乎任何政策发动有组织的反对将会有困难。这对他本人也是有益的，因为在全国的许多地方，对迁都的公开批评也在增加。

在阿拉木图，民意调查显示，62% 的市民反对把政府迁往阿克莫拉的计划。反对阵营中的许多人是国家雇员，因为他们将不得不被重新安置到新的北方首都。他们担心，他们离开发达的阿拉木图前往原始的阿克莫拉,生活质量将会下降。他们还担心公务员的知识标准和生活标准也会下降,因为在阿克莫拉为政府部门安排的专业资格一定会低于在阿拉木图的水平。

一连串的谣言更加剧了公职人员的这些担忧。在这些谣言中,有闲言碎语说只有哈萨克人会被允许在新首都获得好工作(事实上,目前有 64 个民族在那里管理政府部门);还有“怕老婆”的猜测称,萨拉·纳扎尔巴耶娃强迫她的丈夫把首都迁到阿克莫拉,因为她的家庭源自于那个地区。最神乎其神的八卦是,有位占星学家对轻信的纳扎尔巴耶夫说,1997 年将会有一次地震把阿拉木图夷为平地,迁都之事是从中受到了启发。

这些闲言碎语所显示的是反对意见正在转变为人身攻击。纳扎尔巴耶夫被指责颠倒了工作重点,犯了“自大狂”症。有人暗示说,他是在努力赶超彼得大帝建立圣彼得堡,或乔治·华盛顿建立华盛顿,或穆斯塔法·基马尔建立安卡拉。总统的批评者们一个共同的主题是,他没有提供足够的说明来解释他要迁都的专制决定。阿拉木图的报纸《商队报》也以同样的腔调发表了一篇非同寻常的敌对性社论,题目是《纳扎尔巴耶夫总统个人的首都》,该社论说:

> 只有在完全没有民主的条件下才能冒出无人能理解的划时代项目。没有任何战略考虑可以证明,从工资和养老金以及解决国家其他社会问题的付款中转移大量资金是正确的。

哈萨克斯坦国内外有许多观察家都认为,首都搬迁只是天方夜谭。国际上相应地持怀疑态度的人数更多,对搬迁计划的批评比国内的批评更为尖刻。为了打消他们的疑虑,纳扎尔巴耶夫指示哈萨克外交部为各国大使和其他外交代表们组织了一次贵宾团,去阿克莫拉参观访问。但访问并不成功。

这次访问开始于 1995 年 12 月一个寒冷的早晨。在阿克莫拉破破烂烂的机场颠簸降落后,贵宾们被拉到市中心区域。当地的导游似乎并不明白一个新时代正在降临这个城市,因为此次访问的最初几个小时被用来瞻仰苏联的名胜古迹,包括一座列宁塑像、社会主义劳动英雄们的画像和一台由底座支撑的拖拉机,用以纪念处女地计划的先驱们。

当外交官们在陪同下参观阿克莫拉摇摇欲坠的街道和破烂倾颓的建筑时,他们似乎印象不佳。他们对于纳扎尔巴耶夫堂皇的愿景构想本已缺乏热情,由于没有足够的衣物抵御大草原上呼啸而来的北极寒风而变得更加冰凉。好几个人冻得瑟瑟发抖,特别是来自于热带气候国家的代表。伊朗大使差一点由于体温过低而晕倒,因为他原以为没有必要戴帽子。帽子装备问题也影响了美国大使伊丽莎白·琼斯。当一行人来到伊希姆河时,她的毛皮包头软帽被风吹走。出于献殷勤,或许是为了促进不畅的血液循环,外交使团中的大多数人都沿着河岸追逐帽子,把观光旅游变成了一出打打闹闹的喜剧。

贵宾团大多数人得出的认真结论是,纳扎尔巴耶夫关于阿克莫拉的梦想不会成真。"大使中无人认为迁都的计划会很快实施",陪同贵宾参观访问的外交部部长托卡耶夫回忆说,"我反复向他们保证肯定会迁都,但是得到的是怀疑的微笑和冰冷的回应,称该城市的基础设施和气候条件不够"。有一位外交官在报刊的采访中以毫无外交策略的语言评论说,哈萨克斯坦难以负担建立新首都的开销。在 12 月的那一天中唯一对阿克莫拉抱有热情的是蒙古大使。他说阿克莫拉的天气和楼宇使他想起了他的故乡乌兰巴托。这可不是纳扎尔巴耶夫原本希望的从第一个外国访问代表团获得的对他选择新首都的有力支持。

如果说纳扎尔巴耶夫被国内和国际上对他的迁都计划的批评所困扰,他却从未流露过。他的态度是"全速前进"。阿拉木图一家报纸控告他的政策是"阿克莫拉独裁",他却愿意容忍指责,以利于实现他的目标。正如他说:

> 我必须罔顾歪曲迁都真实原因的指责,实现把阿克莫拉作为首都发展的现实。意见双方都有不少支持的顾问,但必须由我来作出决定并为决定负责。

纳扎尔巴耶夫通过表现得既像是新首都的所有者又像是它的总统那样来担当新首都的责任。虽然他设立了一个很有权力的国家委员会来开发这个城市并把政府迁到这里,但该机构的每一位成员很快就认识到,他们直接对纳扎尔巴耶夫负责,他几乎对每个项目的细节都事必躬亲。从最初的日子起,他的警觉不仅使行政老板们,而且使现场的管理人员和工人们都感到吃惊。当一座早期7层高的楼房在打地基阶段进展似乎显得比预料的要缓慢得多时,纳扎尔巴耶夫仅在他的安保人员的陪同下夜访工地。在半夜里,他亲自丈量开凿地基的坑。他发现这些土垒所涉面积大大小于市长办公室所做的书面报告,十分愤怒。第二天上午,纳扎尔巴耶夫在其办公室召见了工地的所有官员和管理人员,严厉斥责了他们一顿。此后,便再也没有误工,再也没有关于细枝末节的内部争议。尽管天气条件不佳,建筑物仍得以按时完工。

参与第一波建设高潮的无数承包商对阿克莫拉的天气条件感到担忧。该城市在夏季可能炎热多风，冬季像莫斯科一样严寒，更为臭名昭著的是以"布冷风"闻名的暴风雪。1996 年新年过后不久，纳扎尔巴耶夫走访了主要大楼的工地，气温降到零下30 摄氏度，刮着刺骨的强风。他根本听不进对天气条件的抱怨、牢骚或责怪。"就这个地方而言，这是正常天气"，他宣称，"这是我们祖国和我们先父的气候。不可能有什么不好的地方！能否面对这些问题，能否按时完成这些项目，全取决于我们"。

虽然当关键主管人员挣扎着完成纳扎尔巴耶夫向他们提出的显然难以完成的任务时，纳扎尔巴耶夫总是给予他们实际的帮助，要求他的团队去完成不可能完成的任务成了纳扎尔巴耶夫的标准做法。时间表是由总统法令《关于宣布阿克莫拉市为哈萨克斯坦共和国的首都》确定的。该法令宣布新首都的法定起点是 1997 年 12 月 10 日，官方典礼将于 1998 年 6 月 10 日举行。即使对于总统的最忠实的官员们来说，这两个日子看来都是不现实的。其中一位叫法立德·伽里莫夫，时任迁都委员会副主席。他回忆说：

> 许多人都在说，德国人花了 10 年时间才把他们的首都从波恩迁到柏林，他们的做法是正确的，因为他们是把政府从一个地方的小镇迁移到一个大城市。我们所做的恰恰相反，是错误的，是从一个大城市迁到一个小城镇。而我们的总统还坚持我们必须在两年之内完成这项工作。可是，他的意志力战胜了一切反对意见和障碍。结果，世界上从来没有任何首都在如此短的时间里就搬迁了。

与政治的意志一样必需的是财政上的聪明才智。纳扎尔巴耶夫从外国政府——主要从沙特阿拉伯、阿联酋、卡塔尔、土耳其、意大利和日本——那里征求到赠礼和软贷款。他还从外国公司那里获得了捐款以及实物捐赠。美国石油公司雪佛龙被要求捐助一座新的体育馆,虽然并非完全心甘情愿,但最终还是捐了。强迫手段搞得最凶的是在哈萨克斯坦财政部内部。法立德·伽里莫夫回忆起 1996 年 9 月的一段故事:他与纳扎尔巴耶夫在迁都委员会的代表弗拉基米尔·尼意识到,新首都的最大公寓综合楼之一必须停工,因为钱已经花光了。

[伽里莫夫回忆道]这真是糟糕透了。我们急需至少1000 万美元。冬季即将来临。我们知道,假如我们不能立即解决现金流通危机,我们就得停工至春天。于是,尼先生搭乘最后一趟航班飞往阿拉木图,在大约午夜见到了总统。凌晨,总统给总理和财政部长以及一些不知道是谁的其他人打电话。第二天下午,2000 万美元就转到了搬迁委员会的银行账户上。这样,我们的工地上一直开着工,在冬季到来之前完成了大楼的外部工作。

这比维持生计更为艰难,这是用政府资金做口对口的人工呼吸。即便这些紧急财政安排发挥了作用,该城市的供电没有得到保障。供暖、照明和电话系统时常发生故障。对公共事业提供资金极其困难。新首都迫切需要新的资金来源。

纳扎尔巴耶夫在寻找这些问题的解决办法上真是天才,以至于当地的商人开始开玩笑说,一旦他失去总统的职务,他可以轻而易举地当上某个国际项目的财政经理。比如,阿克莫拉的供电能力发生危机时,唯一的解决办法是建立一座新的大型输入发电分站,备有自己的发电厂。不幸的是,对于这样的项目预算中没有钱。纳扎尔巴耶夫建议组成一家首都供热供电公司,从进出口银行贷款 1.5 亿美元可以建立发电分站,从客户中收取费用分若干年还贷。这正是后来立即实施的方案。

一项相当相似的创新被用来解决电话线的短缺。国家电话公司因循守旧,仍然固执于从苏维埃时代继承下来的垄断做法,不能快速满足要求。纳扎尔巴耶夫建议引进有竞争力的竞标人。一家面向市场的国际电话公司很快就提出要为新系统投资。不到一年的时间,阿克莫拉就有了全国最好的电话系统。

对于那些文化和经验深深植根于自由市场经济和竞争资本主义的人来说,这些成就可能看起来并不那么特别惊人。但是在死气沉沉的阿克莫拉,那些仍然是革命性的概念,因为这座城镇才刚刚从共产主义中破茧而出,而这种共产主义到处充斥在赫鲁晓夫/勃列日涅夫时代的切利诺格勒。纳扎尔巴耶夫不得不竭力劝说新首都的商业和政治领导人实施最好的竞争办法。正如他回忆说:

> 把一个仍旧是苏联式的地方性的小镇变成一座现代化的首都,绝非易事。要摆脱后苏联的旧时遗产非一朝一夕能做到。我们得处置那些粗制滥造、杂乱无章的房屋,落后的基础设施和过时的工业。与此同时,我们得做好规划,考虑到国际知识技能,同时要尊崇民族传统并给予本国公司以平等机会。

提前建成的机场是融合这些不同因素的良好例子。在纳扎尔巴耶夫的鼓励下,引入了竞争机制,结果是,阿克莫拉的沥青工厂数量在3个月之内从3个增加到18个。1996—1997年间,这些工厂的日产量为4000—5000吨沥青,相当于20世纪90年代初阿克莫拉的月产量。在机场承包商一天工作18个小时的情况下,可容纳最大型远程波音宽体客机和加长空客的机场跑道是以创纪录速度完工的。在这段时间内,使用机场最多者之一是纳扎尔巴耶夫的总统座机757。有个故事突出显示了纳扎尔巴耶夫监控新首都建设进度的决心。那是在1996年11月一个风雪交加的夜晚,总统座机试图降落在阿克莫拉机场。当时狂风怒吼、暴雪满天,能见度降到了安全线以下。机场空管关闭了机场。在地面等待纳扎尔巴耶夫的接待委员会人员都回了家。然而,总统座机的驾驶员正在阿克莫拉上空反复盘旋,希望能在暴风雪的间隙发现一个能见度较好的最佳时机。他们的耐心得到了回报。在经历了一个小时或更长时间的"分层盘旋"之后,天气情况有所缓和,飞机得以安全着落。机场既没有任何人,更没有人专门欢迎他,纳扎尔巴耶夫觉得很有趣。后来,他责备他们对于他前来这里的热切渴望"缺乏信心",并视察了进展结果。

*   *   *

在阿克莫拉艰难度过1997—1998年之交冬季的时候,信心是不可或缺的要素,因为在礼仪式的虚浮表面与实际进展的现实之间存在一道明显的鸿沟。在1997年11月8日,纳扎尔巴耶夫正式举行了把阿克莫拉当作国家首都的落成典礼。冒着刺骨的寒风,他下令在总统府的蓝色穹顶上升起国旗,并发表了充满理想主义的讲话。他宣布:"阿克莫拉已成为我们国家精神富有、神圣庄严和传统的关注焦点。它的使命堪比攀登高峰之巅,需要刚毅不拔和坚忍耐力。"

随着落成仪式的进行,用上面最后两个词来形容观众必备的斯多葛主义的品质十分恰当。从军方来说,有阅兵式和鸣21响礼炮仪式。当地学生表演了盛大游行,"你好,首都!"纳扎尔巴耶夫进行了古代哈萨克的净化之火仪式阿拉斯套,其仪式高潮是走过一条幸运的白色地毯阿克扎尔。随着气温下降和风速上升,观看这些活动的人群需要足够的刚毅不拔和坚忍耐力。总统夫人萨拉彰显了非同寻常的大无畏精神,她忘记了戴头巾。她对于恶劣天气的蔑视,仿佛象征了她家乡的那种面对持续不断的艰难困苦仍能泰然处之的精神。可是在旗帜飘扬和号角齐鸣过后,一个令人沮丧而震惊的情况使得阿克莫拉回归到现实当中。落成典礼之后几天,城中主要的发电厂再一次出现故障,使阿克莫拉陷入黑暗之中并切断了所有暖气供应。

[一位有影响的当地商人说]事故据说是因为大风,但是还有更加深层次的原因。事实上,该城市许多大大小小的缺陷,从系统失灵到系统中断,都超过了临界点。

纳扎尔巴耶夫应对危机的措施是,把阿克莫拉变成一个独立的行政和管辖实体,不再从属于已成为管理瓶颈的当地政府。他还任命了一位首都的新市长。他便是同样精力充沛的企业家阿迪比克·贾西比科夫。四年前总统秘密走访该城时,他曾给总统留下深刻印象。纳扎尔巴耶夫对这位被任命为市长的人所说的话很说明问题:

此时此刻,首都的发展迫切需要市场经济的道路。高

纳扎尔巴耶夫:哈萨克斯坦的缔造者

标准、快速完工和高效率是首要目标。……你知道我是怎样看待阿克莫拉的。我请求你不要背叛我。我们要充分信任地合作，但我将要严格地向你问责一切。

如果要把阿克莫拉从一个死气沉沉的穷乡僻壤改造成为一个国际化的首都，那么，必须采取重大战略决策。一个具有象征性的步骤就是更名。有媒体评论说，该市的名字可以译成"白色陵墓"或"致命的严冬"，这个名称的字面意义是不恰当的，或者说，实在是太恰当了。在一些人的心目中，阿克莫拉的名字不仅令人想到严酷的气候，而且还与劳改集中营、放逐、令人厌烦的蚊子、经济失败以及其他负面含义相关。纳扎尔巴耶夫对此十分敏感，感到有必要与过去一刀两断。有人建议说，该城市应叫做萨雷·阿尔卡（草原中心）、伊希姆（河流的名字），甚至叫努尔苏丹。纳扎尔巴耶夫本人想出了"阿斯塔纳"这个名字。该词在哈萨克语中有微妙的含义，意为"雄鹰翱翔"或"展翅飞向未来"。然而，纳扎尔巴耶夫选用这个名字可能并不是出于这些复杂的理由。因为该名字的字面意思就是"首都"。在阿拉木图，爱开玩笑的人说，该城市可以以同样别出心裁的精神，叫作"铁路交叉口"或"城市"。但纳扎尔巴耶夫坚定不移地捍卫他所选择的名字，认为这是"完美无缺的首都名字——与众不同、容易发音、在各种语言中都可以理解"。几个星期之后颁布了总统法令，哈萨克斯坦共和国的首都被正式命名为阿斯塔纳。

在地面上，需要解决的最大战略问题是河岸。前切利诺格勒和前阿克莫拉建在伊希姆河的右侧或称北岸。左侧或南岸只有少量居民，一座公园和几条道路，堪称是通往北方大草原的缓冲地带。普遍的一致意见是,该城市的重新开发应当首先重建右岸,那里已经有了基础设施和一整套牢固的家庭、办公室和公共大型建筑。

纳扎尔巴耶夫不同意大家一致的看法。虽然伊希姆河在多数人眼里是一条微不足道的河流,左岸的沼泽地不适宜开发,总统却有不同的看法。他看到了伊希姆河的美丽以及被忽视的左岸的潜力。他的梦想的第一次清晰表达是在 1998 年 3 月的一个寒冷的早晨。当时纳扎尔巴耶夫正与市长阿迪比克·贾西比科夫一起对阿斯塔纳作许多次访问中的一次访问。这位市长这样描述作出决定的时刻:

> 我们去察看撒马尔住宅区,然后向伊希姆河走去。总统走在他的贴身警卫、顾问和建筑师们的前面,雨披在风中飘荡。后来他说,任何河流都值得赞佩,并非每个首都都能幸运地坐落在河岸上,如果我们不充分利用这条河流的景色,那是不明智的。他接着建议,我们应当建造一条美观的堤岸和宽阔的河滨散步甬道,并点缀一些漂亮的圆顶亭子。"这可能为城市大大增光",他说。片刻的沉寂,我们大家都在思考这一想法。接着,纳扎尔巴耶夫总统斩钉截铁地宣布:"我们要把堤岸建起来,必须在献礼日完成。"

献礼日只是极其短暂的 3 个月之后。但此时该城市已有 80 家主要建筑公司,雇佣 15000 多名工人。他们接受了建造堤岸的挑战,根据纳扎尔巴耶夫的命令,堤岸的设计是 6 米宽。该工程需要 15 平方公里以上的大石料,铺垫在伊希姆河的两岸。日以继夜地工作是必不可少的。材料的供应乱七八糟,压力之大简直难以忍受。鉴于工作量之大、开工日期之晚,要按期完工看来是不大可能的。

随着 1998 年 6 月 10 日献礼日一天天地临近,不仅仅是政府的开发商们忙得不亦乐乎,私营开发商们也接到敦促,要按这一完工日期实施他们的项目。于是,1998 年春季时,一大堆大大小小的建设合同也都在你追我赶,争取如期完工。从煤气站、保龄球馆和汽车展厅到酒店、购物商场和公寓楼群,无不如此。公共和私营行业的所有这些发狂似的建设活动使得阿斯塔纳变成一个庞大的建设营地,一天 24 小时全速运行。打桩机和风钻的撞击声、压缩机和发电机的轰鸣声,以及 2000 多台重型车辆、推土机和平地机快速运转的引擎,合成高分贝的刺耳噪音,其音量之高,在那广袤、静悄悄的大草原上迄今从未听到过。

阿斯塔纳建设中的强有力声响,增添了不同寻常的光芒。整座城市不仅被建筑商们的泛光灯照耀得如同白昼,而且,几百名夜间电焊工人手中的电弧焊接工具所发出的炫目光芒,形成了一种称为"阿斯塔纳白昼之夜"的视觉景象。跨过大草原数百英里之外,夜空看起来被照亮得如同夏季时节巨大的北极光。这是一个信号,国家新首都正在发生某种惊天动地的事情。

*　　　　*　　　　*

尽管这些活动搞得如火如荼,热火朝天,仍有谣言说献礼日将不得不推迟。许多承包商支持推迟,理由是他们需要更多的时间来完成任务。纳扎尔巴耶夫不想听那一套。然而,1998 年四五月份当中,他的确更加频繁地每天走访各处工地——向管理人员和工人们发表现场讲话,鼓励他们按时完成任务。

[经常陪同纳扎尔巴耶夫访问的弗拉基米尔·尼回忆

说]通过这些走访,他的确造成了巨大的个人影响。人们真的感到,他们的总统是在呼吁他们作出超人的努力,彰显爱国义务,——而他们也确实竭尽了全力来响应。

在献礼日之前的准备阶段,纳扎尔巴耶夫与在阿斯塔纳的所有主要的经理和主任每周召开两次情况介绍会。这些会议常常会导致大的变化和新的创意。其中之一是,在最后一刻决定扩建该市的足球场,那个伟大的日子举行的闭幕式将安排在这里。在4月初对这个体育场的访问中,纳扎尔巴耶夫决定,这里太破烂不堪,地方太小,不适合做他正在规划的大型闭幕式的场地。他走遍观众席位的每个旮旯。接着他下令说,两处主要的大看台必须全面翻新,还要在南面建造一个全新的第三大看台。纳扎尔巴耶夫在足球场边作出这些指示时,旅游和体育委员会主席多斯木哈姆贝托夫正站在总统的身旁。"看上去,他好像要心脏病发作而猝死",一位看到这一情景的目击者说。但不可思议的是,在投入1200多名新的建筑工人昼夜连续施工后,体育场的再建工程比预定2个月的工期提前10天就完工了。

纳扎尔巴耶夫的另一项倡议是调动数以千计的志愿者投入"城市绿化"速成规划。他呼吁阿斯塔纳市民参加种花、植树和造林,以及清扫街道的群众运动。经过媒体的轮番宣传,群众的响应令人震惊,特别是青少年学生、大中学校的学生和养老金领取者。在不到四个星期的时间里,12万棵新树、灌木、草坪和花坛都已到位。许多街道和广场打扫得一干二净。35年前,年轻的共青团领导人纳扎尔巴耶夫曾在铁米尔套成功发起清扫街道和植树运动的星期六计划。这一次的倡议也可算是向总统当年想法的一次回归。只是在那个年代,他的钢铁厂里的伙伴们不愿意放弃自由支配的时间接受那个任务,但在 1997 年,随着市民和民族自豪感的不断膨胀,阿斯塔纳的市民都是热情洋溢的志愿者。于是,首都及时得到了绿化和美化。在献礼日仪式开始前 72 小时,纳扎尔巴耶夫总统对重大场地和大楼作最后一次视察。并非一切都准备好了。堤岸还有麻烦,于是,另加派了 800 名工人来锤打河岸两旁的石块。他们于 6 月 9 日的傍晚最终完工。

一项更为紧迫的任务是完成洲际饭店。直到 6 月 7 日,离完工的日子还很远。该饭店原定要安置 200 多位来访的贵宾,为首的是土耳其总统苏莱曼·德米雷尔,他被安排于 6 月 8 日傍晚同纳扎尔巴耶夫总统一道在门口为饭店开业剪彩。当总统于 6 月 7 日作最后一次视察时,场地乱得不可开交,看来开业典礼难以举行。但在最后 24 小时,3000 多名工人应征来到洲际饭店,创造了奇迹。德米雷尔抵达时,他的套间除了有强烈的新油漆气味外,一切都美轮美奂。饭店的其他房间大都如此。

6 月 10 日献礼日拂晓前的各项幕后戏剧中,最出奇的成就是改变天气。虽然气候通常而言是上天的管辖区域,但在这种场合,改变气候的事务是由哈萨克斯坦总统处理的。纳扎尔巴耶夫从他的气象专家那里得知,一股暴风雨的前锋正向阿斯塔纳移动,庆典活动很可能会遭遇倾盆大雨。他立即找俄罗斯气象管理机构帮忙。他们的飞机多次飞进暴风雨当中,播撒一种特殊的、生态安全型的银碘和干氮混合物。这项技术起了作用。气候的前锋在距阿斯塔纳许多英里之外便散开,把绝大部分雨水引导在那些感恩戴德的农民的麦田里。

与此同时,在首都干燥的地面上,游行、车队、演讲、跳舞、仪式以及许多其他节日活动全面展开,搞得热火朝天。高潮之一是与外空连接的"电视之桥"。这使哈萨克宇航员塔尔加·穆萨巴耶夫得以从和平号空间站（从拜科努尔发射的）与纳扎尔巴耶夫总统通过一个视频连接讲话，向他表达对阿斯塔纳成为首都的庆典的祝贺。

献礼日的最后乐章是令人眼花缭乱的流行音乐会。世界各地著名的歌唱家登台献唱。但抢风头的三重唱并非专业艺术家，而是乌克兰、吉尔吉斯斯坦和哈萨克斯坦总统。库奇马、阿卡耶夫和纳扎尔巴耶夫突然登上舞台，即席演唱众所周知的乌克兰民歌《你已经有了外遇》。鉴于近期他们国内发生了政治动乱，有人指责其中某些领导人背信弃义和背后捅刀子，这个表演既滑稽可笑，又牵涉热门话题。纳扎尔巴耶夫自他在第聂伯罗彼得罗夫斯克的学生时代就学会了《你已经有了外遇》这首歌，显然对乌克兰歌词烂熟于心。乌克兰总统却并非如此，因为库奇马显然忘记了他的国家最有名的歌曲的歌词，这使大家乐不可支。无论如何，三位总统的献唱给本已欢乐的夜晚增添了更多的乐趣。

音乐会结束前，一阵小雨洒向群众。这大概不是天气管理专家们在飞机中组织的。但是，如果这是他们的职责，他们已经巧夺天工，登峰造极，没法做得更好了。因为有一条古老的哈萨克谚语："短暂的夏雨是幸运的迹象。"献礼日的夜晚，人们在街道上一再重复这一乡村传说。他们相信，蒙蒙细雨是个好兆头，预示着阿斯塔纳未来的繁荣。

*　　　　　*　　　　　*

献礼日雨云的迹象证明是准确的成功先兆。阿斯塔纳在1998—2008的十年间发展成为一座繁荣的新兴城市。在纳扎尔巴耶夫的领导下，伊希姆河的左岸从沼泽地改造成了大都市。

建设规划中包括实质性的社会项目,如 6 家新医院,通常称为医院集群,在心脏病、妇产科、急救和外伤服务、神经外科、儿科和综合教学等方面提供最先进的保健服务。在草原上建立可与梅约诊所相媲美的医疗设施是耗费巨大的工程,但纳扎尔巴耶夫对未来的构想是建立卓越的医疗中心,以吸引中亚各地和苏联的患者。

建设规划中明显缺少的是工厂。这是因为纳扎尔巴耶夫决定,首都应当是个环保型的白领城市。然而,所有其他形式的商业事业在阿斯塔纳的议事日程上都占有重要位置,以至于有一半的开发计划是由私营企业付款的。随着耗资越来越大和越来越前卫的新摩天大楼拔地而起,其速度几乎可以按月计算,投资者们、各公司和银行争先恐后地竞相把阿斯塔纳变成草原上的黄金国度。

纳扎尔巴耶夫怀着巨大的热情主持了这次扩建。维持扩建势头似乎是他的重中之重。建筑的设计式样五花八门,从俗气的迪斯尼乐园到瓦格纳风格的瓦尔哈拉殿堂。这种情况似乎并没有令纳扎尔巴耶夫感到担忧。但他对总体规划确实很关心,并把这项任务交给了日本建筑师黑川纪章。这位举世闻名的规划师赋予了首都一种令人兴奋的创新主题气氛,使其成为一座随季节而变化的心情城市。春季充满期盼和萌动;夏季炎热而激情洋溢;11 月至 3 月宁静和美丽,白雪、伊希姆河上的滑冰者,以及星光灿烂的寒夜使冬季的阿斯塔纳变成童话中的仙境,感觉似乎是安徒生 21 世纪童话的场景。

恶劣的气候已不构成太大的问题。这是因为纳扎尔巴耶夫在城市郊区周围 45000 公顷土地上英勇无比地大规模植树造林,设法改变了这座城市的生态环境。这片绿色林带起到了防风墙的作用,并减弱了横扫大草原的暴风雪。

[阿斯塔纳的一位主要承包商沙米尔·贝克波拉托夫回忆说]总统亲自从他走访过的世界上许多的森林和林地挑选树木的品种。他全身心地投入到为全体公民改善环境的事业中。

并非人人都赞同总统要不断地扩大首都规模的决心。"以牺牲所有其他地方的利益为代价来支撑一座城市,是不道德的",反对党光明道路民主党主席布·阿比洛夫说。然而,显然有许多其他哈萨克斯坦人愿意用脚来投票,因为在过去的 10 年时间里,超过 50 万人迁移至阿斯塔纳,成为那里的新居民,有2000 多家公司在那里设立了办公室。爱也罢,恨也罢,纳扎尔巴耶夫的阿斯塔纳已经确立成为杰出繁荣的亚洲人口中心。

这座城市的繁荣在 2008 年的全球金融危机中受到了损害。起初,纳扎尔巴耶夫对于佛罗里达的次贷危机会使哈萨克斯坦的公寓建设停下来感到意外。但那就是当时发生的情况,当地的银行利率跃升到 14%,通货膨胀飙升,而且哈萨克斯坦的经济增长率跌掉一半,降至 5%。阿斯塔纳的建设热潮在这些压力下慢慢地停了下来。至少有 50 处高楼建设工地被冻结,停留在建成一半而被遗弃的状态。部分城市地区蒙上了鬼城的气氛,起重机停止了工作,打桩机静静地躺在一旁,数以千计的工人下岗。随着阿斯塔纳成为首都 10 周年纪念日即将到来,这种景象对纳扎尔巴耶夫来说非常尴尬。他已经策划要再次举行1998 年献礼日那样隆重的典礼,但一些观察家们认为,在建筑业萧条的背景下搞庆典看来是不明智的。好几百名的建筑工人在总理办公室外面吵吵嚷嚷地游行，使政府的神经更加紧张。但后来发现，许多人是由当地银行出钱而参加游行进行抗议的，使得此次史无前例的行动的影响有所减弱。尽管如此，问题依然存在。纳扎尔巴耶夫宣布，政府将提供价值约 2.5 亿美元的财政支持，让未完成工地重新开工，使不断上升的紧张气氛得以缓解。作为自由市场力量的斗士，这并非总统最为光辉的时刻，但他的宣布确实恢复了信心，也使得 10 周年的庆典活动能在一种积极的经济氛围中进行。

2008 年 7 月的第一周，阿斯塔纳处于一团混乱的狂欢与细心编排的典礼仪式的混合状态之中。庆典的第一部分包括成千上万名年轻人在街道上进行聚会，在岸边伴随着扩音器播放的音乐翩翩起舞，在露天咖啡厅畅饮，在自己的车上按喇叭。兴高采烈的气氛看起来是自发真挚的，其乐趣明显由于大批身着艳丽服饰的儿童到处游弋而愈发倍增。在 7 月 5—7 日，主要纪念活动正在举行的那个周末，阿斯塔纳确实令人感到像是一座普天同庆、欢快享乐的首都。

7 月 6 日是纳扎尔巴耶夫 68 岁生日。于是不可避免地，许多庆典活动聚焦于他以及他作为阿斯塔纳缔造者的历史纪录方面。在宏伟的金字塔内，有来访的国家元首们发表演讲。在新揭幕的 100 英尺高的纪念碑前，上演了再现中世纪哈萨克勇士们打败准噶尔入侵者的盛大庆典游行。国家管弦乐队演奏了古代民歌，出色的独唱演员用冬不拉进行伴奏。其他的大型节目包括焰火秀、体育表演和一场壮观的流行音乐会。在这些热闹聚会上，面包和其他基本食品都以半价出售——这是大型连锁超市献给公共大众的周末生日贺礼。纳扎尔巴耶夫出席了所有主要活动，并在许多场合发表了讲话。

在这些演讲当中,政治上最具溢美之词而同时情感上也最为亲密的一次,是在最后一天晚上阿斯塔纳市市长举办的被称为"总统之家"的晚宴上。这意味着出席者不仅包括他的血缘亲属(包括曾孙女们),而且还有他最长久的私人朋友以及他最坚定的政治盟友。

"你们这些无名战线上的勇士们,无论面对困难还是充满希望的时刻,和我站在一起",纳扎尔巴耶夫对听众如此说。他先是讲了一些关于早些年厕所冻住以及供电发生故障的时候如何艰难困苦的低俗笑话,逗他们开心,然后高调提出他对阿斯塔纳的憧憬,把它描绘成"世界上最年轻的首都之一,它建立在这些古老的大草原上……是国家的地缘政治中心……全球跨宗教告解对话的核心……欧亚大陆的交叉点"。接着他话锋一转,对他自己的家庭以及帮助他建立这个首都的朋友和同事的大家庭表示敬意和感谢。这就是洗尽铅华的纳扎尔巴耶夫——他对于他所热爱的阿斯塔纳既风趣幽默又充满激情。尽管这是一篇强有力的政治演说,但他的言辞显然发自肺腑,因为它们使他与核心集团之间建起了一种温润友好而又亲密无间的个人关系。然后,出现了未曾事先准备的最后一幕:纳扎尔巴耶夫走进舞池,用美国政客的话来形容就是,"与大家打成一片"。但在这10周年庆祝活动的倒数第二个聚会上,更为确切地说,应当是"大家与总统打成了一片"。随着人们一个接一个、一小批接一小批地前来与他们的元首握手并拥抱,礼节都消失了。那是一个动人的场景。显然,纳扎尔巴耶夫是在众家人面前作秀,但是,房间里的每个人都知道,这种情感的纽带是真实的。因此,他们所庆祝的阿斯塔纳的历史性成就也是真实的。

晚宴过后,纳扎尔巴耶夫前往出席那夜的最后一场聚会,那是安排在河左岸两个金色冰激凌锥形蛋卷筒塔楼之间的一个场面奢华的盛大音乐会。高雅的经典文化（芭蕾舞剧《天鹅湖》、国家交响乐团演奏施特劳斯乐曲）节目之后，接着是哈萨克传统节目（准噶尔战争舞蹈和著名冬不拉艺术大师演出）和西方热门歌曲（《歌剧魅影》及惠特妮·休斯顿的歌曲）。但大约在三分之二的演出过后，总统悄悄地开溜了。他没有预作安排的离开完全出人意料，特别是对他的官方陪同而言。通常他都是由他的礼宾助理和安全警卫陪同着，没有了这种阻碍，纳扎尔巴耶夫信步来到广场上。他享受着夜半温暖的空气，欣赏着7月6日首都摩天高楼之上精美生辉的一轮新月所构成的吉祥画面，同时与过往行人说说笑笑，其中大部分都是学生。几分钟的即席谈笑过后，他把车叫过来，乘车离开了。令人惊奇的是，他乘兴吩咐司机把他拉到城外。在阿斯塔纳10周年庆典活动结束后的凌晨时分，纳扎尔巴耶夫想要去的地方就是萨雷·阿尔卡大草原，他的人民和他的祖先的心脏地带。

后　　记

当全世界都在与经济衰退和信贷危机作斗争的时候,萨雷·阿尔卡大草原的景色从经济前景上看也是阴霾满天。但是,等到纳扎尔巴耶夫庆祝他 70 周岁生日(2010 年 7 月 6 日)和哈萨克斯坦独立 20 周年(2011 年 12 月 16 日)时,全球危机所带来的最糟糕影响很可能已有所缓和。当然,哈萨克斯坦丰富的石油、天然气和矿藏等自然资源和由受教育程度越来越高的年轻人组成的人才资源是不会贬值的国家财富。同时,纳扎尔巴耶夫本人在精力或决心上没有显露出任何衰退的迹象,他还可以领导哈萨克斯坦进入一个政治和经济发展的新时代。

在为本传记而做的对总统的最后 23 个小时的采访中,我们讨论了他的历史遗产问题。我引用古希腊悲剧诗人索福克勒斯的话说:"有时候一个人须等到傍晚时分,方能领略白天曾是何等辉煌。"对此,纳扎尔巴耶夫敏捷而犀利地反驳道:"是什么让你觉得我已到了傍晚时分?"这也许是一种暗示,只要健康和情况允许,他很可能会决定于 2012 年竞选第三任总统。不论他是否继续担任领袖,他已经管理了哈萨克斯坦如此之长的岁月,从共产主义苏联统治下的混乱,到作为一个年轻的民族国家的成功和稳定,以至于人们广泛地称呼他为"国父"。鉴于存在着这样的颂扬,提出这个问题也就适逢其时:努尔苏丹·纳扎尔巴耶夫在历史道路上已经留下了怎样的足迹? 他留给他的人民、他

纳扎尔巴耶夫：哈萨克斯坦的缔造者

的地区和国际社会的遗产是什么？

看着 21 世纪的阿斯塔纳那极其前卫现代的天际线，人们容易忘记哈萨克斯坦在过去的 20 世纪中的贫穷和原始。作为俄国人统治的苏联帝国中一个饱受屈辱的殖民地而曾遭受过的野蛮征服，已经为从苦难中解放出来的多种族独立国家的地位所取代。这种国家地位是以政治稳定和民族自信心作为基础支撑着的。要实现杰斐逊主义的民主可能尚需时日，但个人和经济的自由正在增进。纳扎尔巴耶夫把政府管理置于严格的控制之下，但他的中央集权式总统制是专制政体的一种仁慈形式，对来自私下的批评和公众民意的压力反应非常积极。

在世界上的这一地区，人们显然喜欢拥有一个集权领导人，并对此习以为常，纳扎尔巴耶夫在这里真的很得人心，部分原因是他愿意与大家打成一片并向他们说明理由。他随时准备承认他的政府管理中的过失与不足。这个政府依然过分倚重"老派的"人物，总统与他们个人之间的忠诚情谊有时会延续得过于长久。此类部长和官员并非总能好好地为国家服务。在哈萨克斯坦可以听到抱怨，一些公职人员接受贿赂时肆无忌惮，在开展警务或安全调查时十分冷酷。然而，从好的方面来说，在哈萨克斯坦没有政治或宗教囚犯，制度化的侵犯人权现象也很少。这种情况可能发生——如阿利耶夫的丑闻所显示的那样——但纳扎尔巴耶夫已从过去对反对派的暴行中吸取教训。他清醒地认识到，国家的富裕带来的是国际责任。在哈萨克人的生活中不令人满意的其他领域，他知道，他迟早必须清除地方、地区和国家政府中的广泛腐败行为。他还必须朝透明、公平的选举作出大家看得见的更大进步。但是，在现阶段，作为一个向自由民主的社会理想迈进的苏维埃共和国，哈萨克斯坦这只杯子应当说是半满，而非半空。

　　在国内战线上，作为一名经济总统，纳扎尔巴耶夫的治理已经有了坚实的建树。在过去的 15 年中，人均国内生产总值已经从 400 美元增至 8400 美元。生活水平在过去的 5 年中翻了两番还要多。拥有财产的中产阶级已经出现，尽管仍不如一小部分精英核心企业家重要。这些精英企业家虽然没有俄罗斯寡头那样的财富或地位，但是他们对经济的重要作用是无法否认的，而他们的影响有时是不得人心的。也许，当一个国家在不到 20 年的时间里，实现了从苏联时期的一穷二白到以里海为主的自然资源带来的繁荣昌盛、物阜民丰之飞跃，在这过程中，涌现这些超级富豪是无可避免的。但是，哈萨克斯坦并非是"想怎样就能怎样"的克朗代克①。它是一个治理得当的民族国家，虽然有时可能过于官僚主义，但其混合型经济是扎根并成长于自由市场的基础之中的。

　　把一个在苏联解体前世界政治地图上还不存在的国家建设成经济强国，是一项了不起的历史成就。没有纳扎尔巴耶夫的领导，就没有今天的哈萨克斯坦。他与俄罗斯和中国领导人打交道的个人和外交技巧使哈萨克斯坦赢得了安全的边境。这是一个出人预料的结果，因为在一个以混乱的领土主权挑衅而声名狼藉的地区，这个新独立国家在成立之初建立合法的双方同意的边界的可能性是很小的。

　　与强大邻国和平共处相伴而来的是，哈萨克斯坦作为国际社会受尊敬的一员得到更广泛的接受。在这个舞台上，纳扎尔

---

　　①　克朗代克是加拿大西北的一个地区名称，因 19 世纪末发现金矿而闻名。当时大批淘金者竞相涌入该地区，希望能一夜暴富。

巴耶夫的第一个也是最大的考验是他对世界上第四大核武库的谈判处理。哈萨克斯坦从苏联军方继承了这些核武器,为裁减核武库而与华盛顿和莫斯科举行负责任的讨价还价,并达成协议。在核问题上的合作使他从西方首都赢得了良好声誉,加上在国家的经济和政治发展方面所取得的不可否认的成就,这一切使得哈萨克斯坦自2010年起当选为拥有56个成员国的欧洲安全合作组织的主席国。

欧安组织是西方的产物,它想要在所有成员国当中努力复制自由和民主地选举出的政府这种西方理想,这种计划尚需时日才能完成。指望哈萨克斯坦在纳扎尔巴耶夫的政治生涯内完全实现这些理想,是过于乐观了。这不是因为他反对民主,而是因为他主张稳步渐进的民主。他尊重本国传统,谨防重复邻国领导人所犯的某些错误,最显著的是叶利钦向民主的冲刺导致局势恶化到俄罗斯无法管理。但是,纳扎尔巴耶夫的谨慎不应被理解为对民主的阻碍。他像每一位哈萨克人一样懂得,他的国家要实现充分民主,随时势所必至,但必须徐徐图之。民主进程目前正在向前推进。到底是花10年时间还是一代人的时间,花较短的时间还是较长时间才能实现充分民主,将是由哈萨克社会中草根群众和受到良好教育的人士共同决定的事情。纳扎尔巴耶夫的政治直觉将会在决策过程中起很大作用。同样将起很大作用的是哈萨克斯坦正在崛起的年轻一代的心情状况,他们正在形成自己一代人的思维方式和发展势头。

纳扎尔巴耶夫年轻时有游牧民族在草原上听风声的技巧。今天,他具有倾听变革之风的政治技巧,这一变革之风正穿越多族裔的社区、五颜六色的摩天大楼,以及雄心勃勃的中产阶级,成为当代哈萨克斯坦希望和梦想的特色。

纳扎尔巴耶夫能专心听取别人的意见，渴望学习新知。他如饥如渴地了解事实、意见和新的理念，其热情毫不亚于年轻得多的政治家。这些技巧对他很有帮助。在许多国际领域里，他也许已经在攀登颇具风险的政治进阶之路上到达顶峰，或接近顶峰。"永远不要忘记，纳扎尔巴耶夫是来自于两种文化的人"，戈尔巴乔夫在为写本传记而做的访谈中说，"他的内在本质和外表都既是俄国人，又是亚洲人"。可能还可以补充说，如果他出生在西方，他拥有的一些才能也将会推动他的政治生涯不断向上。他是位精明的策略家，令人愉快的健谈者，具有说服力的演说家，以及具有远见卓识和勇气的超凡魅力型领袖，尤其在遇到困难时。

那些力量中的一部分来自于他是在一个传统游牧家庭中健全地成长起来的，其余则获自他的俄国教育、疯狂工作的行业以及对知识和国际事务两方面不断的好奇心。他始终是一位向外看的总统，他对自由市场和私有化萌生热情，源于他听取了撒切尔首相的话。他创建萨姆鲁克工业集团，出自于新加坡首要的导师李光耀设计的蓝图。他设立哈萨克斯坦国家石油基金（在全球信贷危机中的一条关键生命线）的理念来自于他研究的挪威和海湾国家中相类似的基金。纳扎尔巴耶夫在对外访问中永远是个热心的倾听者和记录者，他因此而为哈萨克斯坦引进了许多良好的国际惯例。

有人说政客和政治家之间的区别在于，前者注重的是下一届选举，而后者则为下一代人筹划。纳扎尔巴耶夫两方面都兼顾，但哈萨克斯坦政治的确定性使他有回旋余地把精力集中于远景规划。他善于发现和提拔年轻的人才。他为 2030 年的哈萨克斯坦制定了具有远见卓识的计划（虽然受到全球危机的耽误,但并没有被搅乱）。他的抱负是,他的社会教育和创新在未来 10 年里能得到良好的发展,足以使国家避免过分依赖其自然资源。这种过分依赖可能会是一种诱惑,如果里海每天能生产 500 多万桶石油的话。但即使作为一个未来的富庶之乡,哈萨克斯坦仍然需要自由的思想家和自由市场,也需要天赐的自然资源。所以纳扎尔巴耶夫对于一个向人才和包容同时打开大门的多族裔国家的远景构想,可能最后会成为 21 世纪的亚洲最成功的故事之一。

有一句古老的哈萨克斯坦谚语说:"喝水不忘挖井人。"纳扎尔巴耶夫是现代哈萨克斯坦的缔造者。这一成就确定了他的历史地位。鉴于哈萨克斯坦的政治和经济水井都远未枯竭,纳扎尔巴耶夫最精彩的执政岁月可能刚刚到来。

出处注释

出处注释中用到的缩略语

ACTI   *Aitken Collection of Transcripts and Interviews*（2007－2009）.《艾特肯笔录和采访集（2007—2009）》

CD   Nazarbayev, Nursultan, *The Critical Decade*（London, First Books, 2003）.努尔苏丹·纳扎尔巴耶夫:《关键的十年》（第一书籍出版社, 2003）

Conradi   Nazarbayev, Nursultan, *My Life, My Times and the Future*（translated and edited by Peter Conradi）（Pilkington Press, 1998）.努尔苏丹·纳扎尔巴耶夫:《我的人生, 我的时代和未来》（彼得·康拉迪翻译并编辑）（皮尔金顿出版社, 1998）

EP   Nazarbayev, Nursultan, *Epicenter of Peace*（Puritan Press, 2001）.努尔苏丹·纳扎尔巴耶夫:《和平的震中》（清教徒出版社, 2001）

KW   Nazarbayev, Nursultan, *The Kazakhstan Way*（translated by Jan Butler）（Stacey International, 2008）.努尔苏丹·纳扎尔巴耶夫:《哈萨克斯坦之路》（简·巴特勒翻译）（史黛西国际出版社, 2008）

NRNL   Nazarbayev, Nursultan, *No Rightists Nor Leftists*: *Answers to Questions of the Day*.努尔苏丹·纳扎尔巴耶夫:《既非右派也非左派:对当前问题的回答》

Brummell   Brummell, Paul, *Kazakhstan*（Bradt Travel Guides, 2008）.保尔·布卢默尔:《哈萨克斯坦》（布雷迪旅行指南, 2008）

Kunanbay   Kunanbay, Alma, *The Soul of Kazakhstan*（Easton Press,

2001).阿尔玛·库伦贝:《哈萨克斯坦之魂》(伊斯顿出版社,2001)

LeVine LeVine,Steve,*The Oil and the Glory–The Pursuit of Empire and Fortune on the Caspian Sea*(Random House,2007).斯蒂夫·勒维:《石油与荣耀——在里海追寻企业帝国和财富》(伦道姆豪斯出版社,2007)

Robbins Robbins,Christopher,*In Search of Kazakhstan:the Land that Disappeared*(Profile Books,2007).克里斯多夫·罗宾斯:《寻找哈萨克斯坦:消失的国度》(普若法尔伯克斯出版社,2007)

Schreiber Schreiber, Dagmar, and Tredinvick, Jeremy, *Kazakhstan, Nomadic Routes from Caspian to Altai*(Odyssey Books,2008).达格玛·施奈伯和杰里米·垂丁维克:《哈萨克斯坦,从里海到阿尔泰山脉的牧民之路》(奥德赛伯克斯出版社, 2008)

Tokayev Tokayev, Kassym-Jomart, *Meeting the Challenge* (New York, Global Scholarly Publications,2004).卡西姆-若马尔特·托卡耶夫:《迎接挑战》(全球学术出版社,2004)

出处注释——第一章

作者访谈:全部来自《艾特肯笔录和采访集》,2007。

原始资料:《钢铁是怎样炼成的》(莫斯科, 1933);《我的人生,我的时代和未来》(彼得·康拉迪翻译并编辑),第 11—16 页;《既非右派也非左派:对当前问题的回答》,第 9—19 页。

出处注释——第二章

作者访谈:全部来自《艾特肯笔录和采访集》,2007。

原始资料:《钢铁是怎样炼成的》(莫斯科, 1933);《哈萨克斯坦》(布雷迪旅行指南,2008),第 194—195 页;《我的人生,我的时代和未来》(彼得·康拉迪翻译并编辑),第 21—28 页;《既非右派也非左派:对当前问题的回答》,第 30—39 页。

出处注释——第三章

作者访谈:全部来自《艾特肯笔录和采访集》,2007。

原始资料:《我的人生,我的时代和未来》(彼得·康拉迪翻译并编辑),第26—28页;《哈萨克斯坦真理报》1960年9月3日;《既非右派也非左派:对当前问题的回答》,第43—49页;一张身着晚礼服的纳扎尔巴耶夫的照片背面的亲笔题词,总统档案馆,阿斯塔纳。

出处注释——第四章

作者访谈:全部来自《艾特肯笔录和采访集》,2007。

原始资料:《我的人生,我的时代和未来》(彼得·康拉迪翻译并编辑),第43—48页;《既非右派也非左派:对当前问题的回答》,第44—55、58—72、74—76页;《真理报》1973年6月8日。

出处注释——第五章

作者访谈:全部来自《艾特肯笔录和采访集》,2008。

原始资料:《我的人生,我的时代和未来》(彼得·康拉迪翻译并编辑),第45—48页;《既非右派也非左派:对当前问题的回答》,90—97页。

出处注释——第六章

作者访谈:全部来自《艾特肯笔录和采访集》,2007。

原始资料:《我的人生,我的时代和未来》(彼得·康拉迪翻译并编辑),第49—52页;《既非右派也非左派:对当前问题的回答》,第102—106页。

出处注释——第七章

作者访谈:全部来自《艾特肯笔录和采访集》,2008。

原始资料:《我的人生,我的时代和未来》(彼得·康拉迪翻译并编辑),第61—83页;《既非右派也非左派:对当前问题的回答》,第144—166页。

出处注释——第八章

作者访谈:全部来自《艾特肯笔录和采访集》,2008。

原始资料:《我的人生,我的时代和未来》(彼得·康拉迪翻译并编辑),第87—101页;《哈萨克斯坦之路》,第1—15页;阿拜:《箴言录》(阿拉木图,1906);亚历山大·索尔仁尼琴:《俄国真正的边境》,《真理报》1992 年 6 月 3 日;托卡耶夫:《迎接挑战》,第 137—147 页;霍贾·艾哈迈德·亚萨维:《中亚诗歌集》(莫斯科,1964);弗拉基米尔·吉里诺夫斯基:《哈萨克斯坦将会爬着回到俄国》,《纳萨维斯姆亚新闻报》1994 年 5 月 21 日。

出处注释——第九章

作者访谈:全部来自《艾特肯笔录和采访集》,2008。

原始资料:《我的人生,我的时代和未来》(彼得·康拉迪翻译并编辑),第 87—101 页;《和平的震中》,第 xiii-xvii、9—48、59—71 页;乔治·H.W.布什总统和努尔苏丹·纳扎尔巴耶夫总统的来自白宫的联合声明,2001 年 12 月 21 日;《寻找哈萨克斯坦:消失的国度》,第 191—212 页;《迎接挑战》,第 132—135 页;《洛杉矶时报》1993 年 9 月 15 日、1994 年 2 月 15 日,以及 2000 年 7 月 30 日;《纽约时报》1993 年 10 月 19 日和 1994 年 2 月 15 日;《华盛顿邮报》1994 年 2 月 15 日、1994 年 12 月 2 日;比尔·克林顿总统给纳扎尔巴耶夫总统的一封信(白宫档案馆),1994 年 2 月 25 日;《华盛顿时报》2003 年 12 月 18 日。

出处注释——第十章

作者访谈:全部来自《艾特肯笔录和采访集》,2008。

原始资料:《我的人生,我的时代和未来》(彼得·康拉迪翻译并编辑),第 99—109 页;《哈萨克斯坦之路》,第 37—87 页;《既非右派也非左派:对当前问题的回答》,第 117—125 页。

出处注释——第十一章

作者访谈:全部来自《艾特肯笔录和采访集》,2008。

原始资料:《我的人生,我的时代和未来》(彼得·康拉迪翻译并编辑),第 162—175 页;《哈萨克斯坦之路》,第 88—125 页;《既非右派也非左派:对当前问题的回答》,第 4、160 页。《石油与荣耀——在里海追寻企业帝国和财富》,第 94—98、99—101、109—127、137—143、252—262、276—288、342—367 页;《哈萨克斯坦》,第 303—307 页;《寻找哈萨克斯坦:消失的国度》,第 151—155 页;《迎接挑战》,第 138—
177 页;《纽约时报》1989 年 10 月 16 日、1990 年 7 月 30 日;
《华盛顿邮报》1990 年 7 月 30 日。

出处注释——第十二章

作者访谈:全部来自《艾特肯笔录和采访集》,2008。

原始资料:《国际特赦组织(对于欧洲的关注)报告》,2002 年 7 月 1
日;《欧洲安全与合作组织/民主机制和人权办公室关于哈
萨克斯坦议会选举的报告》,2004 年 2 月 15 日;《欧洲安全
与合作组织/民主机制和人权办公室关于哈萨克斯坦议会
选举的报告》,2004 年 9 月 19 日;《经济学人》2005 年 8 月 6
日;《欧洲安全与合作组织/民主机制和人权办公室关于哈
萨克斯坦总统选举的报告》;2005 年 9 月 28 日;《经济学
人》2005 年 12 月 8 日、2006 年 2 月 16 日;《欧洲安全与合作
组织/民主机制和人权办公室关于哈萨克斯坦总统选举的
报告》;2006 年 2 月 21 日;《经济学人》2006 年 3 月 2 日;
《罗伯茨报告》,2006 年 8 月 23 日;《纽约时报》2006 年 11
月 14 日;《罗伯茨报告》,2007 年 2 月 16 日;《金融时报》
2007 年 5 月 18 日、2007 年 5 月 27 日、2007 年 5 月 28 日、
2007 年 5 月 30 日和 2007 年 6 月 27 日;《纽约时报》2007 年
7 月 6 日;《华盛顿邮报》2007 年 7 月 18 日;《经济学家》,
2007 年 7 月 24 日;《欧洲安全与合作组织/民主机制和人权
办公室关于哈萨克斯坦议会选举的报告》,2007 年 8 月 18
日;《国际先驱论坛报》2007 年 8 月 19 日;《经济学人》2007
年 8 月 21 日、2007 年 8 月 23 日;《赫芬顿邮报》2007 年 10
月 6 日;《欧洲安全与合作组织/民主机制和人权办公室关
于哈萨克斯坦议会选举的报告》,2007 年 10 月 30 日;《独立
报》2007 年 11 月 1 日;《金融时报》2008 年 3 月 26 日、2008
年 3 月 27 日;《纽约时报》2008 年 3 月 27 日;《华尔街日报》
2008 年 5 月 13 日。

出处注释——第十三章

作者访谈:全部来自《艾特肯笔录和采访集》。

原始资料:《CBC艺术》,2006年4月21日;《每日邮报》2006年9月12
日、2006年9月22日;《纽约时报》2006年9月28日;《哈
泼斯杂志》2006年9月29日;《每日邮报》2006年9月29
日;《福布斯杂志》2006年10月12日;《独立报》2006年10
月22日;《每日邮报》2006年10月25日;《美国今日杂志》
2006年10月31日;《独立报》2006年11月1日;《罗伯特
报告》,2006年11月3日;《每日邮报》2006年11月20日;
《时代周刊》2006年11月22日;《每日邮报》2006年12月2
日;《哈萨克斯坦大使馆新闻;布告栏报告》,2009年3月3
日;《哈萨克斯坦大使馆新闻;布告栏报告》,2009年3月10
日;《哈萨克斯坦大使馆新闻;布告栏报告》,2009年3月
21日。

出处注释——第十四章

作者访谈:全部来自《艾特肯笔录和采访集》,2009。

原始资料:《哈萨克斯坦之路》,第296—320页;阿季利别克·R·杰克
西贝科夫:《灿若明星——阿斯塔纳市长回忆录》;《哈萨克
斯坦》(布雷迪旅行指南,2008),第67—93页;布达佩斯,
2001;《大篷车时报》1995年10月20日;《哈萨克斯坦,从里
海到阿尔泰山脉的牧民之路》,第333—337、346—351页;
萨莫尔·考伊施和路西·克拉尔特:《关于阿拉木图和阿斯
塔纳的享乐主义者指南》(菲尔默有限公司,2007)。

主要参考文献

努尔苏丹·纳扎尔巴耶夫:《既非右派也非左派:对当前问题的回答》(诺
　伊出版社,1992)。

　《哈萨克斯坦——2030:全体哈萨克斯坦人的繁荣,安定和不断发展的
　　健康福祉》(哈萨克斯坦共和国大使馆,1998)。

　《我的人生,我的时代和未来》(彼得·康拉迪翻译并编辑)(皮尔金顿
　　出版社,1998)。

　《和平的震中》(清教徒出版社,2001)。

　《关键的十年》(第一书籍出版社,2003)。

　《哈萨克斯坦之路》(简·巴特勒翻译)(史黛西国际出版社,2008)。

希林·阿克内尔:《哈萨克身份认同的形成:从部落到民族国家》(伦敦,皇
　家国际事务学会,1995)。

詹姆斯·A.贝克尔三世,以及托马斯·M.德弗兰克:《外交上的政治活动:
　革命,战争与和平》(G.P.普特纳姆之子出版社,1995)。

　斯蒂夫·佛埃法尔:《努力工作,学习……并且远离政治!》(G.P.普特
　　纳姆之子出版社,1995)。

琳达·本森和因格瓦尔·斯旺伯格:《中国最后的游牧民:中国哈萨克人之
　历史与文化》(阿尔芒克出版社,1998)。

阿尔奇·布朗:《戈尔巴乔夫因素》(牛津大学出版社,1996)。

保尔·布卢默尔:《哈萨克斯坦》(布雷迪旅行指南,2008)。

迪莫希·J.科尔顿:《叶利钦生平》(纽约,基础书籍出版社,2008)。

迈克尔·弗格斯、嘉娜尔·简朵索娃:《哈萨克斯坦:如日中天》(史黛茜国
　际出版社,2003)。

《世界及传统宗教领袖第一届代表大会:阿斯塔纳,2003 年 9 月 23 到 24
　日。资料,演讲和致词信汇编》(埃德尔维斯印刷馆,2003)。

米哈伊尔·戈尔巴乔夫:《回忆录》(伦敦,环球出版社,1995)。

《哈萨克斯坦:中亚的皇冠明珠》(外交政策和分析中心之哈萨克投资顾问,2003)。

《哈萨克斯坦 2006》(如昂德乌出版社,2003)。

阿尔玛·库伦贝:《哈萨克斯坦之魂》(伊斯顿出版社,2001)。

斯蒂夫·勒维:《石油与荣耀——在里海追寻企业帝国和财富》(伦道姆豪斯出版社,2007)。

哈萨克斯坦共和国工业和贸易部:《2003 年投资者指南》(卓尔达斯·A 出版中心 OKO 有限公司)。

玛尔撒·波瑞尔·奥尔科特:《哈萨克人》(胡佛研究所出版社,斯坦福大学,1995)。

克里斯多夫·罗宾斯:《寻找哈萨克斯坦:消失的国度》(普若法尔伯克斯出版社,2007)。

卡纳塔·萨乌达贝耶夫大使,以及山姆·纳恩参议员(前言):《哈萨克斯坦核裁军:致力于一个更为安定的世界的全球典范》(哈萨克斯坦共和国大使馆,美利坚合众国,以及核威胁倡议,2006)。

达格玛·施奈伯、杰里米·垂丁维克:《哈萨克斯坦,从里海到阿尔泰山脉的牧民之路》(奥德赛伯克斯出版社,2008)。

穆罕默德·沙亚克梅多夫:《沉寂的大草原:斯大林统治时期一个哈萨克牧民的故事》(简·巴特勒翻译)(史黛茜国际出版社,2006)。

卡西姆-若马尔特·托卡耶夫:《迎接挑战》(全球学术出版社,2004)。

鲍里斯·叶利钦:《克里姆林宫之视野》(哈波柯林斯出版社,1994)。

伊利亚斯·叶先柏林:《游牧民》(伊利亚斯·叶先柏林基金会,2000)。

译　后　记

在中哈两国有关方面的全力支持下,《纳扎尔巴耶夫:哈萨克斯坦的缔造者》一书顺利出版了。在这里,我们要感谢哈萨克斯坦外交部前部长、现任哈萨克斯坦驻英国大使叶尔兰·伊德里索夫和哈萨克斯坦驻华大使馆的大力支持,感谢中国新兴(集团)总公司总经理童朝银先生、中国新兴(集团)总公司投资开发部总经理文标先生自始至终的指导和协助,感谢中国作家艾克拜尔·米吉提先生(哈萨克族)、出版人阿依肯先生(哈萨克族)、导演嘉娜女士(哈萨克族)、诗人艾多斯先生(哈萨克族)等在哈萨克历史、文化、风俗的统一译名方面提供的很好意见。感谢复旦大学的乔治·马丁博士在英文文献上的宝贵建议。因时间仓促,译文还有需要斟酌推敲之处,希望能在第二版时更完美些。

组　　稿:张振明
责任编辑:忽晓萌　安新文　郑牧野
英文校对:王志宏
封面设计:薛　宇
责任校对:吕　勇

图书在版编目(CIP)数据

纳扎尔巴耶夫:哈萨克斯坦的缔造者/〔英〕乔纳森·艾特肯 著;
　鄂云龙等 译. —北京:人民出版社,2017.10
ISBN 978 - 7 - 01 - 017716 - 8

Ⅰ.①纳… Ⅱ.①乔… ②鄂… Ⅲ.①纳扎尔巴耶夫(Nazarbayev,
　Nursultan Abishevich 1940-　　)-生平事迹 Ⅳ.①K833.617=6

中国版本图书馆 CIP 数据核字(2017)第 093243 号

纳扎尔巴耶夫:哈萨克斯坦的缔造者
NAZHA'ERBAYEFU:HASAKESITAN DE DIZAOZHE

〔英〕乔纳森·艾特肯　著

鄂云龙　倪耀礼　江承宗　张志明　译　王志宏　校

人 民 出 版 社 出版发行
(100706　北京市东城区隆福寺街 99 号)

山东鸿君杰文化发展有限公司印刷　新华书店经销

2017 年 10 月第 1 版　2017 年 10 月北京第 1 次印刷
开本:710 毫米×1000 毫米 1/16　印张:23.5　插页:4
字数:270 千字

ISBN 978 - 7 - 01 - 017716 - 8　定价:85.00 元

邮购地址 100706　北京市东城区隆福寺街 99 号
人民东方图书销售中心　电话 (010)65250042　65289539